AF285522

KIKAN MASSARA

DIE 12 SCHRITTE

SYMBOLE, MYTHEN UND ARCHETYPEN DER GENESUNG

TASCHEN

(SEITE 2) Esoterische Traditionen beschreiben die menschliche Reise als einen Weg der Entdeckung, Schöpfung und Hingabe. Jeder Mensch wird zutiefst von Ereignissen vor seiner Zeit beeinflusst, doch zu Lebzeiten ist er aufgerufen, dieses Erbe mit Blick auf diejenigen, die ihm nachfolgen, weiterzuentwickeln. Das kollektive Bewusstsein der Menschheit entwickelt sich rhythmisch, etwa in Form einer torusförmigen Dynamik von In- und Output. **Überbringerin einer Opfergabe,** *Ägypten, Mittleres Reich.* (SEITE 4/5) Der Pilger Sudama nähert sich dem Ziel seiner Reise. Er sucht göttliche Hilfe, wo seine eigenen

8

Bemühungen nicht ausreichen. **Sudama vor Krishna,** *Indien, um 1785.* (OBEN) Die Eiche wird als Symbol der Stärke, Langlebigkeit und Weisheit verehrt – Eigenschaften, die auch für die spirituelle Reise relevant sind. Die Eichel taucht in Symbolen für Potenzial, Wiedergeburt und Erneuerung auf. *Gunnar Gunnarsson Wennerberg,* **Eichen, Abendstimmung,** *1899.* (SEITE 10) Als eindrücklich sichtbare Lichtquelle auf der Erde diente die Sonne lange Zeit als Symbol für den Ursprung des Lebens, von Gottheiten und der menschlichen Seele. *Elizabeth Deane,* **Tantra Sun,** *2017.*

SYMBOLISCHE WAHRNEHMUNGEN

Ich halte ... die Symbolsprache
für die einzige Fremdsprache,
die jeder von uns lernen sollte.

— ERICH FROMM

Einleitung

Symbole bewegen sich wie geflügelte Boten zwischen den bewussten und den unbewussten Wahrnehmungsebenen des Individums, aber auch der Menschheit.

Symbole stellen nicht nur Verbindungen her, sie reparieren sie auch. Eine symbolische Perspektive umgeht die logische Enge der Rationalität und nutzt die zusätzlichen Ebenen der menschlichen Psyche. Betrachten wir ein Thema symbolisch, verbinden sich die Punkte schnell zu einem komplexeren Bild, und ein intuitives Verständnis entsteht.

Es ist kein Geheimnis, dass Menschen visuelle und symbolische Kommunikation leichter aufnehmen, als sie Worte verstehen. Man schätzt, dass das menschliche Gehirn visuelle Daten etwa 60 000-mal schneller verarbeitet als Text.

Es gibt nicht viele Wahrheiten, sondern nur wenige.
Ihr Sinn ist zu tief, als dass man sie anders erfassen
könnte als im Symbol.

— C. G. JUNG

Die Wurzeln unserer Veranlagung für visuelle und symbolische Sprachen sind auf das kollektive Bewusstsein der Menschheit zurückzuführen. Im Verlauf ihrer Geschichte ist aus den individuellen und gemeinschaftlichen Erfahrungen der Menschheit eine riesige Ressource geworden, vergleichbar mit einer Bibliothek, die Informationen und die gesammelte Weisheit alles Menschlichen umfasst. Die Schätze, die das kollektive Bewusstsein enthält, werden vor allem durch symbolische, metaphorische, visuelle und intuitive Sprachen vermittelt. Sie wurden lange als unsere wahre universelle Sprache betrachtet, und diese Bilder und Symbole zu verstehen, galt als heilige Wissenschaft.

Die symbolische Wahrnehmung mag weniger eindeutig wirken als eine rationale, aber sie spricht ein Reich der Möglichkeiten an, in dem sehr konkrete Lösungen gefunden werden können. Das Leben selbst lässt sich als „ein lebendiges Buch der Symbole, ein heiliger Text, der dekodiert werden kann", betrachten, wie Ray Grasse sagt, in dem „die Muster der Welt versteckte Resonanzen und Informationsebenen offenbaren, die in der heutigen Beschäftigung mit wörtlichen Bedeutungen und oberflächlichen Interpretationen übersehen werden".[1]

EINE SPRACHE DER VERBINDUNG UND ZUGEHÖRIGKEIT

Die Fähigkeit, Dinge symbolisch zu erfassen, muss nicht erlernt werden, sie ist eine der grundlegenden menschlichen Fähigkeiten, „genau wie die Wahrnehmung durch die Sinnesorgane oder das Denken", wie Edward C. Whitmont in *The Symbolic Quest* schreibt.[2]

Es mag etwas Übung erfordern, um die Wunder der symbolischen Wahrnehmung in einer logikorientierten Welt zu entdecken. Neugierde hilft, wenn man lernen will, symbolische Sprachen zu erkennen, zu hören und zu sprechen. Dinge in einem neuen Licht zu sehen, ist oft eine echte Entdeckung. Dazu ist

---

(SEITE 12) Symbole sprechen eine universelle Sprache, die in allen Kulturen verstanden wird. Werden sie genauer studiert und mit persönlichen Assoziationen verbunden, sind sie von großem Nutzen. *René Magritte,* **Lehrer,** *1954.* (SEITE 14) Der dänische Künstler Vilhelm Hammershøi malte poetische Porträts des Lichts, das dunkle Interieurs erhellt, so wie Symbole Licht auf die versteckte Bedeutung der Dinge werfen. *Vilhelm Hammershøi,* **Tanz der Staubkörnchen in den Sonnenstrahlen,** *1900.*

es nicht nötig, „neue Gegenden aufzusuchen", wie Marcel Proust meint, „sondern neue Augen zu bekommen".[3]

Obwohl Symbole nicht immer alles bis ins Detail erläutern, kommunizieren sie auf eine Art, die uns mit unserem eigenen tieferen Wissen verbindet. Die ganz eigene Charakteristik eines Symbols ist es, sich auf viele Arten zugleich interpretieren zu lassen, und dazu gehört auch, die Spannungen zwischen diesen Deutungen auszugleichen. Wenn wir auf die Herausforderungen unseres Lebens durch die Brille der Symbolik blicken, haben selbst gegensätzliche Perspektiven eine Chance, sich vereinbaren zu lassen. Die symbolische Sichtweise findet meistens eine Lösung.

Diese Art der Weltsicht macht es leichter, etwa eine schwierige Beziehung zu verstehen. Die symbolische Sichtweise kann uns nicht nur helfen, aus der Dynamik auszusteigen, die uns emotional antreibt, sondern uns kommen auch schnell ähnliche, bereits bekannte Situationen in den Sinn. Es wird einfacher zu erkennen, welche Elemente noch im Spiel sind.

Welche archetypischen Charaktere sind involviert? Welche Schlüsselrollen spielen sie? Welche Hintergedanken haben sie? Was wollen sie eigentlich, und was steht vielleicht im Weg? Was müsste im konkreten Fall passieren, damit es ein glückliches Ende für alle gibt? Über die persönlichen Vorteile hinaus, die die symbolische Wahrnehmung mit sich bringt, dient sie auch dem Umgang mit den allgemeinen Herausforderungen, vor denen die Menschheit heute steht. Sie hilft uns nicht nur, versteckte Erzählstränge, Dynamiken und Absichten offenzulegen, sie lässt uns auch praktische Lösungen erkennen, die wir dann umsetzen können.

Sucht ist ein schwieriges, kontrovers diskutiertes und komplexes Thema, das viele Menschen betrifft. So viele von uns sind heute davon direkt oder indirekt betroffen, einfach weil wir in Kulturen leben, die nach dem Suchtprinzip funktionieren. Süchtig machende Prozesse sind sehr mächtig. Sie dringen in Körper, Geist, Gefühlswelt und Seele der Menschen ein und halten sie gefangen.

Es gibt zahlreiche Hilfsangebote für Süchtige. Aber es kann den Einzelnen überfordern, sich mit etwas so Komplexem, Abschreckendem und Tabubehaftetem wie Suchtverhalten auseinanderzusetzen und sich mit etwas so Undurchschaubarem wie der Heilung von Suchterkrankungen durch das Zwölf-Schritte-Programm zu beschäftigen. Sucht hatte im Lauf der Zeit schon viele Namen, so wird sie manchmal als Krankheit der Abkopplung bezeichnet: eine Abkopplung von sich selbst, von anderen und von der spirituellen Quelle des eigenen Seins. Dass das Zwölf-Schritte-Programm funktioniert, liegt unter anderem daran, dass mit dieser Methode gekappte Verbindungen repariert und wiederhergestellt werden können, wie man aus unzähligen Erfahrungsberichten weiß.

PROBLEME DER ABKOPPLUNG

Die globale Verbreitung von Suchterkrankungen zeugt von einer Zivilisation, die in einer Krise steckt. Aus einer symbolischen Vogelperspektive betrachtet, ergibt ein massenhaft verbreitetes Suchtverhalten sogar einen gewissen Sinn. Zivilisationen entstanden zusammen mit identitätsstiftenden Mythen, die den Menschen ein Gefühl von Einigkeit, Zugehörigkeit und Sinn gaben. Wird eine Zivilisation aber zu komplex, löst sich der zentrale verbindende Mythos allmählich auf. Es folgt eine Phase chaotischer Dekonstruktion, bevor ein neuer integrierender Mythos entstehen kann, der die Menschen wieder eint und eine besser funktionierende Gesellschaft ermöglicht.

In der von Chaos und Aufruhr gezeichneten Übergangsphase greift im menschlichen Kollektiv oft Selbstzerstörung um sich. Manche Beobachter verbinden den allgegenwärtigen Anstieg von Suchterkrankungen in den vergangenen Jahrzehnten mit dieser Phase eines disruptiven Übergangs, die in unserer im Wandel befindlichen Zivilisation überall auf der Welt zu beobachten ist.

Symbolisch, aber auch real können Angst, hektischer Aktionismus und Auseinanderbrechen von Strukturen, die so viele Menschen heute spüren, ein Ausdruck der Dysfunktion sein, die die moderne und postmoderne Ära mit sich gebracht haben, sei es als Abkopplung, Trauma, Verlust der Gemeinschaft oder vieles andere mehr. Eine Sucht zu entwickeln, könnte, einfach gesagt, den verzweifelten Versuch darstellen, mit zu vielen intensiven Einflüssen auf einmal zurechtzukommen.

Zwar ist es heute so etwas wie das „neue Normal", abhängig zu sein, doch das hat einen hohen Preis. Es betäubt das menschliche Bewusstsein – praktisch und im metaphorischen Sinn. In dieser Hinsicht ist die umfassende Geiselnahme der Aufmerksamkeit der Menschen

---

William Blakes Illustration des gefesselten Urizen beschreibt die Qual dualistischer Denkweisen. Schwarz-Weiß-Denken tritt bei Suchterkrankungen oft auf. *William Blake,* **The First Book of Urizen,** *um 1794.*

heute eine der bedrohlichsten Ausdrucksweisen einer Massenabhängigkeit. Im wachen und bewussten Zustand erfährt das menschliche Bewusstsein endlose Ablenkungen, Versuchungen und Verführungen durch zahllose umhergeisternde Einflüsse und Interessen, die darauf abzielen, die Aufmerksamkeit auf sich zu ziehen und an sich zu binden.

Angesichts dieses Angriffs braucht unser Bewusstsein von uns selbst Aufmerksamkeit und einen besseren Schutz, Zuwendung, Unterstützung und zielgerichtete Leitung. Die Psychologin Frances Vaughan stellte die dringend erforderliche Sorge um unser Bewusstsein in einen noch größeren Kontext und vertrat die Ansicht, dass die Menschheit oder sogar die Welt sich heute in einem Wettlauf zwischen Bewusstsein und Katastrophe befindet.

DAS REICH DER VORSTELLUNG UND MITGESTALTUNG

Rainer Maria Rilke gehörte zu denen, die auf die einflussreiche Kraft der Visualisierung hingewiesen haben: „Ihr müsst eure Bilder zur Welt bringen; sie sind eure Zukunft, die darauf wartet, geboren zu werden." Die meisten Menschen haben bereits innere Bilder von dem, was sie sich für ihr Leben wünschen, und können ihre Ziele und Bedürfnisse mit dem geistigen Auge gut visualisieren.

Diese uns eigene Fähigkeit, „in Bildern zu denken", lässt sich leicht auf die Vorstellung davon ausweiten, was unserem gemeinsamen Wohl dienen würde, etwa die Zukunftsvision einer geeinten und mitfühlenden Menschheit, die aus diesem chaotischen Kapitel ihrer Geschichte hervorgeht.

Es ist von Vorteil, sich in verschiedenen Kontexten heilende Symbole vorzustellen. Sinnbilder können Komplexes gut vereinfachen. Mit ihnen lässt sich leichter eine Beziehung zu den Dingen herstellen. Wir alle sind zur symbolischen Wahrnehmung fähig, und sie macht ganz natürlich aus den vielen Tausend visuellen Eindrücken, die wir im Laufe eines Tages sammeln, einfache, verständliche Sinnbilder.

(SEITE 20/21) Die lang anhaltende Kraft der Symbole zeigt sich in diesem Gemälde von Eva im Garten Eden. Eine Schlange überzeugt sie, den Apfel vom verbotenen Baum der Erkenntnis zu pflücken und ihn mit Adam zu teilen. Diese Geste macht aus ihr ein immerwährendes Symbol der Versuchung und des Niedergangs der Menschheit. *Lucas Cranach der Ältere,* **Adam und Eva (Detail),** *1530.*

Die Weisheit spricht zuerst in Bildern.

— W. B. YEATS

Welche Vision möchten wir leidenschaftlich gern für das Gemeinwohl mit Leben erfüllen? Was wäre unser Symbol dafür? Das Reich der Vorstellung ähnelt sehr einem geräumigen Atelier, das sich die materielle und die geistige Welt teilen. Hier können Visionen für unser persönliches Glück und das Wohl der Allgemeinheit entwickelt werden.

Seit Urzeiten hat die Menschheit die Höhen und Tiefen ihrer Existenz in den metaphorischen Sprachen der Mythen, Poesie, Kunst, Träume, Musik und durch andere kreative Darstellungsweisen ausgedrückt und dadurch Verbindungen geschaffen zu einer höherdimensionalen Ebene, in der sich der menschliche Geist in einem kreativen Austausch mit unserer spirituellen Natur befindet.

Aristoteles glaubte, die Seele denke nie ohne Bilder. George Bernard Shaw fand, dass die Kunst es uns ermöglicht, in unsere eigenen Seelen zu blicken, Carl Gustav Jung ging so weit zu glauben, dass es die Seele selbst ist, die unsere inneren Bilder auf die Welt bringt.

Carl Gustav Jung beklagte den Verlust der Seele im modernen Leben und beschäftigte sich lange damit, wie sich das ändern ließe: „Nur das symbolische Leben kann den Bedürfnissen der Seele Ausdruck verleihen – den täglichen Bedürfnissen der Seele, wohlge-

merkt."[4] Die bei TASCHEN erschienene Enzyklopädie *Das Buch der Symbole* ist mit künstlerischen Darstellungen gefüllt, die uns dazu inspirieren, Verbindung zu unserer inneren symbolischen Ebene aufzunehmen. Ami Ronnberg spricht von der archetypischen Realität, die hervortritt, wenn ein Bild etwas in uns anspricht. René Magritte hat es anders formuliert: Er sagte, die Kunst beschwöre das Mysterium herauf, ohne das es die Welt nicht gäbe.

KUNST ALS ERWECKER UND STORYTELLER

Kunst hat die Macht, neue innere und äußere Welten zu öffnen. Ein Bild kann als Schlüssel zu unbekannten Regionen der Innenwelt dienen und Ideen für die Außenwelt hervorrufen. Johann Wolfgang von Goethe kannte diese Wechselwirkung von innen und außen. Ihm erschienen Ideen immer als Bilder.

Es war das Bild von Trittsteinen in einem japanischen Steingarten, die bei mir zu einem ersten flüchtigen Gedanken führten: „Wie schade, dass die Zwölf Schritte noch nicht in Bildern dargestellt wurden." In diesem Moment begann eine glückselige Suche nach Bildern, die diesen bemerkenswerten Heilungsprozess illustrieren könnten.

Kunst ist der Spiegel, vielleicht der einzige, in dem wir unser wahres, kollektives Gesicht sehen. Wir müssen ihre heilige Funktion ehren. Wir müssen zulassen, dass sie uns hilft.

— ALICE WALKER

Diese Trittsteine dienen seither als Symbol, das innere und äußere Türen öffnet. Pfade, die von Synchronizität geleitet werden, sind gewöhnlich besser zu erkennen, wenn Symbole Teil der kreativen Reise sind. Dann werden Erfahrungen vermittelt von „etwas Undefinierbarem, Intuitivem oder Fantasievollem oder einer Empfindung, die auf keine andere Art gespürt oder vermittelt werden kann, denn abstrakte Begriffe reichen nicht immer aus", wie Edward C. Whitmont schreibt.[5]

Die bildende Kunst bietet – genau wie Symbole – unendlich viele Tore der Inspiration, Entdeckung, Kreativität und des Erwachens. Dass die Kunst die Kraft hat, das menschliche Bewusstsein zu erweitern, wird nicht bezweifelt. Die hier gezeigten Werke könnten für sich allein schon die Geschichte erzählen, um die es hier geht – auch dass die Heilung von Abhängigkeiten möglich ist und dass unzählige Menschen weltweit dies bereits erlebt haben.

Ob man abhängig ist oder nicht – alle Menschen erleben im Alltag seelisch stürmische Zeiten. Viele von uns stecken in dieser chaotischen Epoche in Krisen. Die Menschheit befindet sich inmitten einer tief empfundenen Machtlosigkeit, an einem metaphorischen Tiefpunkt, wie beim Ersten Schritt beschrieben.

Denjenigen, die in Zeiten der Verunsicherung bereits wieder festen Boden unter den Füßen gewonnen haben, erscheint es ganz natürlich, anderen, die noch leiden, zu helfen. Das Zwölf-Schritte-Programm ist als ein Leitfaden zu verstehen, der einen sicheren Weg durch raues Gelände aufzeigen soll. Der Prozess der Zwölf Schritte wird seit Generationen von einer Person zur nächsten gereicht und wurde für unzählige Menschen zu einem lebendigen Symbol für das enorme Potenzial, das im menschlichen Wesen steckt. Ein Potenzial, das nicht nur Erkrankungen, Drogensucht und andere Abhängigkeiten zu überwinden vermag, sondern auch Heilung, Wachstum und Vervollkommnung des authentischen Selbst ermöglicht und dadurch einen tiefen Lebenssinn in Zeiten großer Veränderung ausdrückt.

Für Albert Einstein war die Vorstellungskraft wichtiger als das Wissen als solches. In „Bildern zu denken", befeuert die kreativen Prozesse, an denen die menschliche Psyche ebenso wie das Reich der Fantasie beteiligt sind. Wenn kreative Visualisierung bewusst eingesetzt wird, kann sie spürbare Auswirkungen haben. *Enrique Martinez Celaya,* **The Remains,** *2016.*

Wenn die Reise durch das Leben nicht nur faktisch, sondern auch symbolisch begriffen wird, ist es viel leichter, dem Pfad zu vertrauen, der sich auftut, und Bedeutung und Zweck seiner Rolle im „göttlichen Drama des Lebens"[6] zu entdecken. *Otto Hesselbom,* **Vårt land. Motiv från Dalsland,** *1902.*

TEIL 1

DIE SUCHTFALLE

Menschliches Leiden verstehen

Erweiterung des menschlichen Bewusstseins

HEILIGE TRANCE

PFORTEN DER BEWUSSTSEINSERWEITERUNG

GÖTTLICHE EKSTASE

SYMBOLE DES BEWUSSTSEINS

Die Menschheit wollte schon immer die Grenzen des irdischen Lebens überschreiten. In traditionellen und indigenen Kulturen gilt die Beschäftigung mit dem, was hinter der bekannten Realität liegt, schon lange als Notwendigkeit für das Überleben der Gemeinschaft und als Ehrerbietung an das heilige, mehrdimensionale Geflecht des Lebens.

In allen Kulturen war es üblich, die Grenzen der alltäglichen Wahrnehmung durch tranceartige Zustände aufzuheben. Die Überschreitung dieser Grenzen hin zu verschiedenen Bewusstseinszuständen wurde auch als Kunst betrachtet, der allerhöchster Respekt gebührt. Wer diese Schwelle überquert, braucht Initiation, Übung, Vorbereitung und Unterstützung. Andernfalls könnte für den Einzelnen und die Gemeinschaft großer Schaden entstehen.

Der menschlichen Seele wohnt ein Streben nach etwas Größerem als die eigene Existenz inne, der Glaube an das Ewige, das über den physischen Tod hinaus weiterlebt.

— LIZ GREENE UND JULIET SHARMAN-BURKE

Das Wissen über die Erweiterung des menschlichen Bewusstseins wurde auch in spirituellen Gemeinschaften, esoterischen Religionen und Geheimgesellschaften gezielt weiterentwickelt. Die Rituale und Praktiken, die als Wege von normalen zu veränderten Bewusstseinszuständen dienen, sind das Ergebnis von Erfahrungen und Entdeckungen, die über viele Generationen gemacht wurden. Berichte über diese Prozesse sind Teil der Menschheitsgeschichte.

Traditionell war es ausgewählten Mitgliedern der Gemeinschaft vorbehalten, die Reise zwischen den Dimensionen im Namen aller zu unternehmen. Manche haben entsprechende Fähigkeiten von ihren Vorfahren geerbt, andere wurden auf unterschiedlichen Wegen dazu berufen, etwa durch Weissagungen.

Es konnte Jahre dauern, den Akt der Bewusstseinsveränderung detailliert zu erlernen und zu einem Mittler zwischen verschiedenen Lebenssphären zu werden. Je nach Kultur und Epoche durchlief der Schamane, Heiler, geistige Führer oder Eingeweihte eine intensive Ausbildung. Sie lernten die Komplexität kennen, die mit dem Verlassen der normalen Realität, dem Eintauchen in einen Zustand der Trance, der Orientierung in anderen Dimensionen, der Respektbezeugung, dem Kontakt zum dortigen Leben, der Bitte um Führung, Hilfe und anderen Interventionen einhergeht. Am Ende ihrer Reise kehrten diese Mittler in ihren normalen Bewusstseinszustand zurück und teilten der Gemeinschaft ihre Erkenntnisse mit.

Seit jeher galt eine gründliche Vorbereitung als unerlässlich für die Herbeiführung veränderter Zustände und die Beschwörungen, die für ein gutes Ende dieser Reisen erforderlich waren. So sind Ernährungsvorschriften oder Fasten bekannt, mit denen der Körper auf diese Zustände vorbereitet werden sollte. Schlafentzug und den Körper Extremen auszusetzen, wie etwa eiskaltem Wasser oder großer Hitze, sind andere bekannte Methoden zur Vorbereitung auf eine Reise durch die Dimensionen.

HEILIGE TRANCE

Starke rhythmische Reize von Trommeln und Rasseln werden seit Langem genutzt, um Trancen herbeizuführen, oft zusammen mit Tanz, Drehungen, Gesängen und Beschwörungen. Atemtechniken und Hyperventilation sind ebenfalls bekannte Mittel. Der multisensorische Effekt von Klängen, rhythmischen Bewegungen, zeremoniellen Feuern, symbolischen

(SEITE 28) Sucht führt zu einer Abkopplung von sich selbst und anderen, aber auch von der spirituellen Dimension des eigenen Seins. Dieser Riss ist hier als gefangene Seele dargestellt. *Elihu Vedder,* **Gefesselte Seele,** *1891.* (SEITE 30) Zur Erweiterung der Bewusstseinszustände und um sich der Wahrnehmung von anderen Realitätsdimensionen zu öffnen, wurden schon immer multisensorische rhythmische Stimulationen mit Trommeln, Gesang, Bewegung und Atmung genutzt. *Giuseppe Pellizza da Volpedo,* **Die Sonne,** *1904.* (OBEN) Der menschliche Drang zu erforschen, was jenseits des Bekannten liegt, ist möglicherweise auch der Sehnsucht nach mehr Verbundenheit, Vernetzung und Einheit geschuldet. *Unbekannt,* **Flammarions Holzstich (Wanderer am Weltenrand),** *1888.* (SEITE 34/35) Die Hände auf dieser Höhlenwand sprechen metaphorisch von dem Verlangen, die Beschränkungen der menschlichen Natur zu überwinden. **Felsmalerei in der Cueva de las Manos,** *Río Pinturas, 7300 v. Chr.*

Mitglieder schamanischer Familien haben traditionell die Aufgabe übernommen, sich im Namen ihrer Gemeinschaft auf spirituelle Reisen zu begeben. Die Zeichnung zeigt den Pfad, auf dem ein sibirischer Schamane in die Oberwelt gereist ist. *Altaigebirge, frühes 20. Jahrhundert.*

In der schamanischen Welt ist alles lebendig, und alles Leben ist Teil einer geheimnisvollen Einheit, weil es aus der spirituellen Quelle des Lebens stammt – der Lebenskraft.

— ROBERTA H. UND PETER T. MARKMAN

Ritualen und heiligen Beschwörungen zur Veränderung des Bewusstseinszustands vom Normalen zum Außergewöhnlichen ist schon lange bewiesen.

Wie Schamanen anderer indigener Gesellschaften unterzogen sich die *nåjd* (Schamanen) der Samen in Nordskandinavien körperlichen Entbehrungen, bevor das hypnotische Schlagen der Trommel eine tiefe Trance bewirkte. Die Schamanen reisten durch „obere" und „untere" Welten. Wie weit sie reisten und welche Ergebnisse sie erzielten, hing davon ab, wie gut sie die rituellen Regeln kannten, die zum Überqueren der Schwelle zu jeder neuen Dimension notwendig waren.

In ganz Europa, Sibirien, Asien, Afrika, Australien, Nord- und Südamerika führten Weisheitstraditionen mit diesen Mitteln Trancen herbei, um den Grund für eine Krankheit und die Medizin dagegen zu finden. In vielen Traditionen galt der Verlust der Seele als wichtige Ursache für Krankheiten und Störungen. Deshalb führten Schamanen Rituale durch, um die Seele zurückzurufen, oder sie gingen selbst auf die Reise, um sie zurückzuholen.

Im alten Ägypten wurden manchmal Kranke durch Hypnose in Trance versetzt. Damit sollten Träume angeregt werden, aus denen hervorging, was zur Heilung notwendig war.

Das fand in den sogenannten Traumtempeln statt. Auch in Griechenland waren in Tempeln oder Höhlen heilige Nischen für diese „Inkubationspraktiken" vorgesehen, in denen man sich im Dunkeln still und aufmerksam verhielt. Was sich dann manifestierte, konnte eine Vision sein, eine Offenbarung oder die heilende Begegnung mit einem Gott oder einer Göttin. Die Römer übernahmen diese Methode später, um Einsicht, Erweckung, Transformation und Heilung zu erreichen.

Trancezustände werden benutzt, um Heilpflanzen und deren spirituelle Reiche zu erforschen, und in manchen Kulturen werden Teile von Pflanzen, Pilzen oder Tieren gegessen, um diese veränderten Zustände und außerkörperlichen Erfahrungen zu erreichen.

PFORTEN DER BEWUSSTSEINSERWEITERUNG

Veränderte Bewusstseinszustände wurden auch in verborgenen Kammern an Kraftorten herbeigeführt, um Nahtoderfahrungen zu erleben. Das galt als das geheimste aller esoterischen Rituale und sollte durch die unmittelbare Erfahrung des vielfältigen Lebensnetzwerks zu spiritueller Erweckung führen, die manchmal als Paradies beschrieben wurde.

Im Großteil der Zeit, in der es Menschen gibt, sind sie Beziehungen mit allen Aspekten ihrer sinnlichen Umgebung eingegangen und haben mit jeder flatternden Form, mit jeder strukturierten Oberfläche und zitternden Einheit, die uns in den Blick geriet, Möglichkeiten ausgetauscht.

— DAVID ABRAM

In vielen Kulturen standen im Verlauf der Geschichte besondere Tage auf dem Jahres- und Himmelskalender, deren Energie die Wirkung solcher Rituale verstärken sollten. Heilige Stätten wurden im Lauf der Jahrtausende erbaut, um die kosmischen Kräfte, die die Erde beeinflussen oder über die unser Planet selbst verfügt, zu bändigen, festzuhalten, zu verstärken und zu lenken. Diese Orte wurden normalerweise auf elektromagnetischen Hotspots der Erde errichtet. Dort finden sich bis heute viele archäologische Schätze unserer Welt.

Himmel und Erde sollen sich an diesen Orten der tellurischen Strömungen treffen, wo aufeinander abgestimmte Eigenschaften von Physik, Mathematik, Geometrie und Geomantie miteinander verschmelzen und harmonische Resonanzen und andere Effekte verstärken. Viele dieser Stätten dienen als Portale zu anderen Dimensionen und veränderten Bewusstseinszuständen sowie für Initiationen, Erleuchtung und Heilung, Rituale zur Erweiterung, Transformation und zur Entwicklung des Bewusstseins.

Seit ewigen Zeiten ist bekannt, dass spirituelle Praktiken und Meditation zu erweiterten Bewusstseinszuständen und Erfahrungen jenseits der Dualität führen sowie zu dem, was man Einheitsbewusstsein nennt. Diese hingebungsvollen und meditativen Ansätze sind aus Tausenden Jahren der Praxis und Experimente erwachsen. Viele dieser Pfade erfordern ein intensives Training von Körper, Geist und Emotionen.

Neuere Untersuchungen von Gehirnscans von Meditierenden, ihrer Biochemie sowie ihrer Herz-Gehirn-Kohärenz haben den Nutzen der Meditation bestätigt. Sich der Achtsamkeit zu widmen, ist für eine Vielzahl von körperlichen, emotionalen und mentalen Zuständen von Vorteil, wie gut konzipierte Studien zeigen. Die Forschung hat dabei auch Gruppenmeditationen in kriegszerstörten Gegenden einbezogen, um mögliche Einflüsse auf die Nachbargemeinden zu entdecken.

Es gab signifikant weniger Verbrechen, Unfälle und Brände, wenn Gruppen zum Meditieren zusammenkamen, wie eine Studie

---

Psychogene Substanzen wurden im Lauf der Zeit auch genutzt, um Bewusstseinszustände zu beeinflussen. Artefakte wie die minoische Mohngottheit beschreiben deren Effekte und warnen vor ihnen. Die geschlossenen Augen, der leere Ausdruck und die Haltung des Aufgebens zeigen die Unterwerfung unter eine kraftvolle Substanz. **Minoische Mohngöttin,** *Karphi, Kreta, 1300–1200 v. Chr.*

Wir müssen einen Unterschied machen zwischen einem total berechtigten Enthusiasmus – einem Besuch Gottes – und einer Inflation, auf die immer irgendeine Art von Zusammenbruch folgt.

— ROBERT A. JOHNSON

1983 in Israel zeigte, und im Kriegsgebiet gab es weniger Tote. Hunderte andere Studien wurden in den letzten Jahrzehnten durchgeführt. Heute werden Praktiken, bei denen Konzentration, Lenkung, Präzisierung und die Kultivierung geistiger Eigenschaften im Mittelpunkt stehen, als wichtige Einflüsse auf Bewusstseinszustände von Menschen und die Umgebung anerkannt.

GÖTTLICHE EKSTASE

Ursprünglich wurde der griechische Gott Dionysos mit Natur, Fruchtbarkeit und Wiedergeburt des Lebens im Frühling in Verbindung gebracht. Das göttliche Geschenk, das er Sterblichen machte, war die Erfahrung, sich lebendig zu fühlen, sich zu freuen, zu feiern und die wundersame Fülle des Lebens zu spüren. Als ein Archetyp des Enthusiasmus – des Erfülltseins von Gott – verkörperte Dionysos die menschliche Fähigkeit, sich mit dem Göttlichen zu vereinen.

Die geheimnisvollen Riten des dionysischen Kults umfassten Musik und Tanz, die zur Trance führten, ekstatische Anbetung und Rituale, die die Quelle des Lebens und seine dunkle Seite, den Tod, ehrten. Das erweiterte Bewusstsein, für das Dionysos steht, war eine spirituelle Ekstase.

Die Lebensgeschichte des Gottes illustriert auch das Gegenteil, eine Einschränkung des menschlichen Bewusstseins. Spirituelle Ekstase wurde später als Rausch durch Alkohol und andere Substanzen missverstanden und Dionysos irgendwann als Gott des Weins bekannt. Doch seine ursprünglichen Anhänger tranken keinen Alkohol, genauso wenig wie er. Es gibt in der Mythologie nur eine Situation, in der Dionysos trinkt, und dann leidet er sehr unter den Folgen. Robert A. Johnson schreibt: „Tatsächlich tranken viele von ihnen gar keinen Wein. Sie mussten bewusst bleiben, um die göttliche Ekstase zu erfahren."[1]

Wein diente als Symbol für die Beeinflussung des Bewusstseins. Zweck des dionysischen Ritus war es, „den Gott zu trinken", spirituelle Ekstase zu erleben und durch das Zusammentreffen mit dem Göttlichen eine Transformation zu erleben.

Der griechische Gott Dionysos nahm für seine ekstatischen Feiern des Lebens keine Drogen. Hier ist er als Bacchus zu sehen, der Gott des Weins. Im Römischen Reich wurde er fälschlicherweise als Gott des alkoholisierten, nicht des spirituellen Rauschs verehrt. *Caravaggio,* **Bacchus,** *1593.*

Das Schönste, was wir erleben können, ist das Geheimnisvolle. Es ist das Grundgefühl, das an der Wiege von wahrer Kunst und Wissenschaft steht.

— ALBERT EINSTEIN

Auch Sufi-Dichter waren für ihre euphorischen Beschreibungen der ekstatischen Vereinigung mit dem Göttlichen – dem Geliebten – bekannt und nutzten den Weinrausch als Metapher dafür.

Fresken in Pompeji zeigen Stadien des dionysischen Initiationsritus der Frauen, dessen Zweck es war, die *unio mystica*, die heilige Vereinigung mit Gott, zu erleben. Dieses Thema taucht in vielen mystischen Traditionen auf. In der tantrischen Kunst Indiens symbolisiert die sexuelle Vereinigung von Mann und Frau auch den Integrationsprozess der männlichen und weiblichen Anteile des Bewusstseins, und das Ziel bestimmter Praktiken ist es, eine heilige Vereinigung mit dem Göttlichen zu erleben.

Die innere Vereinigung des Männlichen mit dem Weiblichen, die *coniunctio* (Verbindung), kann auch in der Alchemie in den Prozessen der Auflösung, Transformation und Vereinigung beobachtet werden. Aus psychologischer Sicht bezog sich Carl Gustav Jung sowohl auf die Unio mystica als auch auf die Coniunctio, um zu zeigen, wie die menschliche Psyche ihre inneren Gegensätze und Widersprüche in ihrem Streben nach Ganzheit miteinander versöhnt.

Die Themen Vereinigung, Trennung und Wiedervereinigung von Mensch und Göttlichem sind seit langer Zeit Themen in Kunst und Erzählungen der Weisheitstraditionen in aller Welt.

SYMBOLE DES BEWUSSTSEINS

Im Heiligtum von Delphi wurden sowohl Dionysos, der für übermäßige Ekstase und Befreiung steht, als auch sein Bruder Apollo, der Gott des Lichts, verehrt. Die Brüder waren Symbole der sich ergänzenden rationalen und irrationalen Fähigkeiten des Menschen. Aber als Apollo immer häufiger mit Konzepten wie analytischem Denken, Gesetz und Ordnung in Verbindung gebracht wurde, verschob sich das Gewicht zu seinen Gunsten, sodass seine Bedeutung im Pantheon der griechischen Götter wuchs.

An die Stelle der dionysischen Anbetung und ekstatischen Feier der schöpferischen

---

Dionysos-Kulte fanden schließlich nur noch im Untergrund statt, lassen sich aber in ekstatischen Praktiken noch erkennen. Diese Sufis drehen sich im leidenschaftlichen Gebet, bis es zu einer Vereinigung mit Gott kommt. *Französische Schule,* **Tanz der Mevlevi-Derwische in Konstantinopel,** *1811.*

Wie haben wir Dionysos verloren? Psychologisch gesehen, stellt die Geschichte seines Verlustes den Triumph des Rationalen über das Irrationale dar, des Denkens über das Fühlen, der konkreten „männlichen" Ideale von Macht, Aggression und Fortschritt über immaterielle „weibliche" Werte wie Empfänglichkeit, Wachstum und Zuwendung.

— ROBERT A. JOHNSON

Lebensfülle – und der Orientierung an ihr – trat die Verehrung von Vernunft, Logik und Objektivität. Als Gott konnte Dionysos von Sterblichen nicht getötet werden, aber er lebte fortan hinter den Kulissen in anderen Formen weiter.

Später pervertierte die römische Kultur die ursprüngliche Bedeutung von Dionysos und machte ihn zu Bacchus, dem Gott des Weins, der sich angeblich der Trunkenheit, Dekadenz und Ausschweifung hingab, ganz wie seine römischen Anhänger in jener Zeit. Mit dem Aufstieg und der Verbreitung der monotheistischen Religionen wurde das dionysische Prinzip, das es den Menschen erlaubte, direkt mit Gottheiten und sogar der geheimnisvollen Quelle des Lebens in Kontakt zu stehen, zurückgedrängt.

Jahrhunderte danach entstand eine reduktionistische Wissenschaft als Inbegriff der rationalistischen Eigenschaften, die Apollo zugeschrieben wurden. Symbolisch können Aufstieg und Fall des Dionysos als Illustration der evolutionären Phasen von Ausweitung und Einengung des menschlichen Bewusstseins und die beiden göttlichen Brüder als Personifizierungen unterschiedlicher Bewusstseinszustände und menschlicher Eigenschaften verstanden werden.

Die dionysische Erfahrung der spirituellen Ekstase wird in postmodernen Kulturen kaum als verehrenswert betrachtet. Stattdessen zeigt sie sich oft, wenn Menschen Probleme damit haben, eine Balance zwischen ihren eigenen rationalen und irrationalen Wesenszügen zu finden. Wenn die „irrationalen" Zustände der Ekstase, Begeisterung und des Wunders abgelehnt und unterdrückt werden, um sich ungewohnten kulturellen oder angeeigneten Normen anzupassen, finden sie häufig andere Ausdrucksmöglichkeiten durch unbewusste Projektionen, die man in die Welt aussendet. Auf diese Weise werden unterdrückte, abgelehnte Aspekte des eigenen Wesens typischerweise im „sicheren" Abstand gehalten. Gesehen, abgelehnt und kritisiert werden diese Personen dann durch das reflektierende Feedback anderer Menschen.

Viele der heiligen Stätten, die auf der Erde errichtet wurden, dienten auch als Pforten zu einem veränderten Bewusstseinszustand und zu außergewöhnlichen Dimensionen der Realität. Die meisten von ihnen entstanden über starken Erdstrahlungen, um die Wirkung und Effekte der dort stattfindenden Riten zu intensivieren. *David Lyons,* **Stones of Stenness,** *Orkneys, Schottland, 3100 v. Chr.*

Einengung
des Bewusstseins

RAUSCH IN DER MODERNEN KULTUR

DER SUCHTPROZESS

KOMMERZIALISIERUNG DER GEFÜHLE

SEHNSUCHT NACH ZUGEHÖRIGKEIT

In Mythen, in denen sich der Held auf den Weg macht, um den Sinn seines Lebens zu suchen, geht es oft um den Zustand des Bewusstseins, der sich im Verlauf der Heldenreise erweitert oder einengt, je nachdem ob man auf dem richtigen Weg ist oder von ihm abweicht und wieder auf ihn zurückkehrt. So ist es auch im *Gilgamesch-Epos*, das lange als ältester in Schriftform überlieferter Text galt.

Der Heldenkönig Gilgamesch steht vor extremen Prüfungen und bezwingt Feinde in großen Schlachten, doch er wendet sich der Spiritualität zu, nachdem sein treuer Begleiter Enkidu gestorben ist. Am Ende seiner Reise muss er noch dem Sonnengott über ein gefährliches Meer folgen und Hilfe finden, um über das Wasser des Todes zu gelangen und den Unsterblichen zu erreichen, der ihm ewiges Leben gewähren kann.

Während Gilgamesch am Meeresufer diese letzten Schritte überdenkt, versucht die Schankwirtin Siduri ihn zu überzeugen, seine Suche aufzugeben und stattdessen die Vergnügungen des Essens, Trinkens und ihrer Gesellschaft zu genießen. Gilgamesch gehört zu den ersten Figuren in einem Heldenepos, die vor der Entscheidung stehen, wach zu bleiben oder wieder einzuschlafen. In den Geschichten der Welt scheinen die verlockenden Rufe der Sirenen nie weit weg zu sein.

Der griechische Held Odysseus wird oft als archetypischer Wanderer betrachtet, denn auf seiner Heimreise nach dem Sieg im Trojanischen Krieg musste er viele Umwege auf sich nehmen und erlitt zahlreiche Schicksalsschläge. Einmal wehten gewaltige Stürme seine zwölf Schiffe auf eine unbekannte Insel, auf der die Menschen ausschließlich von Lotusfrüchten lebten. Odysseus erlaubte einigen seiner Männer, die Früchte zu probieren, „und sie vergaßen, als seien sie verzaubert, sofort alles, wünschten sich gar nichts mehr, nicht einmal unsere Rückkehr nach Hause, und wollten nur immer mehr von der Pflanze essen".[2]

In vielen griechischen Mythen schmieden Gottheiten und Sterbliche endlose Intrigen, um das Schicksal zu beeinflussen, indem sie andere in den Zustand der Bewusstlosigkeit, Schläfrigkeit oder wenigstens Vergesslichkeit versetzen. Bannzauber dienen dazu, selbst imaginäre Gegner unschädlich zu machen. Hypnos, der Gott des Schlafs, ließ selbst Zeus, den mächtigen Herrscher des Pantheons auf dem Olymp, problemlos in Ohnmacht fallen. Aber natürlich kam Hypnos aus einer mächtigen Familie; er war der Enkel von Chaos, seine Mutter war die Nacht, Nyx, und sein Vater Schatten und Dunkelheit, Erebos. Sein Zwillingsbruder Thanatos brachte den Tod.

(SEITE 46/47) Obwohl es in einigen Aspekten Übereinstimmung gibt, fehlt in der Suchtforschung noch immer ein Konsens darüber, wodurch Sucht verursacht wird, wie man sie heilen oder verhindern kann und warum sich Suchtprozesse in so vielen Ländern weiterverbreiten. *Nils Kreuger,* **Frühlingsabend,** *1896.* (SEITE 48) Das Identitätsgefühl und Selbstbild eines Menschen ist während einer Sucht oft verzerrt. Daran erinnert dieses eindrückliche Porträt. *Francesco Clemente,* **Selbstporträt (Kreuzigung),** *1982.* (SEITE 51) Der griechische König Sisyphos wurde dazu verdammt, einen Felsen immer wieder einen Berg hinaufzurollen, nur um ihn dann wieder hinunterrollen zu sehen. Metaphorisch gesehen, ähnelt das den Zyklen, die Suchtkranken so vertraut sind. *Tizian,* **Sisyphus,** *1549.*

Wenn emotionale Energie, die man nicht beachtet, überwältigend wird, ist es verführerisch, sie durch eine Reihe von Abhängigkeiten selbst zu behandeln. Nicht nur legale oder illegale Substanzen, sondern auch Arbeit, Macht, Status, Vergnügen, Sex, Beziehungen – alles kann als Suchtmittel dienen.

— MIRIAM GREENSPAN

Hypnos heiratet Pasithea, eine Gottheit der Halluzination, und ihre Söhne wurden die Herrscher der Träume, Albträume und Visionen. Hypnos wird auch mit Lethe in Verbindung gebracht, dem unterirdischen Fluss des Vergessens, und vor dem Eingang zu seiner Behausung wuchsen Mohnpflanzen.

Wie die Helden und Heldinnen so vieler Geschichten setzen auch Süchtige auf ihrer Lebensreise ihr Leben aufs Spiel. Drogensucht, zwanghaftes Verhalten und andere Suchtproblematiken versetzen das Bewusstsein ebenso in Schlaf, wie es Zaubertränke und -sprüche sowie Verlockungen in der Welt der Mythen tun. Suchtprozesse verhindern auch die Regeneration der Lebensenergie, die im Schlaf und in Träumen geschieht. Wenn es ständig an Energie fehlt – und verlässliche Quellen zur Wiederherstellung der Energien noch nicht entdeckt und genutzt werden –, kann es sehr schwer sein, die tranceartigen Zustände einer Sucht hinter sich zu lassen und den Weg zu Heilung und Transformation fortzusetzen. Erst recht findet man keinen der Schätze, von denen Mythen und Geschichten erzählen.

RAUSCH IN DER MODERNEN KULTUR

Heute wird der Aufruf, sein Bewusstsein zu erweitern und zu entwickeln, von einer Vielzahl an Methoden der Selbsterfahrung begleitet. Wie die heutige Gesellschaft mit diesem Aufruf umgeht, unterscheidet sich allerdings sehr von den Reaktionen traditioneller und spiritueller Kulturen. Auf den ersten Blick steht scheinbar eine unglaubliche Fülle an Möglichkeiten zur Wahl, doch bei näherem Hinsehen zielen viele davon darauf ab, das Bewusstsein einzuengen, statt es auszudehnen, was weder dem Einzelnen noch der Gesellschaft wirklich von Nutzen ist.

Angesichts der vielen heutzutage verfügbaren verführerischen Angebote, die Stimmungslage zu verändern, kann es schwierig sein, die Zweckbestimmung eines Stoffs und seine eventuellen Nebenwirkungen zu erkennen. Anders als bei den altbewährten Verfahren zur Herbeiführung veränderter Bewusstseinszustände sind diese neuartigen Mittel nun jederzeit und überall unter Einbeziehung aller möglichen, auch abhängig machender

Die weite Verbreitung von Suchtprozessen kann als verzweifelter Versuch gesehen werden, mit den globalen Schwierigkeiten der Menschheit umzugehen. Abhängige fühlen sich überfordert und versuchen, die Probleme zu umgehen, indem sie sich betäuben. *Michel Nedjar,* **Ohne Titel,** *1990.*

Was ist Sucht wirklich? Es ist ein Zeichen, ein Signal,
ein Symptom der Not. Es ist eine Sprache, die uns
von einer Notlage erzählt, die wir verstehen müssen.
— ALICE MILLER

Substanzen verfügbar. Was ist die wahre Motivation hinter dem Wunsch, die Realität des Jetzt zu verlassen? Geht es darum, der Komplexität des Lebens auszuweichen? Die eigenen Gefühle zu betäuben? Eine Obsession zu beenden oder eine wohlverdiente Pause einzulegen? Mit welchen Reaktionen des eigenen Umfelds müsste man rechnen? Wird das Bewusstsein dabei eingeengt oder erweitert? Wären die Auswirkungen vorübergehend oder lang anhaltend? Welche Nachwirkungen kann es geben?

Die heutige Verbreitung von Drogensucht und zwanghaftem Verhalten scheint Ausdruck einer verzerrten Reaktion auf den archetypischen Drang zu sein, sich durch Bewusstseinserweiterung über das Bekannte hinauszubewegen. Veränderte Bewusstseinszustände sind nur selten darauf ausgerichtet, der Gemeinschaft zu dienen, sondern stellen eher den Versuch dar, einen Weg zu finden, um mit den schmerzhaften Auswirkungen fertigzuwerden, die durch Getrenntsein oder Entkopplung von der Gemeinschaft entstehen. Ist die Bewusstseinsveränderung zur Mainstreamreaktion des Kollektivs geworden, um Gefühle zu betäuben, sich der harten Realität zu entziehen und das Bewusstsein insgesamt auszuschalten?

Wenn sich eine Sucht verfestigt, müssen viele komplexe soziale, ökonomische und kulturelle Einflüsse der heutigen Gesellschaft als Mitursache bedacht werden und nicht nur die typischen medizinischen, neurologischen und psychologischen Aspekte. Abhängigkeit wird von Fachleuten immer öfter als „Anpassungsreaktion" an eine extrem disruptive Ära der Fragmentierung, Entkoppelung und des Verlusts verstanden.

Es gibt viele Definitionen für Sucht, aber es besteht unter den Fachleuten noch immer keine Einigkeit darüber, was ihre Ursachen sind und wie man sie heilen kann. An einem einheitlichen, evidenzbasierten Ansatz wird noch gearbeitet. Verschiedene Wissenschaftszweige propagieren ihre jeweils eigenen

---

(SEITE 54/55) Mythologische Figuren stehen für viele Eigenschaften ihrer Kulturen, aber auch für ganze Epochen in der Entwicklung des kollektiven Bewusstseins, das in einigen Phasen regressiv ist, in anderen progressiv. Dieser ohnmächtige Morpheus, der geflügelte Sohn von Hypnos, hält Mohnpflanzen in der Hand. *Jean Bernard Restout,* **Morpheus,** *um 1771.* (SEITE 57) Die Angst vor den eigenen Gefühlen ist ein bekannter Auslöser für Suchtverhalten. *Frank Auerbach,* **Kopf von JYM III,** *1985.*

Ein Süchtiger hat einen tieferen Durst.

— GREGORY BATESON

Definitionen, Theorien, Behandlungsmodelle und Vorsorgeansätze. Manche sehen Sucht als chronische, fortschreitende und tödliche Krankheit, andere widersprechen dem.

Alkoholikern und Suchtkranken haftet traditionell ein soziales Stigma an; sie begegnen Vorurteilen und Diskriminierung, die die Probleme bei der Heilung nur noch verstärken.

Gabor Maté, ein Arzt, Suchtexperte und Autor, hat seine mitfühlende Definition von Sucht in seinem bahnbrechenden Buch *Im Reich der hungrigen Geister* dargestellt: Sucht „hat ihren Ursprung in dem verzweifelten Versuch eines Menschen, ein Problem zu lösen: das Problem des emotionalen Schmerzes, des überwältigenden Stresses, der verlorenen Beziehungen, des Kontrollverlustes, des tiefen Unbehagens mit sich selbst. Kurz gesagt: Es ist der vergebliche Versuch, das Problem des menschlichen Schmerzes zu lösen."[3]

Es gibt eine unbestreitbare Verbindung zwischen Drogenmissbrauch und tödlichen Unfällen, Gewalt, Gefängnis, Leben am Rand der Gesellschaft und sich auflösenden Gemeinschaften, aber der Gebrauch von Drogen heißt nicht unbedingt, dass man süchtig wird.

Von den Hunderten von Millionen Menschen, die weltweit bewusstseinsverändernde Substanzen nutzen, hat nur ein relativ kleiner Prozentsatz einen problematischen Umgang damit, wie die jährliche Untersuchung des Büros der Vereinten Nationen für Drogen- und Verbrechensbekämpfung ergibt. Aber dessen Forschung umfasst nicht den extremen Anstieg von Suchtprozessen mit „süchtig machenden Objekten".

DER SUCHTPROZESS

In der postmodernen Welt sind Unzählige süchtig, und es gibt ein mittlerweile gigantisches Ausmaß an Möglichkeiten, eine Sucht zu entwickeln. Experten sprechen von Suchtfokus, Suchtobjekten oder Suchtzielen.

Egal ob man von einer Droge, einem Verhaltensmuster oder instinktiven Trieben nach Macht, Kontrolle, Prestige, Anerkennung, Zustimmung oder Liebe abhängt – die Struktur des Suchtprozesses bleibt gleich. Es sind immer dieselben neuralen Schaltkreise des Gehirns, wie Schmerzbekämpfung, Belohnung und Motivation, die aktiviert werden.

Unabhängig davon, ob es sich um Drogen, Zwangsstörungen oder andere Abhängigkeitsthemen handelt, der Suchtprozess weist immer die gleichen Strukturen auf. **Weinender Buddha,** *Bali, 20. Jahrhundert.*

Die schmerzende Leere ist immerwährend, weil die Substanzen, Objekte oder Bestrebungen, von denen wir hoffen, dass sie sie lindern, nicht das sind, was wir wirklich brauchen. Wir wissen nicht, was wir brauchen, und solange wir uns im Zustand der hungrigen Geister befinden, werden wir es nie wissen.

— GABOR MATÉ

Aus medizinischer Sicht lässt sich die Sucht auf ein „chronisches, wiederkehrendes Gehirnleiden" reduzieren, bei dem die Neurotransmitter im Rahmen bestimmter Muster immer wieder stimuliert werden. Betrachtet man Sucht jedoch als soziales Phänomen, so sind noch viele andere Faktoren zu nennen, etwa die Auflösung familiärer und sozialer Strukturen, Isolation, Exklusion, Ungleichheit und Rassismus, die suchtauslösend oder -fördernd wirken können.[4] Von der ökonomischen Perspektive aus betrachtet, sind es Heimatverlust, Wirtschaftsmigration und Armut, die sich bemerkbar machen, sowie die erheblichen finanziellen, politischen und medialen Interessen, die bei der Kommerzialisierung menschlicher Gefühle eine Rolle spielen.

Wird Sucht als Zusammenbruch von Wertevorstellungen, wie einenden, menschlichen und spirituellen Werten, verstanden, so wird klar, dass diese ethischen Bedürfnisse heute kaum erfüllt werden. Nahrung und Unterkunft sind existenzielle Notwendigkeiten, aber zu den menschlichen Bedürfnissen gehören auch „Zuneigung, Liebe und [das Gefühl der] Zugehörigkeit, individuelle, kollektive und kulturelle Sicherheit, das Bedürfnis, sich in Gruppen oder politische Institutionen einzubringen, das Bedürfnis nach einem gewissen Maß an Freizeit und persönlicher Freiheit und das Bedürfnis nach Transzendenz und dem Gefühl einer Verbindung mit dem weiteren Kosmos", wie Duncan M. Taylor und Graeme M. Taylor erläutern.[5]

Während die Suchtforschung in ihrem Bemühen, Einigkeit zu erreichen, nur langsam vorankommt, lässt sich gleichzeitig ein explosionsartiger Anstieg von Suchterkrankungen beobachten. In seinem Buch *Sehnsucht nach Wiedergeburt* befasst sich Luigi Zoja mit Drogensucht als Symptom einer Gesellschaft in der Krise. Er untersucht die Beziehung zur heutigen Konsumkultur: „Wir entdecken hier eine Analogie zum heutigen Konsum, der nur sich

---

(SEITE 60/61) Edvard Munch ist einer der Künstler, die Szenen aus ihrer Trinkergeschichte malten. Munchs Exzesse führten zu einem Zusammenbruch, und er wurde für einen Entzug eingewiesen. *Edvard Munch,* **Der Tag danach,** *1894.* (SEITE 62) Die Kommerzialisierung menschlicher Gefühle wird von vielen als wichtige Ursache für die weltweite Verbreitung von Sucht betrachtet. Mit der Ausnutzung unerfüllter Bedürfnisse reduziert die Vermarktung die Menschen auf ein Leben, das „von Sehnsucht gezogen und von Ängsten geschoben" wird, wie Robert A. Johnson sagt. *Roy Lichtenstein,* **Shipboard Girl,** *1965.*

Heute werden immer mehr digitale Produkte entwickelt und hergestellt, deren Software genau so entworfen ist, dass sie Suchtprozesse auslöst. Kommerzielle Ziele und Interessen sind für die exponentielle Verbreitung von Suchterkrankungen mitverantwortlich. *Jean-Marc Côté,* **In der Schule, 2000,** *1899.*

selbst verfolgt, ohne je innezuhalten, ohne je den Abstieg zu akzeptieren, den Verzicht auf Besitz, die Einschränkung von Anschaffungen und Nutzungsmöglichkeiten."[6]

KOMMERZIALISIERUNG DER GEFÜHLE

Die Kommerzialisierung menschlicher Gefühle in der modernen globalisierten Kultur ist gnadenlos, denn die Werbung verspricht, emotionale oder spirituelle Bedürfnisse nach Verbindung, Zugehörigkeit und Liebe durch das Kaufen von materiellen und immateriellen Produkten zu erfüllen. Es leuchtet ein, dass jeder, der sich selbst als unzureichend empfindet oder glaubt, nicht genug zu haben, mehr möchte. Aber dieses Verlangen mithilfe von Konsum zu stillen, erfüllt meistens nicht die wirklichen Bedürfnisse.

Die digitale Technologie ist ein gutes Beispiel für die massenhafte Kommerzialisierung menschlicher Gefühle und die pauschale Geiselnahme menschlicher Aufmerksamkeit. Die digitale Revolution zeigt eindringlich, wie der Suchtprozess Einfluss nicht nur auf das individuelle, sondern auch auf das kollektive Unbewusste der Menschheit nehmen kann.

Diese Technologie ist weltweit zum Medium emotionaler, mentaler und körperlicher Obsessionen und Verhaltensweisen geworden. Das technische Wettrüsten im Kampf um die menschliche Aufmerksamkeit kann aber auch metaphorisch als gewalttätiger Kampf um die Evolution des Bewusstseins verstanden werden.

Die vielen Vorteile der digitalen Technologie stehen außer Frage, doch die Abhängigkeit von ihr ist ein sehr negativer Effekt – ganz gleich, um welchen Suchtfokus es sich handelt: Internet, Smartphones, soziale Medien, Binge-Watching (auch Komaglotzen genannt), Glücksspiel, Gaming, Pornografie, Dating-Apps und vieles mehr. Das ist kein Wunder, wenn das kommerzielle Ziel darin besteht, die Nutzer in Bann zu halten. Viele der heutigen digitalen Produkte und Programme zielen darauf ab, so viele Leute wie möglich abhängig zu machen. Ein Smartphone wird als süchtig machendes Gerät entworfen.

Im menschlichen neuronalen System können digitale Technologien verheerende Effekte hervorrufen. Nicholas Carr untersuchte, welche Auswirkungen sie auf Gehirn, Gedächtnis und Konzentration haben, und kommt zu dem Ergebnis, dass das Internet unter anderem „exakt die Art sensorischer und kognitiver – repetitiver, interaktiver und süchtig machender – Stimuli [aussendet], die nachweislich

Der süchtige Verstand wurde dazu verleitet, dem Objekt Ihrer Sucht die höchste Priorität einzuräumen. Die Sucht hat in Ihre Bindungs-, Belohnungs- und Anreiz-Motivationskreisläufe Einzug gehalten und die Kontrolle übernommen. Wo Liebe und Lebensfreude sein sollten, logiert die Sucht.

— GABOR MATÉ

starke und rapide Veränderungen der Nervenbahnen und Gehirnfunktionen zur Folge haben".[7] Diese Veränderungen gehen leider nicht einher mit einer Erweiterung der außergewöhnlichen Fähigkeiten des Gehirns, Informationen auf einer Vielzahl von miteinander verbundenen Ebenen zu verarbeiten und zu integrieren, sondern im Gegenteil mit einer Verringerung der Gehirnfunktion.

Der Zauber von Suchtprozessen, denen Millionen Konsumenten digitaler Technik heute unterliegen, wird absichtlich ausgelöst und gnadenlos stimuliert. Spiele werden gern so angelegt, dass sie kein Ende haben, also ewig weitergespielt werden können. Und solche, die auf unvorhersehbaren Überraschungseffekten beruhen, machen drei- bis viermal so schnell süchtig wie andere Spieleversionen. Für die Designvorgaben digitaler Geräte und Software ist maßgeblich, wie sich die Belohnungssysteme des menschlichen Gehirns am besten aktivieren und lenken lassen.

Zwar werden auch Inhalte angeboten, die der Bewusstseinserweiterung dienen, doch die Massentrancezustände, die heutzutage durch digitale Technologien herbeigeführt werden, erzeugen keine Bewusstseinserweiterung, wenn sie als Suchtprozesse und -objekte gestaltet sind. In dieser Hinsicht wird

heute ein verbissener Kampf um die Beeinflussung und Kontrolle des menschlichen Bewusstseins ausgefochten.

Jeremy Naydler plädiert in seiner Untersuchung über die Einflüsse, die zur derzeitigen Zerstreuung des menschlichen Bewusstseins geführt haben, für eine Neuorientierung der Technologie an den tieferen Werten der Menschheit. Dabei betrachtet er sowohl die elektromagnetische Verschmutzung, die die Umwelt und Lebewesen der Erde bedrohen, als auch die Pläne von Transhumanisten. Die Menschheit muss dringend vermeiden, sich „der kalten Unmenschlichkeit der Maschine und dem gefühl- und mitleidslosen Algorithmus zu unterwerfen", und sich stattdessen fragen: „Wohin führt uns das? Welchen Zweck hat es? Welches Ziel? Und welchem echten menschlichen Bedürfnis dient es?'" Das Wissen um den Wert des Lebens verdunkelt sich, wenn „die Welt der Maschinen, schon fast zwangsläufig, von uns fordert, dass wir uns von dem intrinsischen Geheimnis des Lebens abkapseln".[8]

Emotionale Belastungen, mentale Stressoren und unbewusste Auslöser tragen dazu bei, dass Menschen überhaupt erst in die Suchtfalle geraten. Süchtige weisen häufig Lebensläufe auf, die von Vernachlässigung, Trauma,

Gibt es einen Grund, warum Sie so verzweifelt sind?
Was geht in Ihrem Leben vor sich? Gibt es etwas, was
Ihnen wehtut und das wir ändern können?

— JOHANN HARI

Verlust und Missbrauch geprägt sind, was von der öffentlichen Gesundheitsvorsorge oft nicht angegangen werden kann. Viele Abhängige leiden an posttraumatischen Belastungsstörungen und stecken emotional in Traumata fest. Es ist verständlich, dass sich aus solchen Erfahrungen verzerrte Interpretationen des Lebens entwickeln und fest verankern, bis sie geheilt werden.

In der modernen Dislozierungstheorie wird der Verlust der Heimat, beispielsweise durch Wirtschaftsmigration, in Verbindung gebracht mit sozialer Isolation, die für Sucht so typisch ist. Von daher möchten viele Abhängige vielleicht gar nicht der Gesellschaft entfliehen, wie meist angenommen wird, sondern suchen möglicherweise unwissentlich nach ihrem Platz *in* der Gesellschaft.

Als Gabor Maté seine Patienten fragte, was sie an ihrer Droge wirklich mochten, ähnelten sich die Antworten: „Es half mir, emotionalen Schmerzen zu entkommen, half mir, mit Stress umzugehen, gab mir Seelenfrieden, ein Gefühl der Verbundenheit mit anderen,

ein Gefühl der Kontrolle."[9] Doch das soziale Stigma bleibt eine Realität für viele, die in der Sucht gefangen sind. Durch Ausgrenzung werden Schuldzuweisungen und Herabsetzung der Person, die seit jeher üblich sind, am Leben erhalten. Glamourös kommt die Sucht nur bei den Stars daher, die, wie man so gern sagt, tragischerweise allzu jung verstorben sind.

Die düstere Realität ist, dass die Sucht heute zum Mainstream geworden ist und alle sozialen, wirtschaftlichen, ethnischen und religiösen Gesellschaftsgruppen betrifft.

Man schätzt, dass pro Alkoholiker oder Süchtigem zehn weitere Menschen aus deren Umfeld mitbetroffen sind. Kinder, die in von Sucht oder Alkoholismus geprägten Familiensystemen aufwachsen, lernen früh, Rollen und Verhaltensweisen zu übernehmen, die eine gewisse Stabilität in das unberechenbare Leben zu Hause bringen. Unausgesprochene Regeln verbieten, dass sie ehrlich sagen, was sie sehen, hören und fühlen, und von dem sich noch entwickelnden Kind wird erwartet, alle problematischen Gefühle oder traumatischen

---

Kinder, die in Alkoholiker- oder anderen dysfunktionalen Familiensystemen aufwachsen, lernen oft unausgesprochene Regeln wie „Sprich nicht, vertraue niemandem, fühl nichts, erinnere dich an nichts". Es gibt AA-Gemeinschaften, die sich auf die Heilung dieser vererbten Verhaltensmuster konzentrieren. *Lena Cronqvist,* **Schüchternes Mädchen,** *2002.*

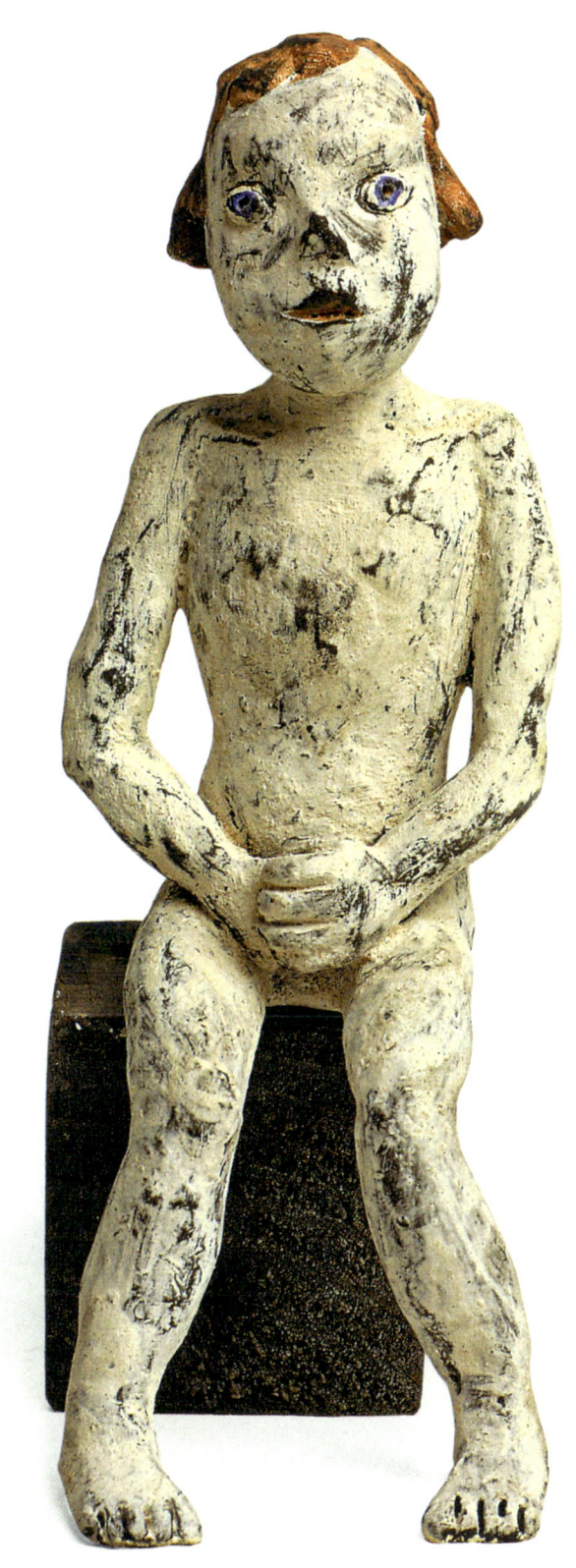

*Wo wir gemeint hatten, nach außen zu fahren, wer-
den wir in das Zentrum unseres eigenen Daseins
gelangen. Und wo wir gemeint hatten, allein zu sein,
werden wir mit der ganzen Welt sein.*

— JOSEPH CAMPBELL

Auswirkungen seiner Erlebnisse zu unterdrücken. Der Mechanismus des Leugnens schützt
die Familiengeheimnisse.

Obwohl viele Kinder aus solchen Famili-
enstrukturen lernen, sich durch Überlebensstrategien zu schützen, kann es ihnen mit der
Zeit sehr schwerfallen, ihrem eigenen Erleben
dessen, was passiert, zu vertrauen. Es kann
Schwierigkeiten bereiten zu wissen, wer man
ist und welche Gefühle, Bedürfnisse und Wünsche echt sind, ganz zu schweigen davon, wie
man sie ausdrücken kann. Diese Einflüsse tragen laut Studien zu einer Suchtanfälligkeit im
Erwachsenenalter bei, aber glücklicherweise
gibt es heute viele Möglichkeiten, diese vererbten Verhaltensmuster zu heilen, etwa bei
AA-Gemeinschaften, die sich mit diesen Themen befassen.

SEHNSUCHT NACH ZUGEHÖRIGKEIT

Seit jeher strebt die Menschheit danach, sich
mit dem heiligen Wesen der Existenz zu verbinden und ihren Platz in ihr zu finden. Dieser
zeitlose, archetypische Ruf, über das Bekannte hinaus zu forschen, sich auszudehnen, zu
verändern und zu entwickeln, spiegelt auch
eine tiefe Sehnsucht wider, Teil des großen
Ganzen zu sein.

Die Erweiterung des Bewusstseins galt lange als spirituelle Fähigkeit, und universell bekannte Prinzipien haben diese Praxis geprägt.
Zu diesen Grundsätzen gehören Ehrlichkeit,
Integrität, Demut, Liebe, Vergebung, Gerechtigkeit, Mut, Großzügigkeit, Mitgefühl, Vertrauen und das Dienen. In den heutigen Zeiten großer Veränderungen wünschen sich
viele, diese geschätzten Prinzipien mögen
wieder das Verhalten der Menschen bestim-
men und die Entwicklung des kollektiven Bewusstseins konstruktiv unterstützen.

Sein Leben an spirituellen Prinzipien auszurichten, lässt bei der Suche nach Zugehörigkeit nicht nur das Gefühl einer Heimkehr in
das große Ganze entstehen. Es hat sich auch
gezeigt, dass dies Menschen, die in Suchtprozessen feststecken, bei der Genesung hilft.

Die Entdeckung solcher Prinzipien ermöglichte es Mitte der 1930er-Jahre einigen Alkoholkranken am absoluten Tiefpunkt wie durch

---

Mitte der 1930er-Jahre halfen zwei Alkoholiker einander, zwei Tage trocken zu bleiben. Als Mitbegründer der Anonymen Alkoholiker definierten sie den wichtigsten Zweck ihrer Gemeinschaft: anderen
Alkoholikern bei der Genesung zu helfen. **Chamsa von Nezami,** *Persien, 1539–1543.*

*Wir können uns den Heilungsprozess als Bergungs-
aktion vorstellen. Wir bergen unser verlorenes Selbst,
und manchmal entdecken wir unser wahres Selbst.
Was wir wiederbekommen, ist unsere Fähigkeit,
menschlich zu sein [...] Bei der Genesung geht es
um die Rettung unserer Menschlichkeit.*

— ALLEN BERGER

ein Wunder nüchtern zu werden und zu bleiben. Ihre Schritte zur Heilung wurden zu einem Leitfaden, der seither zahllosen anderen
Leidenden geholfen hat.

Diese chronisch Alkoholkranken wurden
Pioniere des weithin anerkannten Zwölf-
Schritte-Prozesses, der nicht nur Millionen
Alkoholikern zur Genesung verhalf, sondern
auch andere Suchtkranke und von Zwängen
Abhängige heilte.

Die Zwölf-Schritte-Genesung wurde in einigen der qualvollsten Situationen, die Menschen erleben können, erprobt. Sie hat sich
im Umgang mit unterschiedlichsten Abhängigkeiten als erfolgreicher erwiesen als viele
andere Methoden. Aber natürlich ist gegenseitige Hilfe immer sinnvoll, um ein gemeinsames Problem zu lösen.

Ein Süchtiger wird einer Gruppe von Süchtigen, die an ihrer Genesung arbeiten, schwer-
lich die Wahrheit über sein Suchtproblem
verbergen können – und er wird viel eher Vorschläge von Menschen annehmen, die dieselben Probleme hatten und sie erfolgreich
gelöst haben.

Die Entwicklung des Zwölf-Schritte-Programms lässt sich anhand der Geschichte von
Bill W., einem der späteren Mitbegründer der
Anonymen Alkoholiker, erzählen. In vielerlei
Hinsicht zeigt sein persönlicher Pfad zur Genesung vom chronischen Alkoholismus, wie
diese Prinzipien eines nach dem anderen entdeckt und entwickelt wurden. Sie sorgten
nicht nur für die Heilung des Einzelnen, sondern machten aus der Gemeinschaft genesender Alkoholiker eine Einheit. In Bills Geschichte tauchen viele Umstände, Ereignisse und
Menschen auf, die an der Schaffung der bemerkenswerten Zwölf Schritte, Zwölf Traditionen und Zwölf Konzepte des Weltdienstes
beteiligt waren.

Mit diesen Schritten, Traditionen und Konzepten konnten Bill W. und andere Alkoholkranke eine konfessionell ungebundene, aber
spirituelle Lösung für Alkoholismus bieten,
die sich auch auf andere Abhängigkeiten anwenden ließ. Dank ihrer Bemühungen war ein
verlässlicher Weg zur Heilung entstanden.

Zwei Schmetterlinge flattern durch den roten Mohn, ein Symbol des Rauschs. Der Schmetterling ist
eine Metapher für Transformation und Wiedergeburt, etwas, wonach sich viele in der Sucht gefangene
Menschen sehnen. *Vincent van Gogh,* **Schmetterlinge und Mohn,** *1889.*

TEIL 2

SCHRITTE ZUR GENESUNG

Die Entdeckung verlässlicher Lösungen

(SEITE 74) Die gekammerte Schale des Gemeinen Perlboots ist ein Symbol für persönliches Wachstum. Seine Dimensionen werden mit der Fibonacci-Folge, die mit dem Goldenen Schnitt verwandt ist, in Verbindung gebracht, doch die einzelne Schale erfüllt sie nicht perfekt. **Nautilus pompilius.** (OBEN) Die Öffentlichkeit betrachtete Alkoholiker und Süchtige als Menschen mit schwachem Charakter, schlechter Moral und fehlender Selbstkontrolle. Sie zu Außenseitern der Gesellschaft zu machen, hat historisch gerechtfertigt, diese Leidenden ohne Verständnis und Mitgefühl zu behandeln. *Vincent van Gogh,* **Die Trinker,** *1890.*

Gemeinsame Visionen

AM TIEFPUNKT

VERBUNDENHEIT DURCH GEMEINSAMES LEIDEN

IRRUNGEN UND WIRRUNGEN

IM BLINDFLUG

Bevor es die Anonymen Alkoholiker gab, wurde Alkoholismus oft als Problem betrachtet, das auf einem Mangel an Moral und Willenskraft bei den Betroffenen beruhe. Die konventionelle Medizin war nicht in der Lage, die Ursachen von Alkoholismus zu verstehen, und hatte keine entsprechenden Hilfsangebote für Betroffene. Die Öffentlichkeit zeigte auch nur wenig Mitgefühl, wenn es um Menschen ging, die unter chronischer Abhängigkeit von Alkohol oder anderen Drogen litten. Es gab kaum Genesungsangebote. Im besten Fall wurden Alkohol- und Drogenabhängige in Krankenhäuser und Sanatorien zum „Entzug" geschickt oder in psychiatrische Kliniken eingewiesen. Erst allmählich entstanden Hilfsorganisationen, die sich um Menschen mit diesen Problemen kümmerten.

Schon in den 1730er-Jahren hatte die indigene Bevölkerung Amerikas Heilungszirkel gebildet, und von diesem Zeitpunkt an entstanden auch andere Selbsthilfegruppen. 1784 äußerte Dr. Benjamin Rush, einer der Unterzeichner der amerikanischen Unabhängigkeitserklärung, die Überzeugung, dass es sich beim Alkoholismus um „einen Krankheitsprozess" handele. Eine ganze Reihe von Abstinenzvereinen, Reformklubs und anderen Initiativen, die vor allem von religiösen Organisationen initiiert wurden, entstanden im 19. und frühen 20. Jahrhundert.

Anfang des 20. Jahrhunderts wurden in den USA Bundesgesetze erlassen, die Produktion, Transport und Verkauf von Alkohol verboten und von 1920 bis 1933 galten. Die Selbsthilfegruppen lösten sich angesichts von Differenzen zu Themen wie der Prohibition und wegen interner Konflikte auf. Statt sich weiter auf den ursprünglichen Zweck zu konzentrieren und anderen zu helfen, ihre Sucht zu überwinden, führten „äußere Themen" zur Spaltung dieser wohlmeinenden Gruppen.[1] Mit der Entwicklung der Anonymen Alkoholi-

ker (AA) in den 1930er-Jahren entstand auf der Grundlage gesammelter praktischer Erfahrungen ein Ansatz gegenseitiger Hilfe. Anders als frühere Gruppen definierten die AA Leitsätze, die die Zwölf Schritte der Genesung, das Gruppenverhalten und die Organisation untermauerten.

Diese Prinzipien sollten die Einheit der AA gewährleisten und das gemeinsame Ziel betonen, den Menschen, die an Alkoholismus erkrankt sind, bei der Gesundung zu helfen. Die Herausbildung dieser wichtigen Prinzipien begann Mitte der 1930er-Jahre und führte schließlich zum festen Stellenwert, den die AA in der Welt einnehmen. Damals stand einer der AA-Mitbegründer, Bill W., an der Schwelle zum Tod.

Ein New Yorker Arzt, Dr. William D. Silkworth, der sich mit der Frage beschäftigte, ob es sich beim Alkoholismus um eine Krankheit handeln könnte, war medizinischer Direktor des Charles B. Towns Hospital for Drug and Alcohol Addictions in Manhattan. Er kam zu dem Schluss, Alkoholismus sei nicht auf moralische Mängel zurückzuführen, sondern

---

Schon in den 1730er-Jahren besprachen indigene Amerikaner in Gruppen das Problem des Alkoholismus. Heute erkennen Gesundheitssysteme den Wert von Selbsthilfegruppen bei Suchterkrankungen an. *E. B. & E. C. Kellogg,* **The Drunkard's Progress,** *1846.*

THE DRUNKARD'S PROGRESS.

Der Mitgründer der AA, Bill W., stand schon an der Schwelle zum Tod, als er entdeckte, dass chronischer Alkoholismus nicht durch Charakterschwäche verursacht wird, sondern eine Krankheit mit mentalen und körperlichen Komponenten ist. *Lesser Ury,* **Nächtliche Straßenszene,** *Berlin, 1920.*

Man kann nichts ändern, was man nicht annimmt.
Verurteilung befreit nicht, sie unterdrückt.

— C. G. JUNG

eine Erkrankung des Geistes und eine Allergie des Körpers.

Im Sommer 1934, wenige Monate nach dem Ende der Prohibition, erklärte Dr. Silkworth einen seiner Patienten zum „hoffnungslosen Alkoholiker". Der Wall-Street-Analyst Bill W. wollte unbedingt mit dem Trinken aufhören, war aber mindestens schon einmal zum „Ausnüchtern" in der Klinik gewesen und wieder rückfällig geworden. Nun gab es Anzeichen einer Hirnschädigung, und der Arzt fürchtete um die geistige Gesundheit und das Leben seines Patienten.

Dr. Silkworth erklärte Bill, dass sein chronischer Alkoholismus nicht das Resultat einer Charakterschwäche oder fehlender Moral sei, sondern vielmehr eine Krankheit, eine mentale Obsession, die diesen zwinge zu trinken.

Die Kombination aus körperlicher Reaktion und obsessiver Denkweise stelle für die alkoholabhängigen Betroffenen eine besondere Gefahr dar. Die Sucht sei eine fortschreitende Krankheit, die unvermeidlich zum Wahnsinn oder Tod führe. Ein Alkoholiker müsse sich mit völliger Abstinenz abfinden, wenn er genesen wolle.

Die Erklärung der körperlichen und mentalen Komponenten des Alkoholismus verschaffte Bill W. große Erleichterung. Endlich

verstand er das Problem. Die AA-Publikation *„Gib es weiter"* (1984) berichtet von der Befreiung, die er verspürte, als er endlich anerkannte, dass er ein Alkoholiker war und abstinent bleiben musste. Er war davon überzeugt, dass ihn dieses Wissen vor dem Trinken bewahren würde. Als er das Krankenhaus verließ, fühlte er sich wie ein neuer Mensch.[2]

Aber es dauerte nicht lange, bis Bill rückfällig wurde und mehrere Monate versuchte, allein trocken zu werden, bevor er sich wieder in die Hände von Dr. Silkworth begab. Mit großer Anstrengung gelang es ihm, in den folgenden paar Wochen nüchtern zu bleiben.[3]

AM TIEFPUNKT

Am 11. November 1934 begann das letzte Saufgelage des künftigen Mitbegründers der Anonymen Alkoholiker. Was er damals nicht wissen konnte, war, dass sich bereits einige Puzzleteile seines Genesungsprozesses zusammenfügten. Dazu gehörte Dr. Silkworth' Vorstellung über die mentalen und körperlichen Aspekte des Alkoholismus, was für die Menschen in der Selbsthilfegemeinschaft, die im folgenden Jahr entstand, sehr hilfreich war. Ebenso hilfreich waren Bills Bekenntnis, ein Alkoholiker zu sein, sowie seine Erkenntnis,

Der Tiefpunkt ist erreicht, wenn das Suchtverhalten, das man nutzt, um die Illusion von Kontrolle aufrechtzuerhalten, im Konflikt mit der überwältigenden Macht der Realität einfach nicht mehr funktioniert und einen angesichts der Tatsache, dass man selbst machtlos ist, ohnmächtig zurücklässt.

— RAMI SHAPIRO

dass Alkoholiker zwangsläufig abstinent bleiben müssen, wenn sie eine Chance auf Heilung haben wollen.

Andere wichtige Ereignisse nahmen bald direkten Einfluss auf Bill W.s eigene Genesung und den außergewöhnlichen Beitrag, den er leistete. Sein Schulfreund Edwin T., genannt Ebby, war ebenfalls ein unverbesserlicher Trinker gewesen. Kurz zuvor hatte er jedoch Hilfe bekommen und war genesen. Er kontaktierte den schlimmsten Trinker, den er kannte, das war Bill, und berichtete ihm, dass es selbst für Alkoholiker wie ihn Heilung gebe. Bill betrachtete Ebby als „absolut hoffnungslosen Fall und versprach sich sogar selbst aufzuhören, sollte es bei ihm mal *so schlimm werden*", wie der AA-Biograf Ernest Kurtz schrieb.[4]

Später erinnerte sich Bill in *„Gib es weiter"* an diese Zeit, doch werfen jüngere Forschungen Zweifel an einigen Details auf. Er war gerade mitten in seinem letzten Rückfall, als er seinen alten Freund einlud. Ebby schien sich verändert zu haben und erklärte: „Ich habe zum Glauben gefunden."[5] Bill war enttäuscht, aber er hörte sich Ebbys Geschichte über den Tiefpunkt und über die folgende wundersame Heilung an. Im Juli davor hatte Ebby Besuch von anderen Saufkumpanen bekommen, Shep und Cebra, die in der Oxford-Gruppe trocken

geworden waren. Auch Rowland Hazard, ein Senator und Geschäftsmann, besuchte ihn. Hazard war für seine ausufernden Trinkgelage bekannt und hatte alles versucht, um aufzuhören. Seine verzweifelte Suche nach Hilfe hatte ihn schließlich dazu gebracht, mit einem Psychoanalytiker in der Schweiz zu arbeiten, mit Dr. Carl Gustav Jung.

Als die Behandlung abgeschlossen war und Hazard wieder einen Rückfall erlitt, sagte ihm Jung, dass nur eine spirituelle Erfahrung chronische Alkoholiker wie ihn heilen könne, dass dies aber selten gelinge. Hazard hatte von seiner Cousine Susan Keith von der überkonfessionellen Oxford-Gruppe gehört und nahm nach seiner Rückkehr nach New York an ihren Treffen teil. Seine Begeisterung für deren praktischen Ansatz, das Leben nach spirituellen Prinzipien auszurichten, wuchs. Als ihn Ebby im Sommer 1934 traf, war Hazard nicht nur nüchtern, sondern investierte auch viel Zeit, um anderen Alkoholikern zu helfen, trocken zu werden.

Dieses Konzept einer von spirituellen Prinzipien geprägten Gemeinschaft wurde später in das Zwölf-Schritte-Programm der AA übernommen. Schwerpunkt der Oxford-Gruppe war es, einander bei der Umsetzung von Maximen wie zum Beispiel Ehrlichkeit, Reinheit,

Als Bill W. im Herbst 1934 seinen Tiefpunkt erreicht hatte, fügten sich mehrere Puzzleteile seines Genesungsprozesses zusammen. *Wilhelm Lehmbruck,* **Der Gestürzte,** *1915/16.*

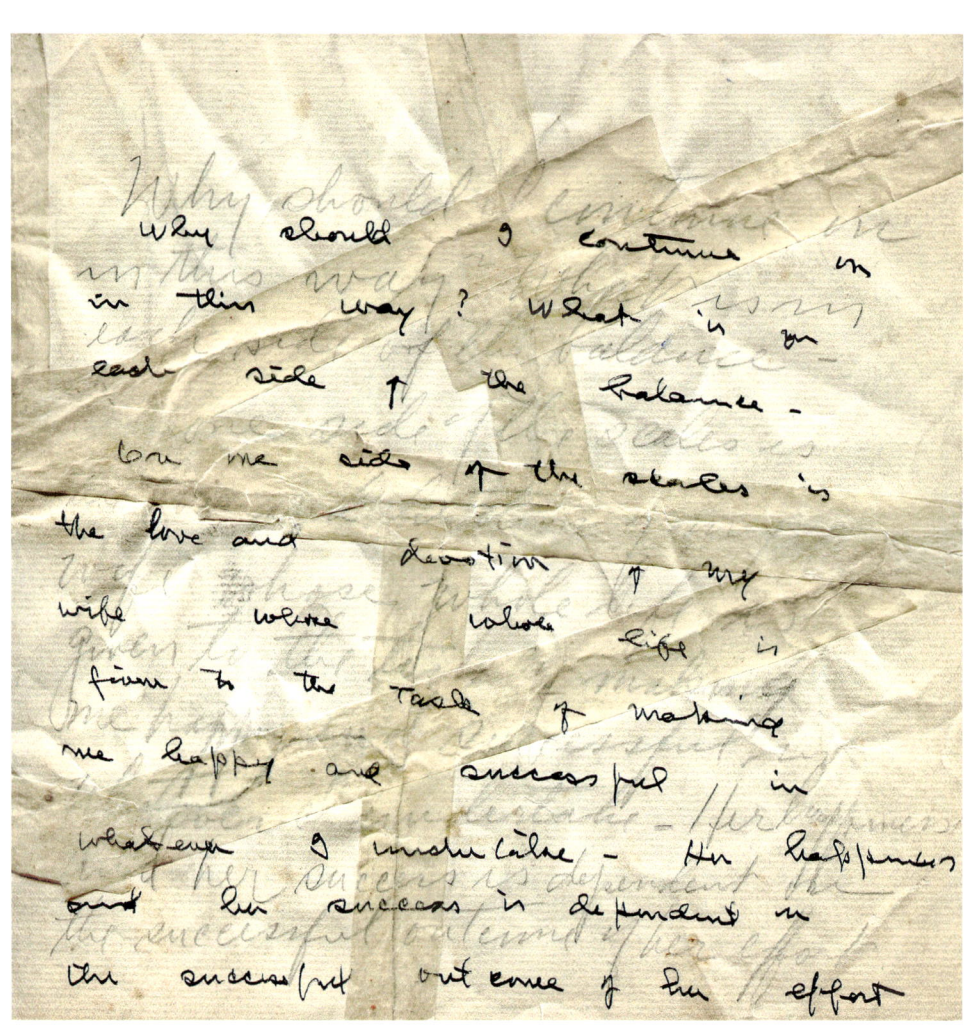

Bill W.s zerrissene und wieder geklebte Notiz über seine Trinksucht. Sie sagt viel aus über seine innere Zerrissenheit, die er im Alkoholismus durchlebte. Er versuchte den Zwang zu trinken zu verstehen, schämte sich wegen der Verzweiflung seiner Lieben und versuchte immer wieder vergeblich aufzuhören. *Stepping Stones Foundation Archive,* **Bills zerrissene Notiz,** *undatiert.*

Ich wachte auf. Das musste ein Ende haben. Ich sah ein, dass ich nicht mal mehr ein einziges Glas trinken durfte. Ich war restlos fertig [...] Kurz danach kam ich dennoch betrunken nach Hause.

— ANONYME ALKOHOLIKER

Selbstlosigkeit und Liebe im Alltag zu helfen. Es gab keine Mitgliedsbeiträge und keine Gruppenleitung. Die ursprüngliche Absicht ihres Gründers Frank Buchman war es, sich auf die Einfachheit der Vorgehensweisen „wie in biblischen Zeiten" zu besinnen. Rowland Hazard lag besonders viel daran, Ehrlichkeit zu leben, und zwar Ehrlichkeit mit sich selbst, mit anderen und mit Gott.[6] Nachdem Ebby mit seiner Hilfe trocken geworden war, kam er im Herbst nach New York, um auch anderen Alkoholikern beim Trockenwerden zu helfen.

Die Oxford-Gruppe hatte ihre US-Zentrale in der Calvary-Episcopal-Kirche in Downtown Manhattan, deren Pfarrer Samuel Shoemaker III. zu dieser Zeit viel Respekt genoss. Ebby wohnte in der Mission der Kirche, als er seinen alten Schulfreund Bill W. anrief.

Bill wollte wissen, welcher Religionsgemeinschaft Ebby sich angeschlossen habe. Aber Ebby erklärte ihm, dass er sich die Oxford-Gruppe nicht aufgrund einer Konfession ausgesucht, sondern nur von Harzard und anderen bei den Treffen gelernt habe, sein Leben an einigen Prinzipien auszurichten.

Dazu gehörte zum Beispiel zuzugeben, dass man „am Ende" sei und eine „Bestandsaufnahme" von sich zu machen, seine Charakterfehler zu bekennen und für den Schaden, den man angerichtet hat, Wiedergutmachung zu leisten. Anderen zu helfen, ohne eine Gegenleistung zu erwarten, gehörte auch zu den Prinzipien.[7] Es wurde auch empfohlen zu beten, ob man nun an Gott glaubte oder nicht. Sobald er angefangen hatte zu beten, spürte Ebby die Wirkung, dazu gehörte auch der Wunsch, sofort mit dem Trinken aufzuhören.

Nach dem Treffen mit Ebby trank Bill noch drei Tage weiter, bevor er zum letzten Mal ins Towns Hospital ging. Er dachte über sein Versagen nach und darüber, was er seiner armen Frau angetan hatte. An diesem Punkt schienen nur noch der Tod oder der Wahnsinn auf ihn zu warten.

Angesichts dieses erschütternden Abgrunds erreichte Bill einen Tiefpunkt, der alles änderte. Er hatte immer der Vorstellung widerstanden, dass es eine Höhere Macht geben könnte, aber „endlich, nur für den Moment, wurde der letzte Rest meines stolzen Starrsinns vernichtet". Bill schrie: „Wenn es einen Gott gibt, dann soll er sich zeigen! Ich will alles tun, aber auch alles!"[8]

Auf der Stelle wurde Bill von einer unbeschreiblichen Ekstase erfasst. Ein großer innerer Friede überkam ihn, und er wusste, dass sein verzweifelter Ruf gehört worden war. Er war frei. Aber was war passiert? Er wandte sich

*An genau dem Punkt der Verletzlichkeit kommt es
zur Niederlage – und da kommt Gott ins Spiel.*

— MARION WOODMAN

an Dr. Silkworth, um diese Erfahrung zu verstehen. Der Arzt stellte Bill einige Fragen und riet ihm dann, er solle sich auf jeden Fall weiter damit beschäftigen.

Wahrscheinlich brachte Ebby Bill nach dessen lebensverändernder Erfahrung ein Exemplar von William James' Buch *Die Vielfalt religiöser Erfahrung* mit. Der „Vater der amerikanischen Psychologie" war zu der Erkenntnis gekommen, dass viele Wege zu einem plötzlichen oder allmählichen spirituellen Erwachen führen können.

Es gab allerdings Wegbereiter, die dafür sorgten, dass man für ein Erwachen *bereit* war, etwa Schmerz, Leiden, Unglück, Anerkennung einer Niederlage und verzweifelte Hilfeappelle, meist in Situationen von „völliger Hoffnungslosigkeit und innerer Leere".[9]

Bill fand seine Erweckungserfahrung in James' Beschreibungen wieder. Und er lernte noch ein Heilungskonzept kennen: Tiefes menschliches Leid kann ein Bestandteil des Prozesses sein, der zu spirituellen Erfahrungen, Erweckungen und Wachstum führt.

Kurz vor Bills Entlassung fand er noch ein Puzzleteil: Ihm hatten beim Entzug Menschen geholfen, die ebenfalls Hilfe erhalten hatten. Plötzlich hatte Bill die Idee von einer „Kettenreaktion unter Alkoholikern", bei der „einer

diese Botschaft und diese Prinzipien zum Nächsten" weitergibt.[10] Bill kehrte nach Hause zurück, erfüllt von der Mission, anderen chronischen Alkoholikern zu helfen.

VERBUNDENHEIT DURCH GEMEINSAMES LEIDEN

Die Geschichte vom Zusammentreffen der beiden Gründer der Anonymen Alkoholiker zeigt weitere Aspekte des Zwölf-Schritte-Programms. Im Mai 1935, gerade fünf Monate nüchtern, reiste Bill nach Akron in Ohio, um Geschäftsleuten zu helfen, eine Werkzeugfirma zu übernehmen. Aber der Versuch scheiterte, und plötzlich fand sich Bill allein im Mayflower Hotel wieder. Er hörte das fröhliche Gelage unten an der Bar und spürte bald den Drang, seinen Kummer über seine Niederlage und sein Versagen zu ertränken. Seine Erinnerungen daran, was dann passierte, hat William H. Schaberg in seinem Buch *Writing the Big Book: The Creation of A.A.* (2019) detailliert geschildert.

Als Bill in die Hotellobby kam, war er ratlos und marschierte bald zur Bar, um eine Flasche Ginger Ale zu kaufen. Da wurde ihm klar: „Das war der Anfang der üblichen Selbstrechtfertigung, die zum ersten Drink führt."

Normalerweise gab er diesem Verlangen nach, aber dieses Mal geriet er in Panik. Er ging zwischen der Bar und der Telefonzelle hin und her und erkannte plötzlich, wie sehr es ihm geholfen hatte, andere Alkoholiker zu unterstützen, obwohl keiner von ihnen trocken geworden war. Er musste einen Alkoholiker in Akron finden, und zwar schnell.[11]

In dieser Situation verstand Bill, dass er anderen Alkoholikern beistehen musste, um selbst trocken zu bleiben. Bill suchte im Kirchenverzeichnis nach Leuten, die ihm helfen konnten. Er erreichte Reverend Tunks und bekam von ihm eine Kontaktliste. Der Letzte darauf, Norman Sheppard, gab ihm die Nummer von Henrietta Seiberling. Sie wurde zur direkten Verbindung zwischen den beiden Männern, die später die Anonymen Alkoholiker gründen sollten.[12]

An diesem Muttertag im Mai 1935 kam ein betrunkener Arzt aus Akron mit einer Pflanze für seine Frau nach Hause, schlief aber bald ein.[13] Der Arzt, der in der AA-Saga Dr. Bob heißt, hatte 17 Jahre lang tagtäglich in einem Albtraum gelebt, wie er später in *Anonyme Alkoholiker* schrieb.[14]

Dr. Bob lebte in einem Teufelskreis. Er arbeitete, um Schnaps kaufen zu können, und schmuggelte ihn nach Hause, betrank sich, wachte zitternd auf und nahm Beruhigungsmittel ein, um wieder arbeiten zu können, nur um den Kreislauf von Neuem zu beginnen.

Diesem Alkoholiker – mit dem sich Bill W. in Akron traf, um sich vor einem Rückfall zu schützen – war das Konzept, die Alkoholsucht auf spirituellem Weg zu überwinden, nicht fremd. Seine Ehefrau Anne hatte ihn überredet, zu Treffen der Oxford-Gruppe zu gehen. Dr. Bob fand die Leute dort überraschend offen und fähig, über ihre persönlichen Probleme zu sprechen. Schließlich gab er in der Gruppe zu, dass er heimlich trank und nicht damit aufhören konnte.[15]

Er tat alles, was ihm bei den Gruppentreffen und in den Büchern empfohlen wurde, doch der Zwang, jeden Abend zu trinken, blieb. Dr. Bob konnte sich nicht erklären, was er falsch machte.

Henrietta Seiberling hatte in jenem Frühjahr von seinem Alkoholproblem erfahren und wollte ihm helfen. Als ihr Telefon am 11. Mai 1935 klingelte, ergab sich eine unerwartete Gelegenheit. Ein Fremder meldete sich und sagte ihr, er müsse mit einem anderen Alkoholiker reden.

Bill hatte sich Henrietta als Trinker aus der Oxford-Gruppe vorgestellt. Kannte sie vielleicht einen anderen Trinker, den er treffen

Ende 1934 kehrte Bill erneut zum Entzug ins Towns Hospital zurück. Er war so verzweifelt, dass er nach Gott rief. Der Raum füllte sich plötzlich mit Licht, eine tiefe Ruhe überkam ihn, und der Wunsch zu trinken war verschwunden. *Edvard Munch,* **Die Sonne,** *1910–1916.*

könnte? Unglücklicherweise hatte sich Dr. Bob an dem Tag schon fast in die Besinnungslosigkeit getrunken, stimmte aber zögerlich zu, Bill am nächsten Tag kurz bei Henrietta zu treffen.

20 Jahre später beschrieb Bill die Details des ersten Treffens mit dem Mann, der sein Partner bei der Gründung der AA-Gruppe in Akron werden sollte. Er war ein „wunderbarer Freund, mit dem es nie ein böses Wort gab".[16]

Dr. Silkworth hatte kurze Zeit zuvor vorgeschlagen, Bill solle, statt zu den Alkoholikern zu predigen, seine eigene Geschichte der Hoffnungslosigkeit und des Zusammenbruchs erzählen und dabei auch vermitteln, dass Alkoholismus eine Erkrankung des Geistes und eine allergische Reaktion des Körpers sei, ein Zustand, der sich immer weiter verschlechtere und lebensbedrohlich sei. Bill sollte ihnen „die medizinische Seite erläutern, und zwar drastisch".[17]

Als die beiden Männer in Henriettas kleinem Wohnzimmer zusammenkamen, erzählte Bill von seinem eigenen Kampf gegen die Alkoholsucht. Sein Biograf Ernest Kurtz beschrieb, dass er auch über den Lebenssinn sprach, den er dank des Alkoholismus gefunden hatte: Er teilte mit anderen seine Erfahrungen, damit sie genesen konnten. „Eben *weil* ich meine Alkoholsucht akzeptiere, meine Schwäche, meine Einschränkung, habe ich herausgefunden, dass ich etwas geben kann – etwas, das *aus* genau dieser Einschränkung kommt."[18]

Nachdem er fünf Monate an Treffen der Oxford-Gruppe in New York teilgenommen und gesehen hatte, wie Alkoholikern in der Calvary Mission geholfen wurde, erkannte Bill, wie wichtig die Hilfe für andere war. Das hatte ihm genau wie Ebby T. und Rowland Hazard geholfen, nüchtern zu bleiben.

Dr. Bob erzählte an diesem Abend Bill auch seine Geschichte, die in dem Buch *Anonyme Alkoholiker* wiedergegeben wird. Im Verlauf ihres Gesprächs wurde ihm klar, wie sehr Bill jahrelang unter seinem verheerenden Alkoholismus gelitten hatte und wusste, worüber er sprach. Dabei durchlebte Dr. Bob zum ersten Mal eine Identifikation mit einem anderen Alkoholiker. Bill gestand auch, dass er einen anderen Alkoholiker gesucht hatte, um selbst nüchtern zu bleiben: „Ich weiß jetzt, dass ich nichts trinken werde, und dafür bin ich Ihnen dankbar."[19]

Das fünfstündige Gespräch der beiden Männer half Dr. Bob, an diesem Abend nichts zu trinken. Von diesem Zeitpunkt an trafen sie sich täglich, um sich gegenseitig beizustehen und nichts zu trinken. Nach zwei Wochen zog

Liebling, ich schreibe dies in der Praxis meines neu-
en Freunds, Dr. Smith. Er hatte dieselbe Krankheit
wie ich und wird ein sehr leidenschaftliches Mitglied
der Gruppe werden.

— BILL W.S BRIEF NACH HAUSE, NACHDEM
ER DR. BOB KENNENGELERNT HATTE

Bill bei Dr. Bob und seiner Frau Anne in ihr Haus an der Admore Avenue 855 in Akron ein. Das fehlende Teil in Dr. Bobs eigenem Heilungsprozess war die Erfahrung, dass die Entwöhnung vom Alkohol möglich wurde, wenn man anderen half. Er erkannte, dass „der spirituelle Ansatz genauso nutzlos war wie alle anderen, wenn man ihn aufsog und nur für sich selbst behielt".[20]

Im Juni reiste Dr. Bob zu einem Ärztekongress und wurde auf der Zugfahrt dorthin rückfällig. Mit Bills Hilfe machte er einen Entzug. Überliefert ist, dass er am 10. Juni nüchtern wurde, sodass dieser Tag lange Zeit als offizielles Gründungsdatum der Anonymen Alkoholiker galt.

IRRUNGEN UND WIRRUNGEN

In den folgenden Sommermonaten probierten Bill und Dr. Bob verschiedene Ansätze aus und sammelten Erfahrungen. Bill blieb in Akron und war gemeinsam mit Dr. Bob erpicht darauf, andere alkoholabhängige „Neulinge", zu finden und seine Ideen zu verbreiten. Jede Erfahrung lehrte die beiden Männer, was funktionierte und was nicht. Die meisten dieser „Neuen" fanden sie mithilfe von Pfarrern und der Krankenschwester Mrs Hall, die in der

Aufnahme des Akron City Hospital arbeitete. Wenn sie jemanden kennenlernten, der nüchtern werden wollte, schlugen sie zunächst eine fünf- bis achttägige Entgiftung in dem Krankenhaus vor, an dem Dr. Bob arbeitete. Alle drei Stunden wurde eine kleine Menge Paraldehyd, ein Beruhigungsmittel, mit 30 Gramm Whiskey verabreicht, um das Trinken allmählich zu beenden.

Die Ernährung während des Aufenthalts bestand aus Sauerkraut, Tomaten und Maissirup. Dr. Bob, Bill und andere Mitglieder kamen täglich, um über Alkoholsucht und medizinische Fakten zu sprechen und die Betroffenen daran zu erinnern, dass sie auf dem Weg ins Gefängnis, in die psychiatrische Klinik oder in den Tod waren, wenn sie das Trinken nicht aufgaben.

Neulinge aus diesen frühen Tagen berichten, dass ihnen eine Geschichte nach der anderen über das Trinken erzählt wurde, ohne dass sie verstanden, wie ihnen das helfen sollte, trocken zu werden. Doch das Verlangen nach Alkohol ließ nach, wenn sie zuhörten und auch begannen, ihre eigenen Geschichten zu erzählen. Ein weiteres Puzzleteil fand in diesen Monaten in Akron seinen Platz und wurde für die Genesung ganz zentral: Der ehrliche Austausch von Erlebnissen war der

Schlüssel zur Identifizierung mit anderen; das Verständnis für die eigene Geschichte wurde erleichtert, und es half, Lösungen für ein Leben ohne Alkohol zu finden. Die große Tradition des Storytellings als Weg zur Heilung schlug Wurzeln, ohne dass es den „alkoholisierten Neuen" bewusst war. Sie dient bis heute als verbindende Brücke zwischen den Menschen aus allen sozialen Schichten, die Genesung suchen.

War die Entgiftungswoche um, wurden viele Stunden im Haus von Dr. Bob verbracht, wo der Kaffeeverbrauch schnell auf neun Pfund in der Woche stieg. Seine Frau Anne machte auch mit und bot den Ehefrauen dieser zusammengewürfelten Truppe aus genesenden Alkoholikern ebenfalls Unterstützung an.

Nach einigen unschönen Erfahrungen mit Neueinsteigern hatten Bill und Dr. Bob schließlich das dritte Mitglied ihrer Gemeinschaft gefunden: Bill D., der für den Rest seines Lebens keinen Alkohol mehr trank.

Die Neulinge setzten sich bei den lokalen Treffen der Oxford-Gruppe auch mit Prinzipien wie Ehrlichkeit und Selbstlosigkeit auseinander und lernten, sich selbst zu beobachten, Charakterfehler zuzugeben, Schäden wiedergutzumachen und anderen behilflich zu sein. Gebete und die Bitte um göttliche Führung wurden ebenfalls als Teil der täglichen Routine empfohlen.

In diesen frühen Tagen entschieden Bill und Dr. Bob, dass sie ihre Neulinge „bekehren" mussten, um die spirituellen Aspekte der Heilung zu festigen. Alkoholiker auf der Suche nach Heilung wurden in einem Moment des „Sich-Ergebens" zur Seite genommen und gebeten, zu knien, ihre Machtlosigkeit gegenüber dem Alkohol zu bekennen und ihr Leben Gott anzubieten. Diese Praxis gab es in Akron aber nicht lange.

Dr. Bob erinnerte sich später, dass er in diesen Monaten bis spät in die Nacht mit Bill redete. Sie suchten nach Methoden, die eine Genesung vom Alkoholismus am wahrscheinlichsten machten. Es blieb die Frage, wie sie ihre Botschaft anderen Alkoholikern am besten vermitteln sollten. Darauf gab es vorläufig keine Antwort. Am 26. August verließ Bill Akron und kehrte nach New York zurück. Als sie auf dem Bahnsteig warteten, fragte sich Bill, wie er zu Hause weitermachen solle, ohne die Sache „zu vermasseln", und Dr. Bob gab ihm den Rat: „Mach es nicht kompliziert, halt es einfach."[21]

Der Weg von dieser ersten Gemeinschaft zu dem Respekt, den die AA heute überall in der Welt genießen, war mit vielen Hürden

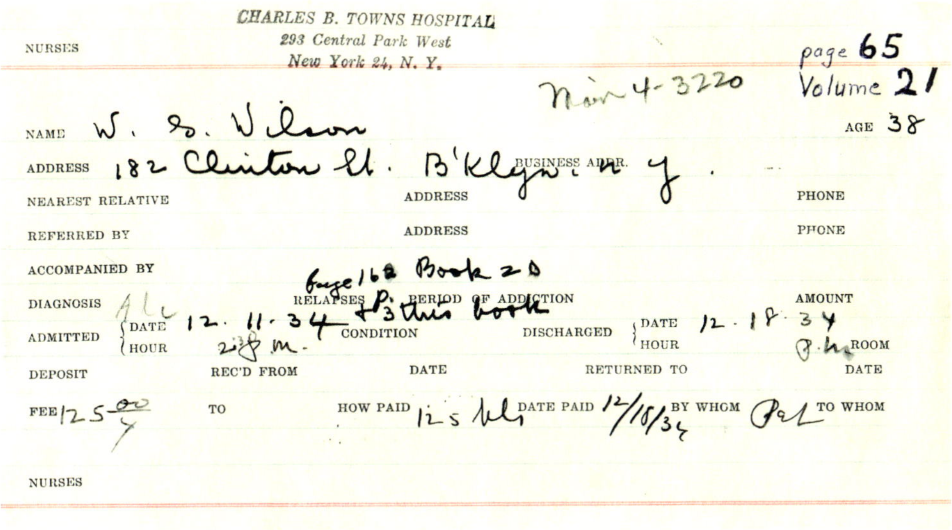

CHARLES B. TOWNS HOSPITAL
293 Central Park West
New York 24, N. Y.

NURSES

page **65**
Volume **21**

Môn 4-3220

NAME   W. G. Wilson   AGE **38**

ADDRESS   182 Clinton St. B'Klyn. N. Y.   BUSINESS ADDR.

NEAREST RELATIVE   ADDRESS   PHONE

REFERRED BY   ADDRESS   PHONE

ACCOMPANIED BY

page 168 Book 2 D

DIAGNOSIS   Alc   RELAPSES P. PERIOD OF ADDICTION +3 this book   AMOUNT

ADMITTED { DATE 12·11·34   CONDITION   DISCHARGED { DATE 12·18·34
         { HOUR 2:30 m.   { HOUR P.h. ROOM

DEPOSIT   REC'D FROM   DATE   RETURNED TO   DATE

FEE 125⁰⁰   TO   HOW PAID 125 bls DATE PAID 12/18/34 BY WHOM Pat TO WHOM

NURSES

Als Bill das Towns Hospital nach der letzten Entgiftung verließ, war er überzeugt, dass er seine Genesung Alkoholikern verdankte, die einander halfen. Er brannte darauf, anderen leidenden Alkoholikern ebenfalls bei der Heilung zu helfen. *Stepping Stones Foundation Archive,* **Bills letzter Entlassungsbeleg,** *1934.*

Die Anonymen Alkoholiker, die eher eine Synthese aus alten Ideen statt neuer Entdeckungen darstellen, verdanken ihre Existenz der Zusammenarbeit eines Börsenmaklers aus New York und eines Arztes aus Akron.

— JACK ALEXANDER

gepflastert. Während der Wirtschaftskrise in den 1930er-Jahren mussten sie der Versuchung widerstehen, eine professionelle Organisation zu werden, statt eine selbsttragende Laiengemeinschaft zu bleiben, und es gab verschiedene Versuche, die Genesungsbotschaft zu kommerzialisieren.

Die Zahl der Alkoholiker, die geheilt wurden, wuchs ab dem Spätsommer 1935, als Bill nach New York zurückkehrte, langsam, aber stetig. Hank P. war einer von ihnen und leistete in den ersten Jahren einen großen Beitrag. Wie anderen, die einen Entzug im Towns Hospital machten, empfahl Dr. Silkworth auch ihm, sich bei seiner Entlassung in jenem September an Bill zu wenden.

Fitz M. war ebenfalls ein trockener Alkoholiker, der in dieser Zeit eine einflussreiche Rolle spielte. Die beiden Männer wurden Teil des inneren Kreises, auf den sich Bill stützte, als die Gemeinschaft wuchs. Die Türen der beiden Gründer und ihrer Frauen standen weiterhin und trotz knapper Mittel jedem offen. Viele Alkoholiker, die sich um Genesung bemühten, fanden dort Kost und Logis.

Die beiden Männer zogen 1937 Bilanz und zählten durch. Neben vielen Fehlschlägen gab es überraschende Erfolge wie diejenigen, die ihr letztes Glas vor vielen Jahren getrunken hatten. Sie stellten erstaunt fest, dass bereits 40 Alkoholiker auf diese Art trocken geworden waren.[22] Zum ersten Mal wussten Bill und Dr. Bob, dass „diese Sache gelingen würde".[23] Der Erfolg der Gruppe, die nur mit den beiden 1935 in Akron begonnen hatte, sprach sich herum.

Aber die Mund-zu-Mund-Propaganda verlief sehr langsam, und die beiden Gründer suchten nach Wegen, um ihre Botschaft im weiteren Umkreis anderen Alkoholikern zu vermitteln. Diese 40 trockenen Alkoholiker waren der Beweis für eine funktionierende Methode. Sie war „nicht nur ein Glücksfall – sie war bedeutend, revolutionär und vor allem wiederholbar", so Schaberg in seinem bahnbrechenden Buch über die Entstehung der AA.[24]

1939 gab es in Cleveland bereits eine dritte Gruppe, die sehr schnell wuchs, nachdem die Lokalpresse von ihr erfahren hatte. Im selben

---

Immer mehr Alkoholiker wurden in den Anfangsjahren der Anonymen Alkoholiker nüchtern. Als die Botschaft von der Heilung von einem Alkoholiker an den nächsten weitergegeben wurde, bildeten sich neue Gruppen in anderen Städten und sogar in anderen Ländern. *Pierre André Benoit,* **Ohne Titel,** *1953.*

Die Gemeinschaft erhielt am Anfang Hilfe von Menschen, die von ganzem Herzen an die Sache glaubten. Einige dieser frühen Freunde der AA sind hier zu sehen. (OBERE REIHE) Charles B. Towns; Henrietta Seiberling****; Willard Richardson*; Rowland Hazard***. (UNTERE REIHE) Lois Wilson**; Dr. William Silkworth*; Rev. Samuel Shoemaker*.

* Abgedruckt mit freundlicher Genehmigung der A.A. General Service Office Archives
** Stepping Stones Foundation Archive
*** Rhode Island Historical Society
**** Stan Hywet Hall and Gardens

Jahr war die Gemeinschaft auf 100 nüchterne Mitglieder angewachsen.

IM BLINDFLUG

In den „gemächlichen" Jahren von 1934 bis 1939 kam es zu einem Klärungsprozess. Sie wurden als „Blindflugjahre" bekannt, denn in dieser Zeit wurden auf der Grundlage der gesammelten Erfahrungen verlässliche Leitlinien für das Genesungsprogramm aufgebaut. Eine wesentliche Veränderung gab es 1937, als die New Yorker Gemeinschaft ihre Partnerschaft mit der Oxford-Gruppe beendete. Akron folgte dem zwei Jahre später.

Die New Yorker hatten sich bereits seit einiger Zeit immer mehr von den Oxford-Gruppen gelöst, indem sie nach deren Versammlungen noch einmal getrennt zusammenkamen. Bei Bill und Lois in Brooklyn fanden am Sonntagabend Treffen nur für Alkoholiker statt. Bill schrieb später, dass die Oxford-Gruppen, die er mit Wertschätzung „großartige Freunde" nannte, ihnen nicht nur gezeigt hatten, was zu tun ist, sondern auch, was für Alkoholiker *nicht* funktioniert.

Er sagte, dass wesentliche Ideen für die Heilung bei den AA – Selbstbetrachtung, Bekenntnis zu Charakterfehlern, Wiedergutma-

chung für angerichteten Schaden und die Arbeit mit anderen – direkt von der Oxford-Gruppe kamen, vor allem von Reverend Sam Shoemaker.[25]

In dieser Zeit hatte die Gemeinschaft keinen Namen, keine Beschreibung für das, worum es ihr ging, und wusste noch nicht, wie andere Alkoholiker von dieser Gruppe erfahren sollten. Bill entwickelte mit dem inneren New Yorker Kreis drei Vorschläge, in denen es um Fundraising ging. Einer sah bezahlte „Missionare" vor, die die Genesungsbotschaft verbreiten sollten, ein anderer Vorschlag betraf den Bau privater Krankenhäuser für die Behandlung von Alkoholikern. Als Drittes schlug er die Veröffentlichung eines Buchs über ihre Arbeit vor. Am 8. Oktober 1937, am Tag bevor Bill nach Akron reiste, um seine Ideen vorzustellen, verlor er den Job, und die neue Initiative wurde für ihn noch wichtiger. Drei seiner Leidensgenossen, Bill R., Sterling P. und Fitz M., sowie deren Frauen fuhren mit, um ihn zu unterstützen.

Die New Yorker wurden vom „Akron-Alkoholiker-Trupp" herzlich empfangen, aber als die Ideen vorgestellt wurden, kam es zu hitzigen Diskussionen, denen die sogenannte Akron-Wahl folgte. Trotz vehementer Proteste und viel Streit um die Initiativen, die die

Eine weitere Möglichkeit, sich Heilung vorzustellen, ist, dass sie die Integrität aufbaut und erhält. Ich nutze hier Integrität im Sinne von Ganzheit, ein Prozess, in dem wir uns verpflichten, unser wahres, unser spirituelles Selbst zu respektieren.

— ALLEN BERGER

Gemeinschaft in die Falle der Kommerzialisierung führen könnten, wurden die Vorschläge schließlich in zwei Wahlgängen unter der Bedingung angenommen, dass das Fundraising auf New York beschränkt blieb.

Das Spendensammeln begann, sobald die New Yorker wieder zu Hause waren, brachte aber gar nichts ein. Einen Hoffnungsschimmer bot Bills Treffen mit seinem Schwager Leonard V. Strong Ende Oktober. Strong war gut vernetzt und immer bereit, Bill zu helfen. Er hatte bereits zwei seiner Aufenthalte im Towns Hospital finanziert und stellte Bill Dr. Wynn vor, der es für das Beste hielt, die Rockefeller-Stiftung anzusprechen. Die Rockefellers hatten nicht nur Kampagnen der Abstinenzbewegung unterstützt, sondern waren auch wesentlich an der Durchsetzung des Alkoholverbots in den USA beteiligt gewesen.

Strong kannte einen Mitarbeiter von Rockefeller, Willard Richardson, und vereinbarte für Bill ein Treffen mit ihm. Mit einem Empfehlungsschreiben in der Hand ging Bill zu dem Termin bei Richardson, der sehr an der Arbeit der Gemeinschaft interessiert war. Er bat Bill, auch andere Rockefeller-Mitarbeiter darüber informieren zu dürfen.

Einige Wochen später schrieb Richardson an Bill und teilte ihm mit, dass er mit vier anderen Partnern konferiert hatte und sie alle derselben Meinung waren bezüglich finanzieller Unterstützung für die Gemeinschaft. Richardson erklärte, dass zwar alle die Arbeit lobten, dass aber „jede Organisation dieses Projekts und alles, was es professionalisieren oder institutionalisieren würde, möglichst vermieden werden sollte".[26]

Trotz dieser standhaften Haltung gegen eine Kommerzialisierung überzeugte Bill Richardson, ein gemeinsames Treffen zu organisieren, das am 13. Dezember 1937 im Konferenzraum in der sechsten Etage der Rockefeller Plaza stattfand und zu einem berühmten Event in der AA-Geschichte wurde. Anwesend waren die Partner, zwei Ärzte und acht trockene Alkoholiker, darunter Dr. Bob.

Die trockenen Alkoholiker fesselten die Anwesenden mit ihren Geschichten, und Dr. Silkworth und Dr. Strong unterstützten begeistert die Pionierarbeit der Gemeinschaft für Alkoholiker. Als die Partner fragten, wie sie helfen könnten, präsentierten Bill und Hank ihre drei Vorschläge. Aber wieder trafen sie auf die einhellige Einstellung gegen eine Kommerzialisierung der wohltätigen Arbeit. Angesichts dieses standhaften Widerstands wurde ein einfacher Plan vorgestellt. Es sollte in ein Krankenhaus für Alkoholiker in Akron unter

Nur durch wiederholte Demütigungen wurden wir
gezwungen, etwas über Demut zu lernen.
— ZWÖLF SCHRITTE UND ZWÖLF TRADITIONEN

der Leitung von Dr. Bob investiert werden. Die Idee der bezahlten „Missionare" und des Buchs wurde ganz verworfen. Die Rockefeller-Partner finanzierten einem von ihnen, Frank Amos, eine Reise nach Akron im Februar 1938, um die Gründung eines Krankenhauses für die Behandlung von Alkoholikern dort zu prüfen. Er kehrte mit einem entschieden positiven Bericht nach New York zurück.

Doch nicht einer der drei Vorschläge wurde auf diesem Weg gefördert. Rockefeller glaubte, das könne die Gemeinschaft gefährden. Sich selbst zu tragen, würde sie dagegen stärken. Er spendete zur Unterstützung der beiden Gründer einmalig 5000 Dollar, die Dr. Bob vor der Zwangsräumung seines Hauses bewahrte. Drei Partner halfen auch bei der Einrichtung eines Fonds im August 1938. Richardson und zwei andere dienten als Nichtalkoholiker als Fondsverwalter und in dessen Beirat.

Das Prinzip, anderen zu helfen, ohne eine Belohnung zu erwarten, erwies sich als hoher Anspruch. Aber die Fehlschläge bei der Kommerzialisierung der AA waren auf andere Weise nützlich, etwa bei der Entdeckung des Heilungskonzepts des „Gruppengewissens".

Im Herbst 1936 bot der Eigentümer des Towns Hospital, Charles B. Towns, Bill den Job eines Laientherapeuten für Alkoholiker an. Als Bill der New Yorker Gruppe davon berichtete, reagierte diese mit Nachdruck und sprach sich dagegen aus.

Die Gruppe sagte Bill, dass es schlicht und einfach falsch sei, jemanden zu bezahlen, um die Botschaft zu verbreiten. Die bloße Vorstellung, Geld mit der Vermittlung der Botschaft der Heilung an leidende Alkoholiker zu vermischen, hätte fatale Folgen. Obwohl sie sich um Bills prekäre Situation sorgten, fanden sie, es wäre sehr entmutigend und hätte gefährliche Konsequenzen, wenn ihr Mitgründer für die Übermittlung der „einzigartigen Botschaft" bezahlt werden würde und sie nicht. „Wir würden alle im Handumdrehen wieder saufen."[27] Die Gruppe hatte gesprochen. Bill akzeptierte das „Gruppengewissen" und lehnte das lukrative Jobangebot ab.

Charles B. Towns unterstützte die junge Gemeinschaft weiterhin auf unterschiedlichen Wegen, etwa durch Spenden, die es Bill, Hank und Fitz ermöglichten, ihre Arbeit fortzusetzen. Er gab ihnen im Herbst 1938 auch ein beträchtliches Darlehen, sodass das Buch fertiggestellt werden konnte.

Fundraising-Bemühungen hatten gezeigt, dass die einflussreichen Leute in New York nicht das geringste Interesse daran hatten,

(SEITE 100/101) Diejenigen, die am stärksten in der Entwicklung der AA eingebunden waren, wurden schwer von der Weltwirtschaftskrise der 1930er-Jahre getroffen. Bill W. und seine Frau Lois verloren Lois' Elternhaus, in dem sie lebten, und Hank P. – der Mann, der wesentlich für das Buch *Anonyme Alkoholiker* verantwortlich war – büßte Ehe, Haus, Geschäft und Nüchternheit ein. *Cinta Vidal,* **Mudança 2,** *2015.* (OBEN) Der AA-Gemeinschaft wurde mehrfach geraten, ihr Genesungsprogramm nicht zu kommerzialisieren, auch weil es ihr eigentlicher Zweck war, anderen ohne Bezahlung oder Belohnung bei der Genesung zu helfen. In dieser Zeit wurde das Konzept des Gruppengewissens entdeckt. *Richard Long,* **Mud Hand Circle,** *1984.*

Trinkern zu helfen, die nüchtern werden wollten, aber gern Geld in Prävention, Information und Gesetzgebungen steckten, bei denen es um Abstinenz- und Prohibitionsbewegungen ging. Towns stand mit seiner Ansicht, dass auch die „Wiedergewinnung" der „in der Gosse liegenden Trinker" Unterstützung verdiente, allein.

Nachdem der Versuch, in Akron ein Krankenhaus zu errichten, gescheitert war, wurde das verworfene Buchprojekt in New York wieder aufgegriffen. Es erschien als realistischster Weg, um die Botschaft von der Genesung im größeren Maßstab zu verbreiten. Bill kehrte am 20. April 1938 nach Akron zurück, um der Gruppe diese Idee vorzustellen, traf aber auf noch vehementeren Widerspruch als im Herbst zuvor.

Die Gruppe in Akron war nicht nur gegen die Kommerzialisierung, sie machte sich auch wegen der Reaktionen Sorgen, die sicherlich auf die Veröffentlichung eines solchen Buchs folgen würden. Wie sollte man Anfragen bearbeiten? Dafür gab es keine geeigneten Kapazitäten, und es sollte auch keine geben. Sie glaubten, Mundpropaganda sei weiterhin zweifellos die beste Art, die Botschaft, dass Heilung für chronische Alkoholiker möglich ist, zu verbreiten.

Bill verließ Akron ohne den Auftrag der Gruppe, mit dem „Buch der Erfahrung" zu beginnen. Aber Ende Mai schrieb er bereits daran und wurde dabei von Ideen, die Hank P., seine „rechte Hand" in New York, begeistert einbrachte, beflügelt.

Hank war in der New Yorker Bewegung eine Schlüsselfigur, seit er im September 1935 nach einem Aufenthalt im Towns Hospital zu ihr gestoßen war. Seit zwei Jahren war er ein sehr aktives Mitglied der Gruppe und eng mit Bill befreundet. Von da an hatte Hank eine „zentrale und wichtige Rolle beim Schreiben, Publizieren und Bewerben des Big Book" (dt. *Das Blaue Buch*).[28] Er war bis zur Fertigstellung des Buchs an jedem Detail beteiligt und fungierte quasi als Redaktionsleiter. Hank war sich nicht nur sicher, dass dies der richtige nächste Schritt war, sondern auch maßgeblich daran beteiligt, Bill von der Machbarkeit zu überzeugen.

Der Großteil der redaktionellen Arbeit wurde in Hanks Honor-Autohändler-Büro in Newark erledigt. In den folgenden Monaten tippte Hanks Sekretärin Ruth eine Arbeitsversion des Manuskripts nach der anderen, die Bill ihr diktierte. Sie kümmerte sich auch um viele andere Aufgaben und um die nötige Kommunikation rund um die Publikation.

Neben Frank Amos war Hank Parkhurst der New Yorker, den die Idee, ein Buch zu schreiben, am meisten begeisterte. Das war definitiv seine Art von Projekt, eines, das seine fantastischen Verkaufs- und Werbefähigkeiten erforderte und es ihm ermöglichte, einen wesentlichen Beitrag für ihre Bewegung zu leisten.

— WILLIAM H. SCHABERG

Hank setzte sich leidenschaftlich für das Buch ein. Er kannte sich mit Marketing aus und wollte unbedingt auch eine Dokumentation über die Arbeit am Buch selbst haben, um damit Spenden aufzutreiben. Dafür bat er Bill um eine Textprobe.

Die Männer entschieden, dem Spendenaufruf zwei Kapitel des Buchs beizulegen. Eines sollte das Problem des Alkoholismus beschreiben, das andere war Bills eigene Geschichte. Es erzählte, wie er seinen verheerenden Tiefpunkt erreicht hatte und, bereits auf der Schwelle zum Tod stehend, wundersamerweise trocken wurde.

William H. Schabergs intensives Studium von Originalquellen hat viele neue Details zur Entstehungsgeschichte des Buchs *Anonyme Alkoholiker* zutage gebracht.

Demnach begann Bill am 20. Mai 1938 mit der Arbeit an seiner Geschichte, wie ein Tagebucheintrag seiner Ehefrau Lois besagt. Zu dieser Zeit hatte er sich verpflichtet zu schreiben, was nötig war, um alles in Gang zu bringen, aber nicht das ganze Buch. Seine eigene Geschichte sollte nur etwa 5000 Wörter umfassen, doch anfangs fiel ihm das Schreiben nicht leicht.

Bill verfasste damals drei Versionen seiner Geschichte. Die erste, „The Strange Obsessi-

on", begann mit „Es war eine heiße Nacht im Sommer 1934" und endete nach 14 Absätzen. Die zweite Version war ungefähr 12 000 Wörter lang, bevor sie an den Punkt kam, an dem Bill im Towns Hospital seinen Entzug machte.

Doch Bill gab nicht auf und schaffte es, seine Geschichte aufzuschreiben. Er hatte auch eingewilligt, an dem anderen Kapitel zu arbeiten. Die Niederschrift dauerte bis in den Juni hinein, dabei versuchte Bill zum ersten Mal, die „Geschäftsbedingungen" zu notieren, die Ebby ihm als Grundlage genannt hatte, um nüchtern zu werden. Schaberg schreibt ausführlich über diese „spirituellen Prinzipien und Praxisregeln", die einen „praktischen, machbaren Rund-um-die-Uhr-Lebensplan" bilden.[29] Bill versuchte, die wesentlichen Punkte und Prinzipien dessen zu formulieren, was später zu den Zwölf Schritten der Genesung werden sollte.

Anfang Juni begann Bill mit der Arbeit an dem Kapitel „Es gibt eine Lösung". Da zeigte sich bereits, dass er wohl das ganze Buch schreiben würde.

Als Hank dann Bills Texte las, war er besorgt. Die beiden Männer hatten ihre Heilung ganz unterschiedlich erlebt. Hank glaubte, dass ihre auf Erfahrungen beruhende Lösung am besten so präsentiert würde, wie es die

meisten trockenen Leute erlebten, als allmähliche Heilung in der Gemeinschaft anderer Alkoholiker. Sie hatten gelernt, gemeinsam mit spirituellen Prinzipien zu leben, die sie ehrlich, selbstlos, hilfsbereit und fürsorglich werden ließen. Sie hatten sich an bestimmte Vorgehensweisen gewöhnt, um trocken zu werden und zu bleiben, und die trugen zur Veränderung des Charakters und Verhaltens bei. Und dennoch bewirkte dieser allmähliche Transformationsprozess bei mehreren Alkoholikern, dass sie an eine Macht glaubten, die stärker war als sie selbst und die manche Gott nannten.

Die Schilderung der Erfahrungen innerhalb der Gruppe würde mehr Menschen ansprechen, dachte Hank, als Erzählungen über religiöse Bekehrungen, von denen Bill schrieb. Diese würden nicht nur viele Alkoholiker abschrecken, die verzweifelt nach Hilfe suchten, sondern auch für ein „Marketingdesaster" sorgen, wie Hank überzeugt war.[30]

Hanks Bedenken waren vollkommen berechtigt. Während Bill Alkoholismus mit medizinischen und psychologischen Begriffen beschrieb und benannte, was dagegen zu tun sei, behauptete er auch, die Lösung sei in der Religion zu finden. Er äußerte sehr deutlich: „TATSACHE ist nur das und nichts weniger, dass jeder von uns tiefe und wirkungsvolle religiöse Erfahrungen hatte, die in allen Fällen unsere ganze Einstellung zum Leben, zu unseren Mitmenschen und zu Gottes großem Universum revolutionierten."[31]

Anfang Juni notierte Hank sorgfältig, was seiner Meinung nach ins Buch sollte und was nicht. Er listete 14 Punkte auf, die den Inhalt und dessen Vermittlung betrafen, und führte das auf vielen Seiten detailliert aus. Er war dafür, den historischen Werdegang ihrer Arbeit mit einfließen zu lassen und Belege für ihren Erfolg zu erbringen, um in den Lesern Hoffnung zu erwecken. Die Frage „Was ist ein Alkoholiker?" musste beantwortet werden.

Hank erwog auch, 25 Karrieren vorzustellen, die in den Genesungsgeschichten präsentiert werden sollten und vermutlich die Berufssparten widerspiegelten, die bereits durch die Mitglieder in den Gruppen vertreten waren. Er schlug ein Frage-Antwort-Format

---

Einige Nichtgläubige, Atheisten oder Agnostiker bei den AA verlangten immer deutlicher, die AA-Literatur und das Heilungsprogramm so vereinend wie möglich zu gestalten. Sie bestanden darauf, dass in Glaubensfragen keinerlei Zwang herrschen dürfe. *Georges Lacombe,* **Rote Kiefern,** *1894/95.*

Das Konzept enthält eine Vorlage mit Vorschlägen für jedes neue Kapitel, während es geschrieben wurde, und – das ist vielleicht am wichtigsten – es gibt im Blauen Buch *keine Kapitel, die nicht in Hank Parkhursts Konzept vorgeschlagen sind.*

— WILLIAM H. SCHABERG

in einem Kapitel vor und verfasste Vorlagen dafür. Wie Schaberg entdeckte, verwendete Hank regelmäßig den Namen Anonyme Alkoholiker in seinen Aufzeichnungen. Bill lehnte Hanks Ideen anfangs ab, passte aber nach und nach einige Begriffe und Texte an. Dazu könnte der Rückfall von Jim B. beigetragen haben, der sich weigerte, an irgendeine Vorstellung von Gott zu glauben.

Als Jim nach seinem Rückfall zurückkehrte, beschrieb er, dass er mit der Vorstellung wieder aufgewacht war, die Gruppe selbst sei seine Höhere Macht. Wie Schaberg schreibt: „Die radikale Idee, dass eine Gruppe von Trinkern ‚Gott wie ich ihn verstehe‘ sein könnte, war geboren."[32] Auch andere Situationen förderten die Reflexion, Neubetrachtung und Anpassung an tolerantere Beschreibungen des Wegs zur Nüchternheit.

In der dritten Juniwoche schlug Hank ein umfassendes Konzept für den Buchinhalt vor. Bemerkenswerterweise gibt es im *Blauen Buch* „keine Kapitel, die Hank in seinem Konzept *nicht* vorgeschlagen hat", wie Schaberg schreibt.[33] Wie akribisch Hank war, zeigt sich in seinen Notizen. Unter „Mehr über Alkoholismus" spricht er das verbreitete Missverständnis an, dass Verständnis und Willenskraft ausreichten, um trocken zu werden. Es musste absolut klargemacht werden, dass „der Alkoholiker oder derjenige, der die Veranlagung dazu hat, fast ohne Ausnahme *nie in der Lage sein wird, aufgrund von Selbsterkenntnis mit dem Trinken aufzuhören*".[34]

Der Probetext für das Werbepaket war in der dritten Juniwoche fertig, und Hank schickte ihn ab, damit das Fundraising für das Buch beginnen konnte. Das war der Auftakt für eine monatelange Werbekampagne. Bill schrieb Dr. Bob einen ausführlichen Bericht über die Ereignisse, seit die Buchidee in Akron abgelehnt worden war, und bot der Gruppe an, die Redaktion der Texte zu übernehmen. Das Fundraising-Paket enthielt Bills Probekapitel, professionelle Empfehlungen und die Angabe, dass nur temporäre Finanzierungen gewünscht seien, da innerhalb eines Jahres finanzielle Eigenständigkeit erreicht sein sollte.

Das *Book of Experience* schrieb zwar Bill W., aber Hank P. übernahm die Redaktion. Er entwarf den Inhalt, schrieb Vorschläge und fand für jedes auftauchende Problem eine Lösung. Dieser Kapitelentwurf für *Anonyme Alkoholiker* (engl. *Alcoholics Anonymous*) umreißt stichwortartig den Inhalt des fertigen Buchs. *Stepping Stones Foundation Archive,* **Hank P.s handschriftliche Notizen für** *Alcoholics Anonymous***,** 1934.

Chapter 1 – Being dictated –
Preface of the Book –
History of this work –
Questions & answers –
Why the Book –
What is needed –
The Program –
List of Chapters –
The aim of the book – .
What is an alcoholic –
The medical chapter –
The Sales Promotion Possibilities
In the book should be suggestions regarding
 hospitalization
Dr silkworths letters.

Hanks ideas

Wo und wie haben die ersten Mitglieder der AA diese schon alte „Spiritualität der Unvollkommenheit" entdeckt, die der modernen Welt so viel bieten könnte? Sie waren schließlich keine großen Denker, jedenfalls nicht im üblichen Sinn. Sie waren alltägliche Menschen, die wie wir alle mit den alltäglichen Aufgaben kämpften.

— ERNEST KURTZ UND KATHERINE KETCHAM

Was hielt Dr. Bob davon, ein „wohltätiges Unternehmen zu gründen, das zum Beispiel ‚Anonyme Alkoholiker' heißen könnte?"[35]

Da das Erzählen persönlicher Geschichten ein integraler Teil des Genesungsprozesses war, wurden die Erzählungen gebraucht, um die Wirksamkeit der Methode zu beweisen. Die Gruppen in Akron und New York mussten sie zu Papier bringen. In der AA-Publikation *Dr. Bob and the Good Oldtimers* (2009) beschreibt Bob E., wie ihn das Geschichtenerzählen damals trocken werden ließ: „Sie erzählten mir einfach sieben Tage lang Geschichten darüber, wie sie tranken."[36]

Der Buchtitel war ein weiteres Thema. Ein Arbeitstitel lautete „Einhundert Männer", als Autor war „Anonyme Alkoholiker" gedacht. Die Arbeit an diesen offenen Punkten erledigte ein kleines New Yorker Team in nur fünf Wochen. Dr. Bob war nicht gekränkt, weil er an all diesen Entwicklungen nicht beteiligt wurde, und schrieb weiter an seinen Akron-Geschichten.

Unterstützung kam bald von Medizinern. Ein trocken gewordener Arzt aus Virginia stellte Bill und Fitz zwei Psychiatern am renommierten Johns-Hopkins-Krankenhaus in Baltimore vor, die beide uneingeschränkte Empfehlungen aussprachen. Dr. Leslie Hohman sagte, dass Alkoholiker, wie die von Bill beschriebenen, „100-prozentig unheilbar sind, es sei denn durch Religion", und Dr. Esther Richards schrieb begeistert über die Probetexte.[37] Auch Dr. Silkworth steuerte wieder einmal eine schriftliche Befürwortung ihrer Arbeit bei.

In diesem Juli zog Hank in ein viel kleineres Büro um. Sein Geschäft stand kurz vor der Pleite, aber er blieb der Veröffentlichung des Buchs leidenschaftlich verpflichtet. Er hatte bei der Rockefeller-Stiftung Schätzungen gesehen, wonach es allein in den USA eine Million Alkoholiker gab, und kalkulierte, dass es für jeden Alkoholiker noch einmal andere gab, die von den Folgen betroffen waren und Hoffnung sowie Lösungsmöglichkeiten verdienten. Auch gab es Tausende Pfarrer und Menschen, die in Psychiatrien arbeiteten und zweifellos ein Buch über die Heilung vom Alkoholismus begrüßen würden. Hank war vom Erfolg des Buchs überzeugt.

Als die Unterstützung für das Genesungsprogramm der AA an Schwung gewann, setzten einige Alkoholiker alles aufs Spiel, was sie hatten, um das erste Buch zu veröffentlichen. *Hilma af Klint,* **Die zehn Größten, Nr. 2, Kindheit, Gruppe IV,** *1907.*

Prinzipien der Einheit

GRUNDLAGEN SCHAFFEN

DIE ZWÖLF SCHRITTE WERDEN GESCHRIEBEN

DIE ZWÖLF TRADITIONEN WERDEN FORMULIERT

ERFORSCHUNG DER EMOTIONALEN GENESUNG

Im Jahr 1938 war viel los. Es wurde geschrieben und redigiert, Materialien für Vorschläge überprüft und das Buchmanuskript nochmals überarbeitet. Bill und Hank wollten eine Sprache finden, die möglichst viele Nichtalkoholiker ansprechen sollte. Hank und Ruth Hock nahmen sogar an einem Kurzgeschichtenkurs an der New York University teil, um die vielen Genesungsgeschichten bearbeiten zu können, die ebenfalls Bestandteil des Buchs werden sollten. Es wurden keine Mühen gescheut, um die Inhalte adäquat zu vermitteln oder um die beste Möglichkeit zu finden, das Buch herauszubringen. Aber die vereinenden Prinzipien und Schritte, die das Genesungsprogramm ausmachen sollten, mussten erst noch formuliert werden.

GRUNDLAGEN SCHAFFEN

Die Errichtung einer Stiftung hatte schon im Juli begonnen, und Dr. Bob erklärte sich einverstanden, als einer der Treuhänder aus der Reihe der Alkoholiker zu dienen. Der andere war Bill R. Die Treuhänder Willard Richardson, Frank Amos und James Woods, der Anwalt, der die Stiftungspapiere erstellte, waren keine Alkoholiker.

Die Stiftung hielt ihre erste Sitzung am 11. August ab. Ein Beirat wurde eingerichtet, der aus Bill, Hank und zwei Nichtalkoholikern, Albert Scott und A. LeRoy Chipman, bestand. Letztere waren Rockefeller-Partner, die sie bei dem Dinner im Dezember des Vorjahres kennengelernt hatten. Aber es dauerte nicht lange, bis Bill und Hank den Nichtalkoholikern unter den Treuhändern vorwarfen, nicht genug Geld für das Buch aufzutreiben. Auch von anderen Gegebenheiten waren sie enttäuscht.

Um den 15. September begann Bill mit der Arbeit an den Kapiteln „Mehr über Alkoholismus" und „Wir Agnostiker", die bereits am 27. September an Dr. Bob geschickt wurden. Zwar war Hank immer noch davon überzeugt, dass das Buch im Selbstverlag erscheinen sollte, doch Frank Amos arrangierte ein Gespräch mit Eugene Exman, Herausgeber bei dem renommierten Verlag Harper & Brothers. Exman war sehr an dem interessiert, was er da las, und schlug vor, die Probekapitel dem Präsidenten des Unternehmens zu zeigen. Beim folgenden Treffen wurde Bill und Hank ein Publikationsvertrag mit einem großen Vorschuss für die Abgabe der Rechte angeboten.

Doch die Folgen, die eine Bindung an so einen Vertrag mit sich brachte, ließen in Bill Zweifel aufkommen, wie Schaberg schreibt. Hank hatte die Selbstverlagsoptionen gründlich recherchiert und erklärte sie Bill detailliert. So würde man nicht nur die Verwertungsrechte des Buchs behalten, es gäbe auch Tantiemen für die Stiftung, um ein Büro zu finanzieren, in dem Anfragen und Verwaltungsaufgaben bearbeitet werden könnten. Ihnen beiden könnte das viel Geld einbringen, wenn sie einen eigenen Verlag gründeten.

Bill erkannte auch, dass der Selbstverlag die heikle Frage der Kommerzialisierung lösen könnte. Der AA-Biograf Ernest Kurtz schreibt: „Es sollte die besondere Bedeutung des Buches sein zu zeigen, dass es nicht das Eigentum von Profis war und nicht zum Verkauf stand."[38] Doch die Treuhänder der Alcoholic Foundation waren damit nicht einverstanden. Bill entschied, sich nochmals mit Exman zu treffen, und war sehr überrascht, als er ihn

Niemand hat die Anonymen Alkoholiker erfunden. Sie sind gewachsen. Über den Weg des Ausprobierens ist ein reicher Erfahrungsschatz entstanden. Allmählich haben wir die Erkenntnisse daraus übernommen, zuerst als Richtlinie, dann als Tradition. Dieser Prozess ist noch immer in Gang, und wir hoffen, dass er nie endet.

— THE AA GRAPEVINE

sagen hörte, dass es die bei Weitem beste Option war, die Rechte am Buch zu behalten.

Angesichts der leeren Kassen mussten für die Selbstverlagsoption mehrere Hürden überwunden werden. Es war Charles B. Towns, der sich anbot, die Initiative mit einem Darlehen zu unterstützen. Er gewährte Bill einen über fünf Monate laufenden Kredit, damit er an dem Buch arbeiten und Ruth Hock weiter als Sekretärin beschäftigen konnte.

Hank hatte eine Idee, wie die anderen Unkosten, darunter auch seine eigenen als kommissarischer Redaktionsleiter, gedeckt werden könnten. Wieder standen sich das ethische Prinzip, „die Botschaft zu verbreiten, ohne dafür eine Entlohnung zu erwarten", und die schwierige Frage der Kommerzialisierung gegenüber. Er schlug vor, einen Verlag zu gründen, der das Buch anbot und die Tantiemen mit der Alcoholic Foundation teilte.

Bill stimmte schließlich Hanks Idee zu. Zu diesem Zeitpunkt war das Verhältnis zum Stiftungskuratorium bereits sehr schwierig, denn die Treuhänder lehnten jede Art von integriertem wirtschaftlichem Interesse absolut ab. Bill und Hank machten trotzdem weiter. In kürzester Zeit hatte Hank die One Hundred Men Corporation gegründet, legte ein Aktienpaket auf und gestaltete ihren ersten Prospekt.

An diesem Plan fürs Geldverdienen war einiges fragwürdig, doch spiegelt sich darin die prekäre finanzielle Situation der beiden Männer wider, während sie das Buch fertigstellten. Unterstützung kam aber von anderen Seiten. So half der Eigentümer der erfolgreichen John Day Publishing Company mit praktischen Informationen zu verschiedenen Aspekten, was das Selbstverlegen betrifft. Er versicherte ihnen auch, dass sich das Buch sehr gut verkaufen würde.

Hoffnungsvoll warben sie in der New Yorker Gruppe der genesenden Alkoholiker für ihre Aktien. Wieder erhob sich Widerstand im kollektiven Bewusstsein der Gemeinschaft, die „die Verbreitung der Botschaft" nicht mit Geld verbinden wollte. Nicht eine Aktie wurde verkauft.

Enttäuscht, aber nicht geschlagen entlockten Hank und Bill dem Redaktionsleiter von *Reader's Digest*, Kenneth Payne, schließlich das Versprechen, einen Artikel über das Buch zu veröffentlichen, sobald es herauskam. „Wir würden gern etwas über diesen vielversprechenden jungen Verein schreiben. Ein Alkoholiker spricht mit dem anderen. Alles sehr dramatisch. Ja, wir setzen einen Feuilletonisten dran."[39] Dieser Vertrauensbeweis von einem landesweit tätigen Verlag, der monatlich zwölf Millionen Exemplare verkaufte, führte dazu, dass in den folgenden Monaten 179 Aktien verkauft wurden.

Den ganzen Oktober über arbeitete Bill an drei weiteren Kapiteln. Am Monatsende hatten auch Dr. Bob und einige andere ihre Beiträge abgeliefert. Er sicherte sich die Hilfe von Jim S., um alle Geschichten der „Akron-Alkoholiker-Truppe" fertig zu bekommen. Jim hatte früher für die Zeitung gearbeitet und traf sich mit Leuten, die Dr. Bob empfahl, hörte sich ihre Geschichte an und schrieb sie auf.

Der Inhalt des Artikels „Buch der Erfahrungen" spiegelte nicht wie von Bill erhofft den partizipatorischen Blick auf die Genesung wider. Selbst die Geschichten in New York zu Papier zu bringen, stellte sich als sehr kompliziert heraus.

Bill las das neue Material regelmäßig bei den Treffen in Brooklyn vor. Vor allem die Kapitel „Wie es funktioniert" und „In die Tat umgesetzt" trafen auf deutliche Kritik, weil sie die umstrittenen Zwölf Schritte enthielten. Wie Schaberg schreibt: „Bills knappe Beschreibung dessen, was zu tun war, um trocken zu werden und zu bleiben, war etwas, worüber die New Yorker Mitglieder gern streiten wollten."[40]

In seinem kleinen Büro in Newark betonte Hank immer wieder, dass eine von allen ak-zeptierte Sprache wichtig sei, während Fitz M. glaubte, es brauche mehr Religion. Bill diktierte Ruth immer weitere Texte, und in ihren Erinnerungen in der AA-Publikation *Gib es weiter* beschreibt sie, wie Bill „immer mit gelben losen Zetteln voller Entwürfe für jedes Kapitel" ins Büro kam, die er „mit jedem irgendwie Interessierten" diskutiert hatte.[41] Wann immer ein Alkoholiker vorbeikam, wurde das Schreiben sofort gestoppt und stattdessen die Genesungsbotschaft vermittelt.

Bill war geschickt, wenn es darum ging, einen versöhnlichen Weg durch dieses Labyrinth verschiedener Einflüsse zu finden, und hatte alle anderen Nebenkapitel bis Anfang Dezember fertig. Hank hatte seinen eigenen Artikel „An die Arbeitgeber" beendet, und nun musste Bill das Genesungsprogramm beschreiben, das sich für sie als wirksam herausgestellt hatte. Später sprach er darüber, wie ihm davor graute; insgeheim habe es ihn „zu Tode geängstigt".[42] Er war ohnehin schon erschöpft von all dem Streit, den es gegeben hatte, aber auch seine eigenen Erwartungen setzten ihn unter Druck. Dieses Kapitel musste kraftvoll und auch hieb- und stichfest sein, um es dem typischen Alkoholiker unmöglich zu machen, sich durch ein Schlupfloch im Text davonzumachen.[43]

(SEITE 112) Der Sommer und Herbst 1938 waren mit verschiedenen Aktivitäten der wichtigsten Mitglieder der New Yorker Gemeinschaft angefüllt. Eine Stiftung wurde gegründet und die Leitprinzipien der Genesung geklärt, während man am ersten Buch schrieb. *Lyubov Popova,* **Komposition in Schwarz, Gold und Braun,** *1917.* (OBEN) In den Herbstmonaten arbeitete Bill W. mit großer Intensität am Abschluss der Buchkapitel mit Ausnahme des Kapitels, das Hank P. schrieb. Die Texte wurden nach Akron geschickt und beim Treffen in Brooklyn vorgelesen. Wenn der Inhalt bei den Mitgliedern Unstimmigkeiten hervorrief, wurde darüber diskutiert. Diese Fotografie von Bill stammt aus einer späteren Zeit. *Abdruck mit freundlicher Genehmigung der A.A. General Service Office Archives,* **Mit dem Latein am Ende,** *undatiert.*

DIE ZWÖLF SCHRITTE
WERDEN GESCHRIEBEN

Gemäß der Publikation *AA wird mündig (Alcoholics Anonymous comes of age*, 1957) schrieb Bill die Zwölf Schritte zu Hause in Brooklyn. Er fühlte sich an dem Tag nicht gut und legte sich hin. Er lehnte einen Schreibblock an seine Beine. Das musste erledigt werden. Er dachte über den Prozess nach, mit dem die Menschen ziemlich verlässlich trocken wurden. Wie konnte dieser Ablauf ausführlicher und genauer beschrieben werden? Bill erinnerte sich: „Ich entspannte mich und bat um Führung. Mit einer in Anbetracht meiner widersprüchlichen Gefühle erstaunlichen Geschwindigkeit fertigte ich den ersten Entwurf an. Es dauerte etwa eine halbe Stunde. Die Worte strömten nur so heraus."[44]

Schaber schreibt in seinem Buch *Writing the Big Book*, dass Paul H. 1948 in einem Brief an Bill erstmals beschrieb, wie Bill die Zwölf Schritte verfasste. Er bezieht sich auf eine Reise der beiden nach Washington, D. C., bei der Bill ihm und ihrer Freundin Eileen erzählte, wie das geschah. Der Brief hielt fest, was Bill den beiden berichtete – und wurde sorgfältig von Eileen gegengelesen. Bill sollte ihn mit seinen Initialen unterzeichnen, wenn er ihn

für korrekt hielt.[45] Seinen faszinierten Zuhörern hatte Bill erzählt, dass Alkoholiker, die nüchtern werden wollen, vier Verpflichtungen hätten: „1. Zugeben, dass sie dem Alkohol gegenüber machtlos sind. 2. Eine Inventur ihres Charakters vornehmen. 3. Gott vertrauen. 4. Mit anderen Alkoholikern zusammenarbeiten." Um das näher zu erläutern, hatte Bill begonnen, „verschiedene Phasen seiner eigenen Genesung zu ergründen. Als er sie zu Papier brachte, stellte sich heraus, dass es zwölf unterschiedliche, eigene Schritte gab."[46]

Zwei der drei frühen Versionen von Bills Geschichte wurden Ende Mai und Anfang Juni geschrieben und enthielten Darstellungen von elf dieser zwölf Schritte. Sie nahmen im Dezember 1938 Gestalt an.

Seit Ebby Bill Ende 1934 erzählt hatte, wie man trocken wird, war eine Version davon mündlich von einem Alkoholiker an den anderen weitergegeben worden. Damals hingen bei den Treffen keine „offiziellen" Schritte an der Wand. Aber jetzt, fast vier Jahre danach, konnte Bill das Verständnis des Genesungsprozesses verfeinern und erweitern, konkrete und verlässliche Prinzipien zu seiner Unterstützung formulieren und das alles in einem Handlungsprogramm zusammenführen, das der Öffentlichkeit vorgestellt werden konnte.

STEP ONE

"We admitted we were powerless over alcohol -- that our lives had become un-
manageable."

Who cares to admit complete defeat? Practically no one, of course. Every
natural instinct cries out against the idea of personal powerlessness. It is
truly awful to admit that, glass in hand, we have warped our minds into such an
obsession for destructive drinking that only God can remove it from us.

No other kind of bankruptcy is like this one. Alcohol, now become the ra-
pacious creditor, bleeds us of all self-sufficiency and all will to resist its
demands. Once this stark fact is accepted, our bankruptcy as going human concerns
is complete, and our humiliation is absolute.

But upon entering A. A. we soon take quite another view of these absolute
humiliations. We perceive that only through utter defeat are we able to take our
first steps toward liberation and strength. Our admissions of personal powerlessness finally turn out to be firm bedrock upon which happy and purposeful lives
can be built.

We know that little good can come to any alcoholic who joins A. A. unless
he has first accepted his devastating weakness and all its consequences. Until
he so humbles himself, his sobriety -- if any -- will be precarious. Of real
happiness he will find none at all. Nor is this statement a mere psychological
novelty or a theologian's abstraction. Proven beyond doubt by an immense experience, it is one of the facts of A. A. life. The principle that we shall find
no enduring strength until we first admit complete defeat is the main taproot
from which our whole society has sprung and flowered.

When first challenged to admit defeat, most of us revolted. We had approached
A. A. expecting to be taught self-confidence. Then we had been told that so far

---

Insgeheim fürchtete Bill die Aufgabe, das Genesungsprogramm zu formulieren, aber als er begonnen
hatte, ging es gut voran. Dies ist ein Entwurf für den 1953 erschienenen Zwölf-Schritte-Prozess. *Stepping Stones Foundation Archive,* Entwurf der ersten Seite des Ersten Schritts in *Zwölf Schritte und
Zwölf Traditionen* von Bill W., *undatiert.*

*Die Zwölf Schritte der AA sind Grundsätze spirituel-
ler Art. Werden sie im täglichen Leben verwirklicht,
nehmen sie den Zwang zum Trinken und helfen
dem Kranken, ein zufriedener und nützlicher Mensch
zu werden.*

— ZWÖLF SCHRITTE UND ZWÖLF TRADITIONEN

Die Zwölf Schritte trafen allerdings auf viel Widerstand. Noch am selben Abend reagierten in Brooklyn zwei Alkoholiker mit scharfer Kritik. Sie protestierten dagegen, dass es nun *zwölf* Schritte zur Genesung gab, und lehnten die religiöse Sprache ab, in der sie formuliert waren. Sie appellierten an Bill, die Sprache anzupassen, weil jede Erwähnung von Gott in einer Genesungsmethode hilfsbedürftige Alkoholiker abschrecken könnte.

Die beiden Kapitel „Wie es funktioniert" und „In die Tat umgesetzt", die diese Schritte beschrieben, rüttelten die New Yorker Gemeinschaft auf, und von da an war jeder Schritt auf dem Weg zur Veröffentlichung des Buchs von Kontroversen begleitet.

Es kam zu Kämpfen zwischen „religiösen", „psychologischen" und „agnostischen" Lagern der Gemeinschaft, die einige Wochen andauerten. Jahre später erinnerte sich Bill an die unerbittlichen Positionen von Konservativen, Liberalen und Radikalen, die um Einfluss und Kontrolle rangen. Die Agnostiker und Atheisten in der Gemeinschaft waren dafür, die Tore zur Genesung so weit offen wie möglich zu halten, während die beiden AA-Gründer von ihrer eigenen Erfahrung überzeugt waren und glaubten, dass die Genesung von absolutem Vertrauen auf Gott abhing.

Ruth erinnerte sich viele Jahre später an eine hitzige Debatte zwischen Bill, Hank und Fitz über diese Themen im Büro in Newark. Schließlich stimmte Bill einem Teilkompromiss zu. Bei einer ihrer Treffen wurden einige Formulierungen in den Schritten angepasst und das Wort Gott im Zweiten Schritt durch „eine Macht, größer als wir selbst", ersetzt. Im Dritten Schritt wurde der Begriff „Gott, wie wir ihn verstanden", hinzugefügt, der später auch im Elften Schritt erscheint. Und vor allem sollten alle Schritte nur Empfehlungen sein.[47]

Irgendwann erkannte Bill, dass Hanks Vorschläge große Wirkung hatten, und sprach in Vorträgen und Artikeln in den 1950er- und 1960er-Jahren darüber. Die Kämpfe, die in der Gemeinschaft für Diversität und eine umfassende Einbeziehung aller Ansichten ausgefochten wurden, „stellten die breitestmögliche Mitgliedschaft unter denen sicher, die an Alkoholismus leiden", wie es im AA-Flyer *Many Paths to Spirituality* heißt.[48] Bei der Konferenz zum 20-jährigen AA-Bestehen 1955 in St. Louis zollte Bill diesen Beiträgen zur Formulierung der Schritte und des Buchs Anerkennung: „Sie haben unser Tor weiter geöffnet, sodass alle, die leiden, eintreten konnten, ohne Rücksicht auf ihren Glauben oder *Mangel an Glauben*."[49]

Dieser Schutzumschlag für das Buch wurde von dem Künstler Ray C. gestaltet. Der Titel war umstritten; mehr als 100 Vorschläge waren im Gespräch, bevor *The Way Out* die Abstimmung zunächst gewann. Eine Recherche in der Kongressbibliothek ergab jedoch, dass es schon über 30 Bücher mit diesem Titel gab. Damit war die Entscheidung für *Alcoholics Anonymous* getroffen. *Stepping Stones Foundation Archive (Künstler: Ray C.),* **Vorläufiger Schutzumschlagentwurf für** *Alcoholics Anonymous*, *1939.*

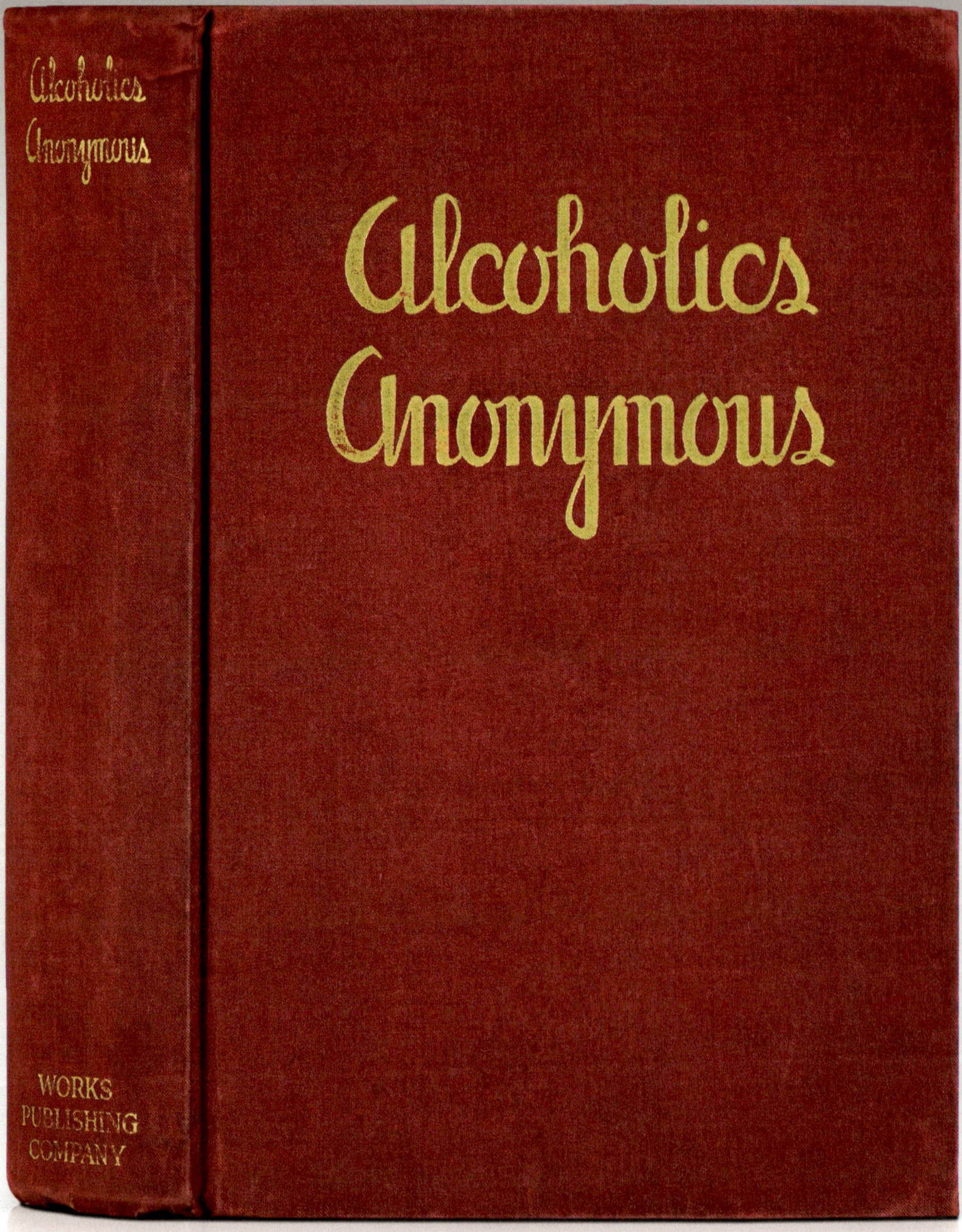
Alcoholics
Anonymous
Alcoholics
Anonymous
WORKS
PUBLISHING
COMPANY

Wenn ich großartige Geschichte sage, meine ich eine Geschichte, die uns in die Lage versetzt, Verbindungsmuster zu sehen sowie Symbole und Metaphern, die uns helfen, uns zu beherrschen und unsere Existenz zu verstehen [...] Geschichten sind lebendig und dynamisch. Sie existieren, um ausgetauscht zu werden. Sie sind die Währung menschlichen Wachstums.

— JEAN HOUSTON

In den nun folgenden Geschichten wurde ein Querschnitt der Menschen repräsentiert. Sie beschrieben ihr Verhalten, wenn sie betrunken waren, das „mit den Idealen ihrer sozialen, religiösen und Bildungshintergründe kollidierte", so der Autor Ernest Kurtz. Es gab Berichte über den Verlust von Arbeitsstellen und Geschäften sowie über „schwere Autounfälle, Einweisungen in Anstalten, Familienzerwürfnisse, einen Selbstmordversuch, eine verpasste Verlobungsfeier, Beerdigung der Mutter und Geburt eines Kindes".[50]

Im Januar begann der bekannte Literaturexperte Tom Uzzell, das Manuskript zu redigieren. Er sortierte den Inhalt neu und stellte dabei Bills Geschichte ganz an den Anfang. Die Lektorin Janet Blair arbeitete ebenfalls daran. Hank beschrieb Bill die aufgeregten Kommentare von Uzzell: „Sie haben hier ein dringendes Problem, Sie haben eine erfolgreiche Ablehnung der Medizin, Sie haben eine religiöse Geschichte, Sie haben eine zutiefst menschliche Geschichte und zu guter Letzt auch noch eine ganze Sammlung von Happy Ends – mein Gott! Ich weiß nicht, was man sich sonst noch für ein gutes Buch wünschen kann."[51]

Bei dem Lektorat wurde ein guter Teil des Manuskripts gestrichen – nach Schabergs Einschätzung etwa ein Drittel –, auch ein Teil von Bills Geschichte. Nach einem intensiven Lektorat von Blair schrieb ihr Bill: „Ich bin dankbar, dass Sie verstehen, was ich sagen will, und das so gut ausdrücken können. Sie haben in unserem Manuskript wirklich aufgeräumt."[52]

Diese Ausgabe des Buchs erhielt auch ein Geleitwort: „Anderen Alkoholikern genau zu zeigen, WIE SIE GENESEN KÖNNEN, ist der Hauptzweck dieses Buchs."[53] Dr. Silkworth fügte einen überarbeiteten Beitrag unter dem Titel „Die Meinung des Arztes" hinzu.

Um den 20. Februar 1939 waren schätzungsweise 400 Kopien mit roter Spiralbindung fertig und wurden an Menschen verteilt, die sich mit Alkoholismus beschäftigten – von den Mitgliedern der Gemeinschaft, den Treuhändern der Alcoholic Foundation und den Aktionären der One Hundred Men über Ärzte, Psychiater, Kirchenleute, Richter, Autoren, Buchkritiker und Unterstützer bis zu Freunden

---

Am 10. April 1939 lag das Buch *Alcoholics Anonymous* (dt. *Anonyme Alkoholiker*) gedruckt vor. Später wurde es von der Kongressbibliothek als eines von 88 „Büchern, die Amerika geformt haben", ausgewählt. **Cover der ersten Ausgabe von *Alcoholics Anonymous*, 1939.**

und Familie, die sie wiederum an andere weitergaben. Zwar waren die Treuhänder seit ihrer Ablehnung von Hank und Bills Selbstverlag nicht mehr konsultiert worden, doch bekundeten sie bei Treffen im Januar und Februar ihre „wohlwollende Kooperation".

Am 1. März fuhr Bill nach Akron, um Feedback einzuholen. Das fiel im Allgemeinen gut aus, aber die Gruppe empörte sich darüber, dass Hank und Bill das Buch durch ihren Aktienverkauf finanziert hatten. Niemand hatte die Gruppe in Akron darüber informiert.

Zurück in New York besprachen Bill und Hank letzte Details mit Edward Blackwell, dem Präsidenten von Cornwall Press an der W. 26th Street. Sie gestanden, dass sie kaum noch genug Geld für den Druck hatten, waren aber wegen des versprochenen Artikels in *Reader's Digest* weiter überzeugt, dass eine große Auflage gedruckt werden würde. Mr Blackwell nahm ihr Anzahlungsangebot an und war bereit, sie vertrauensvoll zu unterstützen. Es wurde eine erste Auflage von 5000 Stück vereinbart, und Hank gelang es wundersamerweise, die Anzahlung Ende März zu leisten und die Gesamtrechnung zu begleichen, indem er einen großen Kredit aufnahm. Ray C. entwarf einen zweiten Schutzumschlag, der mit vier Aktien bezahlt wurde.

In diesem entscheidenden Moment erfuhren sie, dass der Artikel in *Reader's Digest* von der Redaktion abgelehnt worden war. Hank und Bill mussten der Gemeinschaft, den Aktionären und Kuratoren enttäuscht mitteilen, dass der wichtige Artikel nicht erscheinen würde. Es folgte intensiveres Fundraising, und in dieser hektischen Zeit wurde One Hundred Man in Works Publishing umbenannt.

Der Buchtitel – und -preis – wurde monatelang heiß diskutiert. Von über 100 Titeln blieben vor allem zwei zur Wahl: „Alcoholics Anonymous" oder „The Way Out" (Der Ausweg). Nachdem Florence R. zur Gemeinschaft gestoßen war, fiel ein weiterer Titel, „One Hundred Men", aus dem Rennen. Bei der Abstimmung gewann „The Way Out", sehr zur Enttäuschung von Hank, Bill und dem Lektor Uzzell. Sie benutzten bereits den Namen „Anonyme Alkoholiker" und hielten ihn für die beste Wahl.

Hank bat Fitz M., der in Maryland war, die Kongressbibliothek nach diesen Titeln zu durchforsten. Er fand rund 25 Bücher mit dem Titel „The Way Out", aber nicht eines, das „Anonyme Alkoholiker" hieß. Das Telegramm von Fitz regelte die Angelegenheit endgültig. Als Nächstes wurde ein Preis von 3,50 Dollar festgelegt, da dickeres Papier verwendet

Die Anonymen Alkoholiker haben der Gesellschaft einen klaren Prinzipiensatz gegeben, der genau beschreibt, wo das Problem liegt und welchen Ausweg es gibt.

— THOMAS KEATING

wurde, was dem Buch den Spitznamen „Big Book" (dickes Buch) eintrug.

Endlich hatten ihr Buch und ihre Gemeinschaft einen Namen. Bill schrieb später in *AA wird mündig* über diesen wunderbaren Augenblick: „Wie bei einem abziehenden Gewitter schwächte sich der Donner unserer früheren Schlachten zu einem leichten Grollen ab; die Luft wurde klar und der Himmel hell. Wir fühlten uns alle wohl."[54]

Für den Vorabdruck gab es vor allem positives Feedback, bis ein Psychiater aus New Jersey, Dr. Howard, schrieb, dass er die Sprache im Buch teilweise dogmatisch und bedrängend finde und dass das bei Alkoholikern nicht funktionieren werde. Hank ergriff die Gelegenheit, um ihre Genesungslösung in einer offeneren Sprache zu erläutern. Die äußerst beliebte Genesungssprache mit „wir" wurde an dieser Stelle eingeführt und der drängende Ton entschärft. Mit Bills Zustimmung schrieb Hank vier neue Absätze für dessen Geschichte. Ein markanter Satz aus seiner Umschreibung war: „Warum wählst du nicht deine eigene Vorstellung von Gott?"[55]

Es war ein sehr mitgenommenes Exemplar, das der Druckerei von Cornwall Press im Norden des Bundesstaats New York übergeben wurde. Hank musste den protestie-

renden Manager davon überzeugen, die mit Anmerkungen versehenen Seiten anzunehmen, während eine ganze Gruppe von ihnen für die Druckfahnenkorrektur bereitstand. Am 10. April 1939 waren 4650 Exemplare von *Anonyme Alkoholiker. Ein Bericht über die Genesung alkoholkranker Männer und Frauen* gedruckt. Bill und Hank holten 112 davon ab, und eines wurde als Weihnachtsgeschenk für Bills Frau Lois zur Seite gelegt.

Am nächsten Tag begann eine Marketingkampagne mit einer Anzeige in der *New York Times* für eine „bewährte Lösung gegen Alkoholismus". Außerdem wurden 20 000 Postkarten an Ärzte verschickt, während die landesweit ausgestrahlte Radiosendung *We the People* den gerade trocken gewordenen Alkoholiker Morgan R. vorstellte. Der Publicitywert war ungewiss, und es kamen nach der Ausstrahlung nur zwei Bestellungen herein. Die Lage wurde heikel. Hank verlor sein Geschäft und sein Haus, seine Ehe zerbrach. Bill und Lois mussten am 26. April Lois' Elternhaus in Brooklyn verlassen. Um die Postadresse für Works Publishing und die Alcoholic Foundation zu behalten, mietete Hank die Postfächer 657 und 658 im Postamt Church Street Annex.

Auf die Veröffentlichung von *Anonyme Alkoholiker* folgten zwei Kritiken, eine am 25. Juni

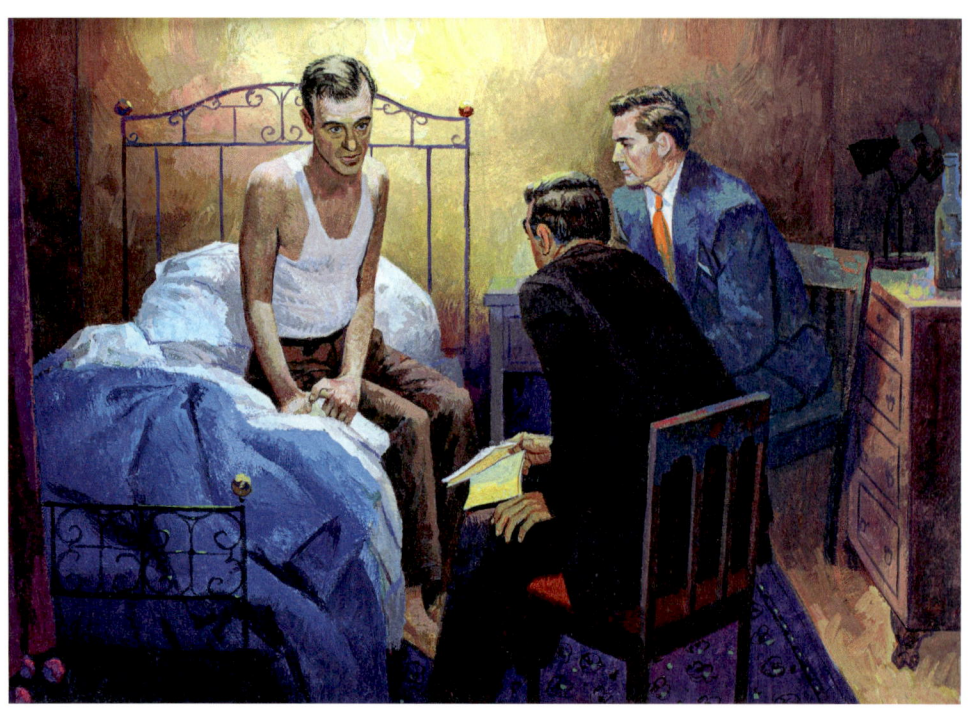

(SEITE 126/127) Als das Buch veröffentlicht wurde, war bereits die Grundlage für weitere Initiativen geschaffen, die die Zukunft der AA gewährleisteten. Es gelang auch eine Einigung darüber, wie man in der
Arbeit auf lokaler, landesweiter und internationaler Ebene vorgehen wollte. *Edvard Munch,* **Pferdege-**
spann, *1919.* (OBEN) Die AA wurden 1940 ein bekannter Name, als John D. Rockefeller Jr. ein Dinner zu
ihrer Unterstützung veranstaltete. Über das Event wurde weltweit berichtet, und damit stellte sich auch
der Respekt der Öffentlichkeit ein. Ein weiterer entscheidender Moment in der Geschichte der AA war,
als ein drittes Mitglied, Bill D., 1935 zu Bill und Dr. Bob stieß. *Robert M.,* **Mann auf dem Bett,** *The AA*
Grapevine, 1955. (SEITE 130/131) Als Nächstes wurden die Prinzipien, die die Gemeinschaft – und die
AA-Organisation insgesamt – prägen und leiten sollten, in den Zwölf Traditionen formuliert. Sie sind
das Ergebnis aus 15 Jahren Gruppenerfahrungen und den Beobachtungen der Mitarbeiter des General
Office. *Wilhelm Morgner,* **Der Weg,** *1912.*

Die Schritte enthalten ganz klar Zutaten für die persönliche Regeneration, aber die Traditionen sind der Klebstoff, der alles zusammenhält, was die AA ausmacht.

— MEL B. UND MICHAEL FITZPATRICK

in der *New York Times*, aber auch das brachte keine Buchbestellungen. Charles B. Towns sollte „Himmel und Erde in Bewegung versetzen", um für Publicity zu sorgen, und hatte Erfolg. Aber nun kam es zu einer Tragödie. Hank wurde rückfällig und fand nicht in die Gemeinschaft zurück. Die enge und kreative Partnerschaft zwischen Hank und Bill war zerstört und konnte vor Hanks Tod 1954 nicht wiederhergestellt werden.

Anfang Februar 1940 organisierte John D. Rockefeller Jr. ein Dinner zur Unterstützung der AA, bei dem an jedem Tisch ein genesender Alkoholiker saß. Dr. Bob und Bill hielten Reden, ebenso der bekannte Neurologe Dr. Foster Kennedy und ein Pfarrer, Rev. Harry Emerson Fosdick, die beide die AA unterstützten. Nelson Rockefeller erzählte den Gästen, dass die Kraft der AA in jedem ihrer Mitglieder liege, die die Genesungsbotschaft an andere weitergäben, ohne dafür eine Entlohnung zu erwarten. Aber AA verdiene ihr Wohlwollen, und in diesem Sinne kaufte John D. Rockefeller Jr. – zum Vorzugspreis – mehrere Hundert Exemplare von *Anonyme Alkoholiker* und schickte alle mit einer persönlichen Nachricht an die einflussreichsten Leute, die er kannte.

Über das Dinner wurde berichtet, und über Nacht zollte die Öffentlichkeit den AA Ansehen und Respekt. Bill dachte später sehr gern an diesen Moment in ihrer Geschichte zurück. Die AA hatten nun über 8000 Mitglieder in den USA und erreichten auch andere Länder. Am 1. März 1941 veröffentlichte die *Saturday Evening Post* einen gut recherchierten Artikel von Jack Alexander mit dem Titel „Alcoholics Anonymous: Freed Slaves of Drink – Now They Free Others" (AA: Befreite Sklaven des Alkohols befreien nun andere). Der Effekt war phänomenal. Hilferufe erreichten das Büro in der Vesey Street 30, und Tausende Buchbestellungen gingen ein.

Von da an ermöglichten Buchverkäufe und Spenden es den AA-Gruppen, interne und externe Angelegenheiten in Ordnung zu bringen. Die Anteile des Verlags wurden zurückgekauft und Schulden beglichen. Strukturelle und rechtliche Änderungen legten die Aktivitäten der AA immer stärker in die Hände der Mitglieder.

In den folgenden 15 Jahren wurden alle AA-Belange konsolidiert, um die Zukunft zu sichern. Aus der Alcoholic Foundation wurde 1954 das General Service Board of Alcoholics Anonymous, und Works Publishing wurde 1953 in A.A. Publishing umbenannt, um 1959 zu den Alcoholics Anonymous World Services zu werden.

DIE ZWÖLF TRADITIONEN
WERDEN FORMULIERT

Nachdem 1939 die Zwölf Schritte in *Anonyme Alkoholiker* veröffentlicht waren, wurde es notwendig, die Leitprinzipien für die Gemeinschaft selbst zu formulieren. Teile dieser Prinzipien finden sich bereits im Vorwort der ersten Auflage und wurden dann zu den Zwölf Traditionen ausgearbeitet. Diese Traditionen sind im Lauf der Zeit mit der lokalen, nationalen und internationalen Arbeitsweise der AA verschmolzen. Doch anfangs gab es Widerstand gegen die bloße Idee, dass es für die Gemeinschaft feste Prinzipien geben sollte. „Selbst die engsten Freunde der AA waren davon überzeugt, dass solche Prinzipien nicht funktionieren konnten.“[56]

Zu Beginn definierte sich jede AA-Gruppe selbst und folgte ihren eigenen Mitgliederregeln. Gab es Probleme, schrieb die Gruppe dem General Office oder rief es an. Die informellen Vorschläge wuchsen schließlich zu einer umfassenden Informationsquelle heran. Es war der Gründer der ersten Chicagoer AA-Gruppe, Earl T., der Bill in den frühen 1940er-Jahren vorschlug, sie als Grundlage für Leitlinien für das Verhalten der Gruppen sowie für die Struktur der Gemeinschaft zu verwenden.

Bill begann mit der Arbeit und befasste sich auch mit den Grundlagen anderer Gemeinschaften und Vereine. *Living the Twelve Traditions in Today's World: Principles Before Personalities* beschrieb die Entstehungsgeschichte dieser Zwölf Traditionen.

Bill hatte sich schon länger über die Stärkung der Einheit der AA Gedanken gemacht. Diese Angelegenheiten mussten geregelt sein, solange es ihn und Dr. Bob noch gab. Er war davon überzeugt, dass nur Einigkeit an der Basis die Zukunft der AA sicherstellen würde. Die Gemeinschaft musste durch vereinende Prinzipien und ihr Gruppengewissen geleitet werden. Und diese Prinzipien sollten „als effektiver Schutz vor den Verheerungen und Umständen der Zeit“ dienen.[57]

Zu der Zeit war Dr. Bob bereits intensiv in die Behandlung von Alkoholikern auf der „Alkoholikerstation“ des Saint Thomas Hospital in Akron eingebunden. Die Verantwortung für die Formulierung der Zwölf Traditionen lag bei Bill, der aber ohnehin danach strebte, die grundlegende Struktur der AA zu organisieren. Die Zentrale wurde gebeten, die lokalen Gruppen anzuschreiben, um mehr über ihre Regeln zu erfahren. Aus den Antworten wurde klar, dass es „für einen Alkoholiker praktisch unmöglich wäre, den Anonymen Alkoholikern

Die Zwölf Traditionen der AA gelten nur für das Leben innerhalb der Gemeinschaft. Sie beschreiben Mittel und Wege zur Aufrechterhaltung ihrer Einigkeit und ihrer Beziehungen zur Umwelt. Sie regeln Leben und Wachstum der Gemeinschaft.

— ZWÖLF SCHRITTE UND ZWÖLF TRADITIONEN

beizutreten", wenn all diese Regeln für alle Gruppen gültig wären.[58]

Bill war der Ansicht, dass Einigkeit notwendigerweise eine kollektive Gruppeneinigkeit bedeutete, und das ließ sich nur realisieren, wenn das gemeinsame Wohlergehen aller Mitglieder über das des Einzelnen gestellt wurde: „Denn sonst wird es sicher keine Genesung geben."[59] Zu diesem Zweck überarbeitete er die Inhalte, die die Zentrale zur Verfügung stellte, und mithilfe anderer genesender Alkoholiker wie Tom P. wurde das Material schließlich niedergeschrieben.

In ihrer Autobiografie *Grateful to Have Been There* schrieb später Bills damalige Sekretärin Nell Wing über den unermüdlichen Widerstand der lokalen Gruppen gegen dieses Unterfangen. Bill hatte die Prinzipien zunächst „Zwölf Punkte zur Sicherung unserer Zukunft" genannt, aber hätten sie jemals etwas wie „Regeln oder Regulierungen geheißen, wären sie nie akzeptiert worden".[60]

Die lange Version der Traditionen wurde erstmals 1946 in *The AA Grapevine* veröffentlicht. Er reiste drei Jahre umher, um bei Treffen persönlich Fragen zu den Traditionen zu beantworten und ihren Nutzen zu erklären. Aber der Widerstand hielt sich hartnäckig, die Gruppen hatten keine Lust mehr, „irgendwel-

chen ‚Diskussionen über diese verdammten Traditionen' zuhören zu müssen".[61]

Trotz dieser anhaltenden Ablehnung von Leitprinzipien, die die Zukunft der AA sichern sollten, blieb Bill seinem Vorschlag treu, es jeder Gruppe zu erlauben, ihr „Gruppengewissen" über sie entscheiden zu lassen. Es sollte einfach über die Traditionen abgestimmt werden. Der Widerstand schwand allmählich.

Auf einen Vorschlag von Earl T. hin kürzte Bill 1949 die lange Version der Zwölf Traditionen, sodass sie den Zwölf Schritten ähnelten. 1950 wurden sie beim ersten internationalen AA-Kongress vorgestellt und angenommen. Diese wichtige Abstimmung fand in Anwesenheit beider AA-Gründerväter statt, weniger als drei Monate bevor Dr. Bob starb.

Während die Prinzipien der Zwölf Schritte aus den Erfahrungen von Alkoholikern entstanden, die in den 1930ern in wenigen Jahren trocken geworden waren, so erwuchsen die Zwölf Traditionen aus 15 Jahren gemeinsamer AA-Gruppenerfahrungen. Als Nächstes arbeitete Bill daran, die Schritte und Traditionen in dem Buch *Zwölf Schritte und Zwölf Traditionen* (engl. *Twelve Steps and Twelve Traditions*, 1953) zu vereinen. Danach richtete er seine Aufmerksamkeit auf die Formulierung der Zwölf Konzepte für den Weltdienst, die 1962 von

Warum wagten wir zu sagen, ganz im Gegensatz zu den Erfahrungen von Staat und Gesellschaft, dass wir niemanden bestrafen oder aus der Gemeinschaft ausschließen würden, dass wir niemanden zwingen dürfen, etwas zu bezahlen, etwas zu glauben oder unserer Meinung zu sein[?]

— ZWÖLF SCHRITTE UND ZWÖLF TRADITIONEN

der General Service Conference of Alcoholics Anonymous übernommen wurden.

Als das Buch *Anonyme Alkoholiker* erst einmal veröffentlicht war, legte sich die Aufregung um die „Gottfrage", aber die Vorstellung, dass die Heilung mit der Ausrichtung an spirituellen Prinzipien einhergehen könne, ist bis heute umstritten. Häufiges Missverständnis ist, die Genesung in einer Zwölf-Schritte-Gemeinschaft erfordere, an Gott zu glauben.

Da in der ersten Ausgabe des Buchs *Anonyme Alkoholiker* von 1939 Begriffe wie „spirituelles Erwachen" und „spirituelle Erfahrung" verwendet wurden, ergänzte man die Ausgabe von 1941 durch einen Anhang, in dem dieses strittige Thema angesprochen wurde.

In Anhang 2 wird angesprochen, dass es bezüglich einiger Inhalte in den ersten Kapiteln von *Anonyme Alkoholiker* zu Missverständnissen kommen könne. In Bezug auf die „Persönlichkeitsveränderung, die notwendig ist, um vom Alkoholismus zu genesen", wird darauf hingewiesen, dass der Alkoholiker einen grundlegenden Wandel seiner Reaktion auf das Leben erfährt und erkennt, dass dieser

nicht aus eigenem Antrieb entstanden ist, sondern eine „unvermutete innere Kraftquelle" angezapft wurde, die zu einem persönlichen Konzept von einer Macht, die größer ist als man selbst, werden kann.[62]

Es herrscht völlige Freiheit für die persönliche Vorstellung von dieser „größeren Macht". Die AA haben nur ein Ziel, und zwar den noch leidenden Alkoholikern zu helfen, sonst nichts. Die AA sind „eine Gemeinschaft gleichgesinnter Leidender, die einen Weg aus einem hoffnungslosen Zustand gefunden haben".[63] Um ein Teil davon zu werden, gibt es nur eine Voraussetzung, und das ist der „ehrliche Wunsch, mit dem Trinken aufzuhören".[64]

ERFORSCHUNG DER EMOTIONALEN GENESUNG

Im Januar 1958 machte Bill W. in einem Brief an einen depressiven AA-Veteranen, der in *The AA Grapevine* veröffentlicht wurde, erstmals auf das Thema emotionale Probleme bei der Genesung aufmerksam. In diesem Brief beschreibt Bill seine eigene Erfahrung mit

---

Dass die Zwölf Schritte auf spirituellen Prinzipien beruhen, hat von Anfang an zu Kontroversen geführt. Die Originaltexte aber machten deutlich, dass über diesen Aspekt jeder individuell für sich entscheidet, denn der Weg zur Genesung ist weit und offen angelegt. *Claude Monet,* **Waldweg,** *1865.*

Nachdem der Zwang zum Trinken von uns genommen wurde, konnte es möglich sein, dass wir auf die gleiche Art von allen anderen Schwierigkeiten und Fehlern befreit wurden.

— ZWÖLF SCHRITTE UND ZWÖLF TRADITIONEN

Depressionen in der Genesungszeit und dem, was er als Unfähigkeit verstand, emotional und spirituell zu reifen. Er berichtete auch darüber, was ihm über diesen schwierigen Zustand hinweggeholfen habe, und schlug vor, dass „emotionale Nüchternheit" von Menschen wie ihnen die „nächste große Entwicklung bei den AA" sein könnte.[65]

Bill litt schon als Kind an Depressionen und beschrieb das Ereignis, das sie auslöste, in der AA-Publikation *„Gib es weiter"*. Bei einem Ausflug erzählte seine Mutter ihm und seiner Schwester, dass ihr Vater „für immer fortgegangen" sei. „Für einen so sensiblen Jungen wie mich war es eine herzzerreißende Erfahrung."[66] Bill versteckte seinen Schmerz und sprach mit niemandem darüber, nicht einmal mit seiner Schwester. Er sah seinen Vater erst neun Jahre später wieder.

Schon davor war seine Mutter öfter lange weg gewesen, vermutlich erlitt sie Nervenzusammenbrüche. Kurz nach ihrer Mitteilung, dass der Vater die Familie verlassen habe, entschied sie, die Kinder in der Obhut ihrer El-

tern in Dorset, Vermont, zurückzulassen und in Boston zu studieren. Nun waren beide Eltern weg, und Bill lebte in der Angst, verlassen, ausgeschlossen und abgelehnt zu werden. Er glaubte, nicht gut genug oder liebenswert zu sein. Vielleicht war er sogar an der Scheidung der Eltern schuld. Dass er nicht verstehen konnte, was ihm geschah, spiegelt die damalige Zeit wider. Depressionen wurden nicht gut verstanden oder behandelt und Scheidungen gesellschaftlich stigmatisiert.

Bill erinnerte sich später an die befreiende Wirkung, die Alkohol auf das tiefe Gefühl der Unzulänglichkeit hatte, das aufgrund dieser schmerzvollen Erlebnisse in der Jugend entstand. Der erste Drink, an den sich Bill erinnerte, war „ein Wunder", wie Kurtz in seiner AA-Biografie schreibt. „Sein ganzes Leben hatte er in Ketten verbracht. Nun war er frei." Von da an widmete Bill sein Leben der Jagd nach diesem „flüchtigen – und letztlich illusorischen – Gefühl der Freiheit".[67]

Er überwand seinen Alkoholismus für zehn Jahre, erlebte aber danach wieder depressive

---

1958 machte Bill W. in einem Artikel im *AA Grapevine* auf emotionale Probleme bei der Genesung aufmerksam und schlug vor, dass „emotionale Nüchternheit" die „nächste große Entwicklung bei den AA" sein könnte. Bill hatte schon als junger Mann unter Depressionen gelitten, und nach zehn trockenen Jahren kehrte die Depression phasenweise zurück. *Leon Spilliaert,* **Allein***, 1909.*

Unsere Identität beruht auf den fehlgeleiteten emotionalen Programmen und dem idealisierten Bild, das wir von uns haben, die ständig vom Alltag herausgefordert werden und uns ständig gegen emotionales Chaos und Kummer ankämpfen lassen.

— THOMAS KEATING

Phasen, die nochmals zehn Jahre andauerten. Diese Episoden waren unterschiedlich lang und intensiv, und er versuchte auf verschiedene Weise, einen Ausweg zu finden: „Intellektuell konnte ich meine Lage akzeptieren, emotional nicht."[68]

In dem 1958 in *The AA Grapevine* veröffentlichten Brief liest man über Bills Entdeckung dessen, was seine Depressionen auslöste und andauern ließ: unbewusste Abhängigkeiten. Sein Hauptthema war, wie er schreibt, „immer Abhängigkeit – fast vollständige Abhängigkeit – von Menschen oder Umständen, um mich mit Ansehen, Sicherheit und Ähnlichem zu versehen".[69] Wenn das nicht eintrat, bemühte er sich sehr darum, und wenn das wiederum fehlschlug, setzte die Depression ein. Seine Abhängigkeiten erwarteten und verlangten „Besitz und Kontrolle über die Menschen und Bedingungen, die mich umgaben".[70]

Um Hilfe zu finden, ging Bill von 1945 bis 1949 zu wöchentlichen Treffen mit dem Analytiker und Jungianer Dr. Frances Wickes. Auch seine Gespräche mit Pater Ed Dowling halfen

ihm. 1950 sprach er offener mit anderen Erkrankten darüber, was ihm „emotionale Sicherheit" gegeben habe. Die Erkenntnis seiner „absoluten Abhängigkeit" war entscheidend für das „Erlangen meines derzeitigen Maßes an Stabilität und Seelenruhe".[71]

In einem Brief vom 31. März 1953 bezog sich Bill auch auf die Hilfe, die ihm das Gebet gab: „Seit ich begonnen habe, Gott um die Befreiung von meiner absoluten Abhängigkeit von jedem, allem oder allen Umständen zu bitten, geht es mir so viel besser, dass es einem zweiten Bekehrungserlebnis gleichkommt."[72]

Die Integration emotionaler Nüchternheit als „nächste große Entwicklung der AA" ging langsamer voran, als Bill es sich in den 1950er-Jahren erhofft hatte. Damals war noch nicht klar, auf welche Weise man die Heilung emotionaler Probleme mit derselben Methode erreicht, die die Zwölf Schritte den Alkoholikern anbieten. In einem Brief schrieb Bill 1956 über die Erweiterung des Vierten Schritts zu diesem Zweck: „Man müsste die moralische Inventur der AA ausweiten und eine Inventur der psychischen Verletzungen vornehmen, indem

Bill suchte sich Hilfe von anderen, als er wieder Phasen der Depression erlebte, auch bei einem jungschen Analytiker. In den frühen 1950er-Jahren befasste er sich damit, wie man bei emotionalen Problemen vom Zwölf-Schritte-Prozess profitieren könnte. *Luc Detot,* **Ohne Titel,** *2013.*

*Das Kind akzeptiert an sich selbst all das, was mit
dem äußeren Modell in Übereinstimmung zu bringen ist.*

— EDWARD C. WHITMONT

man im Gespräch belastende Situationen und
anderes nochmals erlebt."[73] Später schrieb er
über die Verringerung von „Unterlegenheits-
gefühl, Scham, Schuld und Wut" auf der Brücke zur „Identifizierung mit anderen".[74]

Allen Berger definiert emotionale Nüchternheit als „einen Zustand, in dem wir unsere
Gefühle erleben und respektieren, aber so auf
sie reagieren, wie wir auf andere Informationen reagieren würden". Dazu gehört es, nicht
„reflexartig jeden vorbeikommenden emotionalen Zustand aufzugreifen, als beherrschte er
unser Leben – oder wäre unsere Droge". Statt
anderen die Schuld zu geben, „übernehmen
wir die volle Verantwortung für unsere Emotionen und dafür, wie wir auf die Informationen,
die sie uns vermitteln, reagieren wollen – oder
nicht."[75] Kaum jemand, der das Zwölf-Schritte-
Programm durchläuft, verfügt schon über der-
artige emotionale Fähigkeiten.

Schon in den Anfängen der AA schrieb der
Journalist Jack Alexander 1941 in der *Saturday
Evening Post* über die emotionale Unreife von
Alkoholikern. Sie seien „emotional nicht ge-
rüstet, um sich den normalen Gegebenheiten
des Lebens zu stellen".[76] Gabor Maté vertrat
die Ansicht, dass Abhängige ständig in einem
Zustand seien, in dem sie auf ihre Interpretation der Welt reagierten.[77]

Heute gibt es Zwölf-Schritte-Gemeinschaften mit einem besonderen Schwerpunkt auf
schwierigen emotionalen Geschichten und
daraus entstandenen Problemen. Eine von
ihnen, Adult Children of Alcoholics (ACA) &
Dysfunctional Families, hat die Inventur im
Vierten Schritt auf verschiedene Einflüsse der
Ursprungsfamilie ausgedehnt, wie Bill W. es in
seinem Brief angesprochen hat.

Eine ACA-Inventur ohne Schuldzuweisungen bietet ein sicheres Terrain für die Identifizierung von Kindheitsrollen, -regeln und
gängigen emotionalen Zuständen sowie Vernachlässigung, Verlassenwerden, Missbrauch
oder andere Traumata aus der Kindheit. Dies
alles hilft bei der Klärung und Heilung von
Selbstschutzmechanismen aus der Kindheit,
die als Reaktion auf schwierige Erlebnisse entwickelt wurden. Es wird aber auch durchaus
empfohlen, Hilfsangebote außerhalb der Gemeinschaft mit einzubeziehen.

Ein guter Grund, sich in der Genesung seiner emotionalen Geschichte anzunehmen, ist
ein Problem, dass „spirituelles Umgehen"
heißt. 1984 machte John Welwood diesen Begriff in dem Artikel „Principles of Inner Work:
Psychological and Spiritual" bekannt, der
1984 im *Journal of Transpersonal Psychology* erschien. Welwood erkannte, dass Menschen,

Bill W.s Hoffnung, die Zwölf Schritte würden die „emotionale Nüchternheit" der Menschen fördern, ist seither wahr geworden. Emotionale Inventur, die Ausbildung von Fähigkeiten und Genesung, all das ist heute in Zwölf-Schritte-Gemeinschaften verfügbar. *H. Lyman Sayen,* **Kind auf dem Sofa,** *um 1914–1918.*

Spirituelle Praktiken können genutzt werden, um die eigene emotionale Geschichte und Themen zu meiden, was auch als „spirituelle Umgehung" bekannt ist. Da Emotionen vielen wertvollen Zwecken dienen, ist es am besten, mit ihnen zusammenzuarbeiten, statt sie auszuschalten. *Wilhelm Morgner,* **Astrale Komposition XI,** *1912.* (SEITE 144/145) Die Begegnung mit einem Hirsch oder Reh symbolisiert in einigen Kulturen die Präsenz der Seele. *Pierre Bonnard,* **Rehe im Unterholz,** *um 1908.*

[Die Spiritualität der Unvollkommenheit] beginnt
mit der Erkenntnis, daß der Versuch, vollkommen zu
sein, der tragischste menschliche Irrtum ist.
— ERNEST KURTZ UND KATHERINE KETCHAM

die sich mit spirituellen Praktiken befassen, diese gern dazu einsetzen, um „bestimmte persönliche, emotional unerledigte Dinge zu umgehen". Das könne zu ernsten Problemen auf ihrem spirituellen Weg führen. Die „menschlichen Grundbedürfnisse, Gefühle und Entwicklungsaufgaben" zu meiden oder zu früh zu transzendieren, könne die Menschen dazu bringen, „die spirituelle Praxis zu nutzen, um ihre persönlichen Bedürfnisse zu erfüllen oder ihre Identität aufzubauen, und das funktioniert einfach nicht".[78]

Auch können spirituelle Praktiken problematische Erlebnisse aus dem Erwachsenenleben nicht unbedingt integrieren. Wenn Trauma, posttraumatische Belastungsstörungen (PTBS) oder schmerzliche Emotionen unterdrückt, gedämpft oder transzendiert werden, wird die eigene schwierige Gefühlsgeschichte verfestigt und nicht von ihrer emotionalen Aufladung befreit. Eindrückliche emotionale Kindheitserlebnisse können so oft zu einer verzerrten Einschätzung darüber führen, wer man ist und wer nicht, was man kann oder nicht. Und das beeinflusst dann unausweichlich das Verhalten.

Ingrid Mathieu sieht in der spirituellen Umgehung eine Ausweichtaktik bei der Genesung und nennt sie einen „Verteidigungs-

mechanismus, mit dem wir spirituelle Praktiken und Überzeugungen nutzen, um unsere emotionalen Wunden, unerwünschte Gedanken und Impulse sowie Bedrohungen unseres Selbstwertgefühls umgehen".[79]

Das Zwölf-Schritte-Programm wird von universellen Prinzipien geleitet, und viele betrachten das Buch *Anonyme Alkoholiker* als „eines der einflussreichsten Werke über Spiritualität, die im 20. Jahrhundert veröffentlicht wurden".[80] Im Verlauf der Heilung kann es verführerisch sein, die emotionalen Themen zu meiden, „weil die spirituelle Umgehung nur eine weitere Art ist, uns gegen die schmerzlichen Realitäten des Lebens zu verteidigen".[81] Wenn diese Themen nach Aufmerksamkeit schreien, kümmert man sich besser um sie, denn starke Gefühle sind ein gemeinsamer Nenner bei Rückfällen.

Es ist heute viel leichter, Zugang zu emotionaler Heilung zu finden und sie zu nutzen, als zu der Zeit, in der Bill W. seinen Brief veröffentlichte. Es gibt viele bewährte Ansätze, je nach Thema. Jeder der Zwölf Schritte hat ebenfalls etwas zur emotionalen Heilung beizutragen. Und jede Genesung auf dem Pfad des Zwölf-Schritte-Programms beginnt mit dem wichtigsten Schritt von allen: die Wahrheit darüber zu sagen, was los ist.

TEIL 3

DIE 12 SCHRITTE

Gegenseitige Hilfe beim Genesungsprozess

1

MACHTLOSIGKEIT EINGESTEHEN

Wir gaben zu, dass wir dem Alkohol gegenüber machtlos sind – und unser Leben nicht mehr meistern konnten.

— ERSTER SCHRITT, ANONYME ALKOHOLIKER

Seit die bemerkenswerten Zwölf Schritte der Genesung von einer kleinen Gruppe hoffnungsloser Alkoholiker in den 1930er-Jahren erprobt wurden, haben die AA-Gemeinschaften weltweit Millionen von Menschen geholfen, clean und trocken zu werden und sich von Substanzen wie Alkohol und Drogen, zwanghaftem Verhalten oder anderen Suchtsituationen zu befreien.

Die Genesung jedes Einzelnen ist einzigartig, doch alle haben etwas gemeinsam: den ersten Schritt. Worte, die diesen Schritt beschreiben, mögen einfach klingen, aber die Erfahrung dann selbst zu durchleben, kann viele Veränderungen mit sich bringen. Im Ersten Schritt steckt enormes menschliches und spirituelles Potenzial.

Die Empfehlung des Ersten Schritts ist, offen zu bekennen, dass man über seine Sucht keine Macht hat, was auch immer diese Sucht beinhaltet. Doch die Dynamik der Sucht kann es Alkoholikern und Abhängigen sehr schwer machen, sich einzugestehen, was wirklich in ihrem tiefsten Innern los ist, geschweige denn etwas so Heikles vor anderen zuzugeben.

Verleugnung und andere Abwehrmechanismen werden im Lauf einer Sucht immer stärker, und sensible Themen, wie der Verlust der persönlichen Macht, werden verdrängt.

Souveränität über sein eigenes Leben vorzutäuschen, wenn man tatsächlich machtlos ist und verzweifelt Hilfe braucht, kann Jahre des Leidens und Kummers im Leben eines Menschen bedeuten. Der Erste Schritt hilft, einfach und sicher die Verleugnung loszulassen und die Wahrheit über seine Machtlosigkeit zu bekennen.

Machtlosigkeit ist in modernen Kulturen jedoch ein sehr negativ besetzter Begriff, denn Eigenschaften wie Unabhängigkeit und Willenskraft werden oft idealisiert. Die kulturelle Norm strebt mehr persönliche Macht und Kontrolle über das Leben an, nicht weniger, das schließt auch Süchtige ein, die jede

---

(SEITE 146) Das AA-Programm beruht darauf, Hilfe und Unterstützung zu bekommen, wenn die eigenen Kräfte nicht reichen. **Ptolemäisches Relief, Doppeltempel von Kom Ombo,** *Niltal, Ägypten, 332 v. Chr.* (SEITE 148) Die Worte von Louis L'Amour aus seinem Buch *Lonely on the Mountain* passen zum Ersten Schritt: „Es kommt eine Zeit, in der du denkst, alles sei vorüber. Das wird der Anfang sein."[2] *Safet Zec,* **Sitzender Mann (Luigi),** *2010.* (SEITE 151) In Gesellschaften, die Selbstständigkeit idealisieren, kann es schwierig sein, Machtlosigkeit einzugestehen. *Georges Dorignac,* **Weiblicher Akt,** *1914.*

ges dorignac 1914

Im Ersten Schritt geht es auch darum anzuerkennen, dass man das Leben nicht mehr im Griff hat. Das zeigt sich meist innerlich wie äußerlich. *Edvard Munch,* **Verzweiflung,** *1893/94.*

*Wer gesteht schon gerne eine vollständige Nieder-
lage ein? Selbstverständlich niemand. Der natürliche
Instinkt wehrt sich gegen das Eingeständnis persönlicher Machtlosigkeit.*

— ZWÖLF SCHRITTE UND ZWÖLF TRADITIONEN

Kontrolle verloren haben. Viele derjenigen, die in AA-Gemeinschaften kommen, möchten nur lernen, ihre Sucht besser zu kontrollieren. Aber die Zwölf Schritte lehren etwas anderes. Sie folgen einem abstinenzbasierten Ansatz, bei dem zuallererst Ehrlichkeit gefragt ist, um den vollständigen Genesungsprozess sicherzustellen.

Die AA-Publikation *Zwölf Schritte und Zwölf Traditionen* berichtet eingehend über die Bedeutung persönlicher Ehrlichkeit für die Genesung. Ohne sie hätte die Heilung kein festes Fundament. Sowohl die klassische als auch die moderne Genesungsliteratur wiederholen die stets gleiche Botschaft: Wenn die Genesung von Dauer sein soll, ist von vornherein absolute Ehrlichkeit bezüglich der Sucht nötig. Stephanie Covington bringt es auf den Punkt: „Die Illusion loszulassen, dass wir unser Suchtverhalten kontrollieren können, ist der erste Schritt auf dem Weg zur Genesung."[1] In dieser Hinsicht ist der Erste der Zwölf Schritte derjenige, der grundlegend vollzogen werden muss.

Es ist viel einfacher, in der Anwesenheit genesender Alkoholiker oder Süchtiger zuzugeben, dass man machtlos und außer Kontrolle ist. Sie haben nicht nur selbst die verheerenden Auswirkungen eines Lebens mit der Sucht erlebt, sie sind auch der lebende Beweis dafür, dass man clean und trocken werden kann. Sie teilen die Erfahrungen, Stärke und Hoffnung miteinander und geben ihr Wissen über diese Lebensweise weiter. Sie wissen, welche positive Wirkung es hat, im Ersten Schritt seine Machtlosigkeit einzugestehen.

Was genau ist es also, worüber man keine Souveränität hat? Genau das muss im Ersten Schritt klar und deutlich benannt werden.

Wenn ein Abhängiger seine Machtlosigkeit zum ersten Mal zugibt, kann das eine solche Erleichterung sein, dass er das nie mehr vergisst. Ein schmerzlicher Kampf gegen die Realität kann in diesem Moment enden, und die Kapitulation angesichts dessen, was einfach Tatsache ist, wird möglich. Der Erste Schritt ist ein Paradoxon. Verlangt wird, die eigene Machtlosigkeit anzuerkennen, aber diese fehlende Kraft wird andererseits zum Ausgangspunkt für den Weg zu echter Stärkung, Heilung und neuen Möglichkeiten, die sich dadurch eröffnen.

Der Erste Schritt ermutigt die Abhängigen zu erkennen, dass das Leben mit einer Sucht nicht kontrollierbar und sehr schwer ist. Es ist nicht leicht, Begierde, Stumpfheit, Reue, Scham und Chaos abzuwehren oder zu überwinden oder gefangen zu sein in einem

Teufelskreis aus Leugnen, Verzweiflung und dem Entschluss, das zu kontrollieren, was sich immer wieder als unkontrollierbar erwiesen hat. Das Leben erscheint immer unbeherrschbarer, auch auf der realen Ebene.

Unkontrollierbarkeit zeigt sich mental, emotional und spirituell. Fragen über das Wesen der eigenen *inneren* Unbeherrschbarkeit kommen im Ersten Schritt auf jeden Fall zur Sprache. Zwangsdenken und Selbstkritik können sich ständig wiederholen. Viele Entscheidungen mögen von selbsteinschränkendem Denken beeinflusst sein. Starke Gefühle, Hypersensibilität und Hilflosigkeit wechseln sich vielleicht ab. Im Genesungsprozess wird gefragt: Welche emotionalen Konsequenzen hat meine Sucht? Wie haben sie meinen Geist und Verstand beeinflusst?

Auch *äußere* Unbeherrschbarkeit zeigt sich bei jedem anders. Sie kann sich auf Gesundheit, Lebensumstände, Beziehungen, Studium, Arbeit, Finanzen, Sicherheit und alle anderen Aspekte des Lebens auswirken. Im Leben mit einer Sucht besteht die Neigung, ernsthafte Absichten, Ziele, die man einst hatte, und Verpflichtungen zu unterminieren, und man braucht wahrscheinlich immer mehr Konzentration, Zeit, Energie und Geld, um den Alltag irgendwie zu bewältigen. Wie hat sich der Kontrollverlust in der Beziehung, im Studium, bei der Arbeit und zu Hause gezeigt? Oder in den Absichten, Hoffnungen, Zielen und Plänen für das Leben?

Die Menschen kommen in den unterschiedlichsten Verfassungen zu den Zwölf-Schritte-Gemeinschaften. Die AA-Literatur erzählt von den Anfangszeiten, als einige wenige Alkoholkranke versuchten, trocken zu werden. Bald zeigte sich, dass Alkoholismus unabhängig von Alter und Lebensumständen auftritt. Verschiedene Einflüsse und Faktoren können ihn auslösen, sogar nur ein einziger Schluck. Darum tauchten AA-Slogans wie zum Beispiel „Lass schon das erste Glas stehen" und „Ein Drink ist zu viel, und tausend sind nicht genug" auf.

Ein Grundprinzip des AA-Programms ist es, dass Menschen mit ähnlichen Problemen einander helfen. Daher ist man mit dem Ersten Schritt nicht allein. Gewöhnlich wird man von einem genesenden Sponsor oder anderen „Mitreisenden" begleitet. Bei AA-Treffen reden Menschen aus allen Bereichen des Lebens über ein trockenes und nüchternes Leben und berichten, wie die Genesung ihr Leben zum Besseren veränderte. Um sich daran zu erinnern, wie es war, werden „Horrorstorys" darüber geteilt, wie auch die größten Mühen

Ein wunderbarer Aspekt der Schritte ist, dass sie nicht versuchen, dich von irgendwas zu überzeugen. Es gibt keine Regeln oder eine Wahrheit ... sie leiten uns. Darum sagen dir die Schritte nicht, dass du machtlos bist, sie laden dich ein, dich selbst mit der Frage zu beschäftigen.

— WAYNE LIQUORMAN

immer wieder zum selben traurigen Ende führten, bis es so unerträglich wurde, dass man sich eingestand, die Situation nicht mehr beherrschen zu können.

Das ist die immense Macht des Ersten Schritts. Er beinhaltet die Kraft, einen ganz neuen Schöpfungszyklus im eigenen Leben zu beginnen. Ernsthaft angegangen, ermöglicht er eine Bewegung hin zu einem anderen Bewusstseinszustand. Neue Ressourcen eröffnen sich auf wunderbare Weise, und die Reise zum Frieden mit sich selbst kann beginnen.

Der Erste Schritt eröffnet ein Tor zu einem neuen Ausweg, was viele als Gnade erleben. Joseph Campbell beschreibt das aus einer mythologischen Perspektive: „Eine Sache, die in Mythen zur Sprache kommt, ist, daß im tiefsten Abgrund die Stimme der Erlösung ertönt. Wenn alles schwarz ist, das ist der Augenblick, in dem die wirkliche Botschaft der Wandlung kommt. Im dunkelsten Augenblick kommt das Licht."[3]

Emotionale Genesung kann mit der Überwindung von Zwangsstörungen, Drogenkonsum und anderen Suchtproblemen einhergehen. Jeder der Zwölf Schritte birgt die Chance, seine emotionalen Eigenschaften zu erkennen und den Umgang mit verschiedenen Gefühlen zu erlernen. Ein emotionales Profil wird nicht nur in der Kindheit, sondern auch durch Sucht und Genesung geformt.

Am Übergang zum nüchternen Leben können alle möglichen Emotionen aufkommen. Vielleicht sind Erleichterung und Hoffnung dabei – das Gefühl, in der Gemeinschaft mit anderen anzukommen, die selbst Heilung suchen. Vielleicht kommen Angst und Verwirrung auf, oder unterdrückte Gefühle brechen sich Bahn. Die Gewohnheit, unangenehme Gefühle zu unterdrücken, ist verständlich, wenn man bedenkt, wie selten konstruktive emotionale und mentale Fähigkeiten erlernt werden. Am Anfang der Genesung kann es schwerfallen, unangenehme instinktive Empfindungen zuzulassen.

Für diejenigen, die an ihrer emotionalen Genesung interessiert sind, bietet sich der Erste Schritt an, um „emotionale Nüchternheit" zu erreichen: Gefühle akzeptieren, statt sie abzulehnen, und sich an die instinktiven Gefühle

---

(SEITE 156/157) Stürme werden gern als Metapher verwendet, um die Grenzen menschlicher Macht auszudrücken. In Turners Gemälde wird ein von Menschen gebautes Schiff von mächtigeren Kräften umhergeworfen. *William Turner,* **Schneesturm mit Dampfschiff vor Hafeneinfahrt,** *1842.*

gewöhnen. Ein Ansatz in diese Richtung wäre, sich den aufkommenden Gefühlen zuzuwenden und sich zu erlauben, die Empfindungen und ihren Ort im Körper zu spüren. Wie andere eingefleischte Gewohnheiten können auch typische Reaktionen auf Gefühle – beispielsweise Reflexe wie Kampf, Erstarren, Flucht oder Unterwerfung – bei der Genesung eine Wandlung erfahren.

Symbolisch dient der Erste Schritt als Tor, um von einem Leben in der Dunkelheit der Sucht zur Erweckung des Muts zu gelangen, sich seinen Todfeinden Verleugnung, Täuschung und Selbstverachtung zu stellen. Die Wahrheit wird anerkannt. „Ich bin wirklich machtlos bei _____." Man gibt nichts mehr vor und jongliert auch nicht mehr mit dem Unbeherrschbaren.

Selbst im Zustand der Machtlosigkeit steckt spirituelles Potenzial. Thomas Keating hat dieses Thema erforscht. Er ist der Ansicht, dass Machtlosigkeit „die beste Voraussetzung für eine spirituelle Reise ist. Warum ist das so? Weil man umso williger ist, um Hilfe zu bitten, je tiefer das Bewusstsein der eigenen Machtlosigkeit und die Verzweiflung sind."[4]

Der Tiefpunkt beim Ersten Schritt ermöglicht ein neues Lebenskapitel. Die *Zwölf Schritte und Zwölf Traditionen* der AA befassen sich mit diesem Paradoxon. Machtlosigkeit zuzugeben, wird zum „Fundament" für ein sinnvolles Leben.[5] Edward C. Whitmont weist darauf hin, dass sich am Tiefpunkt auch unerwartete Lösungen verstecken: „Der Punkt der Hoffnungslosigkeit, an dem es kein Zurück mehr gibt, ist der Wendepunkt." Und vor allem: „Diese Lösungen sind gewöhnlich so, dass der wache Verstand sie nie entdeckt hätte."[6]

In Mythen und Geschichten wird der Erste Schritt mit Symbolen wie der Schwelle dargestellt, die überquert werden muss. Es ist ein legendärer Moment, wenn der Ruf kommt, den ersten Schritt zu tun. Im Mythos wird er freiwillig oder unfreiwillig getan, aber er führt immer zu erstaunlichen Abenteuern, Erkenntnissen und Veränderungen.

Die treibende Kraft im Ersten Schritt ist Akzeptanz. Anzuerkennen, „was ist", macht den Weg nach vorn frei. Die folgenden elf Schritte bilden ein festes Fundament für dauerhafte Genesung und lassen die authentische Freiheit des Einzelnen hervortreten. Jeder Schritt baut auf dem vorherigen auf. Der Zweite Schritt beruht auf der Anerkennung der Machtlosigkeit im Ersten Schritt, um dann zu entdecken, welche neuen Kraftquellen angezapft werden können, die die Reise zur Genesung unterstützen.

Machtlosigkeit einzugestehen, dient als metaphorische Schwelle zum Wandel. Als Symbol unterbricht die Schwelle die üblichen Reaktionen im Leben, in diesem Fall das Leugnen. Im Ersten Schritt muss man sich der Wahrheit stellen, damit Veränderungen folgen. „Machtlosigkeit" ist die fehlende Kraft, etwas zu tun, nicht die „erlernte Hilflosigkeit", die sich manche als Kind aneignen. *Kiki Smith,* **Sueño,** *1992, zwei-farbiger Intaglio-Druck auf Echizen-Kouzo-Kizuki-Papier, 106 × 197 cm.*

OFFEN FÜR HILFE

Wir kamen zu dem Glauben, dass eine Macht, grö-
ßer als wir selbst, uns unsere geistige Gesundheit
wiedergeben kann.
— ZWEITER SCHRITT, ANONYME ALKOHOLIKER

Mit dem Zweiten Schritt wird oft wachsende Hoffnung verbunden. Wie die Morgendämmerung das Gefühl eines Neuanfangs wecken kann, so vermittelt diese Stufe das Gefühl, dass alles gut werden könnte. Der Zweite Schritt besagt, dass dafür Hilfe über die eigenen Anstrengungen hinaus notwendig ist.

Menschen, die bei den AA Genesung suchen, können emotional verwundet, erschöpft und auf Selbstschutz bedacht und nicht immer offen für Vorschläge sein. Es ist nach einem Leben mit Drogensucht, Zwangsstörungen oder anderen Suchterkrankungen nur natürlich, neuen Ideen ablehnend oder sogar trotzig gegenüberzustehen. Eigenständiges Handeln gilt als erstrebenswert, Hilfe anzunehmen, dagegen eher nicht. Dieser Schritt beinhaltet Themen wie Glauben, „eine Macht, größer als wir selbst", oder mentale Gesundheit – große Konzepte, die zu Beginn der Genesung beachtet werden müssen.

In der AA-Literatur heißt es bezüglich des Zweiten Schritts nie, dass für die Genesung schon etwas von den Inhalten umgesetzt sein müsse. Es ist eher ein Prozess, in dem man *„anfängt zu glauben"*, dass Gesundheit wieder anstelle des Suchtwahnsinns treten kann.

Der Erste Schritt hat nur den Weg hin zur Offenheit geebnet, im Zweiten Schritt wird jetzt daran weitergearbeitet, was in die Erkenntnis mündet, dass sich die Probleme nicht allein bewältigen lassen und dass es Hilfe gibt, die die eigenen Bemühungen unterstützt. Es gibt neue „Kraftreserven" zu entdecken, aber welche das sind und als was die „Macht, größer als wir selbst", verstanden wird, muss jeder für sich selbst klären. In diesem Schritt geht es also um den Glauben daran, dass es Hilfe gibt.

Die Offenheit, die im Zweiten Schritt erforderlich ist, fällt manchen Abhängigen leicht, andere wiederum tun sich schwer damit. Die AA-Literatur selbst schließt eine große Bandbreite von Glaubenssystemen ein, denen genesende Alkoholiker angehören, so ist ein ganzes Kapitel in *Anonyme Alkoholiker* beispielsweise an Atheisten, Agnostiker und Nichtgläubige gerichtet.

Der Widerstand gegen die Vorschläge des Zweiten Schritts wird auch in *Zwölf Schritte und Zwölf Traditionen* diskutiert. Dort wird über jemanden berichtet, der feststellt, dass er derjenige ist, der engstirnig ist, und nicht die AA. Denn die AA „verlangen nicht, dass du irgendetwas glaubst. Diese Zwölf Schritte sind nur Empfehlungen."[1]

Der Zweite Schritt kann eine Loyalitätsverschiebung bewirken, von der Sucht als

(SEITE 160) Carl Milles verbrachte mehrere Jahre mit der bildhauerischen Umsetzung dessen, was er im Traum gesehen hatte: die Hand Gottes, die dem Menschen hilft. *Carl Milles,* **Die Hand Gottes,** *1949–1954.* (OBEN) Der Zweite Schritt spricht symbolisch davon, sich Hoffnung, Möglichkeit und neuen Ausblicken zu öffnen, wie der Blick sich dem Horizont und den Wundern dahinter zuwendet. *Henri-Edmond Cross,* **Die goldenen Inseln,** *1891/92.*

Dante wandert in der *Göttlichen Komödie* durch Hölle und Fegefeuer, bevor ihm Beatrice hilft zu erkennen, dass eine Lichtquelle sein Leben erhellt. Als Metapher verweist dieses Bild auf das Potenzial, im Zweiten Schritt spirituelle Entdeckungen machen zu können. *Unbekannt,* **Dante trifft Beatrice im Paradies,** *14. Jahrhundert.*

Wir genesen nicht, wenn wir isoliert sind. Wir heilen in Beziehungen und in Verbindung mit anderen Menschen. In der Genesung bewegen wir uns aus der Isolation hin zur Verbundenheit.

— STEPHANIE COVINGTON

„Höherer Macht" hin zur Genesung, die ihre Kraft aus neuen Ressourcen erhält.

Es ist verständlich, dass solche bedeutenden Loyalitätsveränderungen oft zu Unbehagen führen, aber wenn das passiert, können diese Reaktionen Teil der in Stufen fortschreitenden Arbeit werden. Es fördert außerdem den Genesungsprozess, alle Hindernisse zu benennen, die einer Bitte um Hilfe und dem Annehmen im Weg stehen könnten.

Während die Formulierung des Zweiten Schritts den Genesenden ermutigt, sein Vertrauen in eine Höhere Macht zu setzen, vermeidet man in allen AA-Schriften zu sagen, was das sein könnte. Die AA-Broschüre *Viele Wege zur Spiritualität* (engl. *Many Paths to Spirituality*, 2014) befasst sich mit diesem Thema.

Die Gemeinschaft reflektiert eine „durch gemeinsames Leiden entstehende Verwandtschaft", und die Höhere Macht kann auch „die kollektive Kraft der AA, der AA-Gruppe selbst oder eine andere Einheit, ein Konzept oder Wesen sein, das uns hilft, nüchtern zu bleiben".[2] Die Idee dahinter ist, bereit zu sein, „anhand spiritueller Grundsätze zu wachsen", wie es in *Anonyme Alkoholiker* heißt.[3] Eine bekannte Praxis bei den AA ist es, aus der eigenen Gruppe ein Symbol für eine Macht, größer als wir selbst, zu machen.

Was auch immer ein Genesender sich schließlich als Kraft, größer als er selbst, vorstellt, ist Privatangelegenheit. Darüber muss in AA-Gemeinschaften nie gesprochen werden. Das heißt aber nicht, dass im Zweiten Schritt nicht angeregt wird, über dieses Thema nachzudenken. Kann ich der Empfehlung des Zweiten Schritts offen gegenüberstehen? Welche Ressourcen habe ich bereits, um meine Genesung zu unterstützen? Welches Konzept von einer Kraft, die größer ist als ich, funktioniert für mich? Manchmal bemerkt man in einer Zwölf-Schritte-Gemeinschaft, dass es etwas Größeres als reine Willenskraft braucht, damit die Menschen genesen. Bei Treffen gibt es die Möglichkeit zuzuhören, aus den Erfahrungen der anderen zu lernen, diese Ideen und Vorschläge im Alltag auszuprobieren und herauszufinden, was am besten funktioniert. Das ist an sich schon ein Prozess, der dazu führt zu „glauben", dass Hilfe von außen für die Genesung unterstützend wirkt.

In AA-Gemeinschaften gibt es Menschen mit den unterschiedlichsten konventionellen und unkonventionellen religiösen Überzeugungen sowie auch solche ohne Glauben. Es herrscht totale Freiheit in Glaubensfragen.

Die Grundprinzipien der Genesung sind spirituell, aber nicht religiös. Auf der Welt wurden viele Denkströmungen allein auf der Grundlage spiritueller Prinzipien gegründet.

Darren Littlejohn diskutiert die Ausrichtung an spirituellen Richtlinien, ohne dabei unbedingt an Gott zu glauben: „Wenn ich gefragt werde, ob es im Buddhismus einen Gott gibt, sage ich immer Nein. Ja. Nein und Ja. Wenn man aber fragt, ob die buddhistische Erleuchtung dasselbe ist, wie Gott zu kennen, kommt man der richtigen Frage etwas näher, nämlich ob ‚Gott kennen' bedeutet, nach den Grundsätzen von Liebe und Mitgefühl zu leben."[4]

Eine nichtdualistische Perspektive befasst sich vielleicht nicht mit Kräften, die über uns hinausgehen, konzentriert sich aber auf die Qualität des Daseins im Hier und Jetzt. Fred Davis schreibt: „Wenn wir *im* Bewusstsein sind, *als* Bewusstsein, dann kommen von einer höheren Quelle, einer Quelle jenseits des Egos, diese subtilen, wegweisenden Gefühle, eine kaum wahrnehmbare Führung, und regen zu einem neuen, gewandteren und mitfühlenderen Verhalten in der Welt an."[5]

Die Empfehlung des Zweiten Schritts kann emotional das heikle Thema Vertrauen berühren. Dann kann die Beschäftigung mit Fragen wie „Wie geht es mir damit, wenn ich mich auf etwas anderes als mich selbst verlasse?" oder „Welche Erfahrungen habe ich gemacht, als ich jemandem vertraut habe?" Licht auf frühere Einflüsse des Vertrauens oder das Erlernen von Misstrauen werfen und bei der Frage helfen, was jetzt vertrauenswürdig ist.

Der Zweite Schritt kann viele Gefühle auslösen. Herauszufinden, dass man bei der erwünschten Veränderung Hilfe braucht, kann für jeden demütigend sein. Daraus könnten Skepsis, Ärger oder Scham, aber auch Trost, Hoffnung und Erleichterung über die verfügbare Hilfe entstehen.

Wer mit seiner emotionalen Genesung vorankommen möchte, kann den Zweiten Schritt als Übungsterrain nutzen, um emotionalen Themen des Lebens mehr Achtsamkeit zu schenken. Der Gedanke dahinter ist, persönlich wichtige Themen, wie Vertrauen, zu entdecken und sich ihnen mit Neugier, aber auch mit einer gewissen Distanziertheit zu nähern. Auf diese Weise gewonnene Erkenntnisse werden für die Zukunft festgehalten.

John Bradshaw erkundet die Heilung von toxisch wirkenden Schamgefühlen, das Süchtige oft kennen. Man kann sich für viele verschiedene Dinge schämen, Scham ermöglicht aber auch, „menschlich zu sein. Und menschlich zu sein, heißt, in seinem Wesen begrenzt zu sein, endlich, bedürftig und anfällig für Fehler zu sein. Die gesunde Scham zeigt uns,

Wir mussten uns nur eine kurze Frage stellen: „Glaube ich nun, oder bin ich wenigstens bereit zu glauben, dass es eine Macht gibt, die größer ist als ich selbst?"

— ANONYME ALKOHOLIKER

daß wir nicht allmächtig sind und daß wir wirklich Hilfe brauchen."[6]

Es ist ein großer Unterschied, ob man sich der Scham ausgeliefert fühlt oder an ihrem Wesen, ihren Botschaften und ihrem Einfluss im eigenen Leben interessiert ist.

Eigenständigkeit und Willenskraft reichen oft nicht aus, um alle Herausforderungen des menschlichen Lebens zu bewältigen. Der Zweite Schritt besagt, dass es Alternativen zur Idealisierung von Eigenständigkeit gibt und dass es nicht die einzige Option ist, alles allein zu machen. Im Ersten Schritt hat die Ehrlichkeit mit sich selbst die Illusionen des Egos schon aufgeweicht und macht es nun leichter, bei Bedarf Hilfe anzunehmen.

Der Rückhalt bei den anderen, die sich durch diese Schritte arbeiten, ist immer vorhanden. Bei den Treffen der Gemeinschaft sind Güte und Unterstützung oft spürbar. Das durch Verleugnungstrategien abgestumpfte Bewusstsein erwacht nun wieder.

„Zum Glauben zu kommen", die Herausforderung des Zweiten Schritts, lässt sich, ähnlich wie im Ersten Schritt, durch Akzeptanz bewältigen. Was die „Macht, größer als wir selbst", betrifft, so kann es auch tatsächlich einfach sein hinzunehmen, dass „es irgendwo außerhalb von uns eine Quelle der Kraft, Unterstützung, Energie, Mut, Stärke und Hoffnung gibt, die dich in die Lage versetzen kann, dein Problem zu lösen", wie Terence T. Gorski es formuliert.[7]

Symbole und Metaphern für den Zweiten Schritt lassen sich in der Natur im Überfluss finden. Flora und Fauna verlassen sich offenbar nicht auf Willenskraft, um zu wachsen, zu blühen und zu gedeihen. Es ist eine unsichtbare Lebenskraft, die die zarten Schneeglöckchen durch den Winter bringt.

Das Leitprinzip des Zweiten Schritts ist Hoffnung. Menschen, die Hoffnung und Vertrauen verloren haben, wird die Möglichkeit geboten, daran zu glauben, dass ihnen geholfen wird. Sie erleben dann, wie es ist, um Hilfe zu bitten, sie zu bekommen und anzunehmen.

All das ebnet den Weg für den Willen, der im Dritten Schritt gefragt ist. Dort wird empfohlen, sich dafür zu entscheiden, verfügbare Hilfe anzunehmen.

(SEITE 168/169) Zwölf-Schritte-Gemeinschaften sind von einem einzigen, vorrangigen Zweck geprägt: anderen noch Leidenden zu helfen. Genesung wird nicht allein erreicht, sondern in der Gemeinschaft mit anderen, die ähnliche Probleme haben. *George Bellows,* **The Big Dory,** *1913.*

FASS EINEN ENTSCHLUSS

Wir fassten den Entschluss, unseren Willen und unser Leben der Sorge Gottes – wie wir ihn verstanden – anzuvertrauen.

— DRITTER SCHRITT, ANONYME ALKOHOLIKER

Auf das Eingeständnis im Ersten Schritt, dass die Sucht aus eigener Kraft nicht überwunden werden kann, folgt im Zweiten Schritt das Hilfsangebot. Im Dritten Schritt wird die Entscheidung getroffen, diese Hilfe anzunehmen, die bei der Genesung unterstützen soll.

Der Zweite Schritt führt oft zu skeptischen Reaktionen, und das kann auch hier geschehen. Die Sprache des Dritten Schritts mag für Menschen, die in AA-Gemeinschaften Genesung suchen, gewöhnungsbedürftig sein. Es kann schwierig sein, seine Eigenständigkeit zugunsten eines Genesungsprogramms aufzugeben, das auf spirituellen Prinzipien beruht. Seinen Willen und sein Leben in die Hände Gottes zu legen, ist vielleicht eine große oder sogar unmögliche Entscheidung.

Doch der Dritte Schritt kann für Genesende auch ganz einfach sein. Wer bereits an eine Macht glaubt, die größer ist als er selbst, oder gewillt ist, auf den Zwölf-Schritte-Prozess und die Gemeinschaft zu vertrauen, wird diese Entscheidung womöglich sogar sehr bereitwillig treffen.

Trotz und Rebellion können sich bei denen einstellen, die zweifeln, sich intellektuell widersetzen oder sehr an Individualismus und Eigenständigkeit hängen. Die Kontrolle behalten zu müssen, ist im Denken Süchtiger tief verankert. Daher kann die Idee der Bereitwilligkeit im Dritten Schritt sehr hilfreich sein. Sie wurde bereits durch Aufrichtigkeit und Demut im Ersten Schritt und Offenheit im Zweiten vorbereitet. Bereitschaft macht es leichter, sich dem Glauben zu öffnen, von den Empfehlungen in den Schritten Gebrauch zu machen und sie auszuprobieren. Sie stärkt den Glauben, dass Heilung wirklich möglich ist.

Den Erfahrungen anderer Menschen zu vertrauen, die an den Zwölf Schritten arbeiten, etwa eines Sponsors oder „Mitreisenden" in der Gemeinschaft, spricht für diese Bereitschaft und den Entschluss, bei der Genesung Unterstützung, Hilfe und Führung anzunehmen.

(SEITE 170) Leonardo da Vincis Gemälde von Johannes dem Täufer ist sein letztes bekanntes Meisterwerk. In einem Spiel aus Licht und Schatten zeigt die biblische Figur, die mit der Wiedergeburt assoziiert wird, himmelwärts. *Leonardo da Vinci,* **Johannes der Täufer (Detail)**, *1513–1516.* (SEITE 173) Dass es im Dritten Schritt darum geht, sich anzuvertrauen, kann für Menschen, die an Eigenständigkeit gewöhnt sind, seltsam klingen. Wem oder auf was man trauen kann – und wie man Hilfe annimmt –, ist ein wichtiges Thema während des Genesungsprozesses. *Paul Klee,* **Märchen**, *1929.*

Mit dem Dritten Schritt öffnen wir eine Tür, die noch verschlossen und verriegelt zu sein scheint. Alles, was wir dazu brauchen, sind ein Schlüssel und der Entschluss, die Tür zu öffnen. Es gibt nur einen Schlüssel: Er heißt Bereitwilligkeit.

— ZWÖLF SCHRITTE UND ZWÖLF TRADITIONEN

Zum Dritten Schritt Ja zu sagen, bedeutet nicht, „sein Leben aufzugeben", sondern vielmehr den Unterschied zwischen dem, was sich durch Willenskraft ändern lässt und was nicht, zu erkennen. Dieser Schritt kann sich zu einer einfachen, praktischen, lösungsorientierten Denkweise entwickeln: „Hör auf, zu kämpfen, und bitte um Hilfe." Was sich im Alltag als schwierig herausstellt, kann mit der Bitte um einen Rat bewältigt werden.

Der Dritte Schritt fordert dazu auf, eine Beziehung zur „Macht, größer als wir selbst", die in der AA-Literatur auch „Höhere Macht" oder „Gott, wie wir ihn verstehen", heißt, aufzubauen. Trotz der kraftvollen Sprache wird nicht verlangt, an Gott zu glauben. Wer am Zwölf-Schritte-Programm teilnimmt, kann ganz frei entscheiden, was er unter der Höheren Macht versteht. Es geht vielmehr darum, den menschlichen Willen an einem größeren Bezugsrahmen des Lebens auszurichten, der in der AA-Literatur „Gottes Wille" heißt und, aus anderen Perspektiven betrachtet, „Stimme des höheren Selbst" oder Seele heißen kann.

Herb K. spielte mit der Idee, dass der eigene Wille tatsächlich fehlerhaft sein kann: „Mein Wille, meine eigene Macht, scheint nur mich, meine Interessen auszuwählen und mein Ego zu verteidigen und zu pflegen."[1]

Beim näheren Blick auf die Formulierungen des Dritten Schritts fragt er: „Vielleicht heißt das, dass wir uns an der Realität orientieren, uns von unserer natürlichen Neigung, egozentrisch zu sein, abwenden und allmählich andere in den Mittelpunkt stellen sollen."[2]

Der Dritte Schritt kann erstaunlich einfach sein, wenn er sich in kleinen symbolischen Gesten ausdrückt. „Sich anvertrauen" könnte heißen zu lernen, innezuhalten, sich auf den inneren Sinn der Dinge einzustimmen und auf ihn zu hören, bevor man handelt. Vielleicht ist es der Wunsch, ein zwanghaftes Denken möge sich auflösen, und darauf zu vertrauen, dass das auch geschieht. Es könnte eine Geste sein, beispielsweise die Hand auf dem Herzen, mit der man seine Machtlosigkeit bekennt und sagt: „Ich vertraue das deiner liebevollen Fürsorge an und bitte demütig um Hilfe. Danke."

Geht die Genesung durch die Zwölf Schritte voran, kann sich etwas ganz Erstaunliches zeigen: Je weniger etwas erzwungen wird, desto leichter scheint es zu sein. Je weniger durch Willen und Kontrolle erreicht werden soll, desto glatter verlaufen und offenbaren sich die Dinge. Der Wunsch, die Realität nach den eigenen Vorlieben zu verbiegen, verliert seine Intensität, wenn sich das Leben auch anders angehen lässt.

Der Dritte Schritt rät, „unseren Willen und unser Leben" zu übergeben. Das lässt sich im Alltag in einfache Gesten übertragen, etwa einen Moment lang zu überlegen, ob man etwas allein schafft oder Hilfe braucht. So kann man um Hilfe bitten, wenn nötig. **Hand Gottes,** *Fresko in Sant Climent de Taüll, 1123.*

Die Aufgabe von Härte spiegelt die Bereitwilligkeit wider, zu der sowohl die klassische als auch die moderne Literatur ermutigen. Stephanie Covington sagt über den Dritten Schritt: „Wir geben den Kampf darum auf, dass alles auf eine bestimmte Art geschieht. Wir hören auf, die Dinge zu bekämpfen, gegen die wir nicht ankommen. Wir vertrauen darauf, dass das Universum uns in die richtige Richtung lenken und uns geben wird, was wir brauchen. Wir tauchen in das tiefste Mysterium des Lebens selbst ein."[3]

Bei der emotionalen Genesung unterstützt der Dritte Schritt natürlich die im Ersten und Zweiten Schritt erwähnten Praktiken: Gefühle anerkennen, lernen, instinktiv als unangenehm Empfundenes zu tolerieren und allen emotionalen Themen, die persönlich relevant erscheinen, auf interessierte, aber distanzierte Weise Aufmerksamkeit zu schenken.

Die Empfehlung des Dritten Schritts mag unnötig, unlogisch oder sogar beängstigend wirken, als würde die eigene Identität bedroht. Solche Reaktionen drücken vielleicht die Überzeugung aus, es sei gefährlich, von jemandem oder etwas abzuhängen, oder man verdiene keine Hilfe.

Solche Themen durchs Schreiben zu erforschen, ist eine konstruktive Art, unterschiedliche Züge des eigenen emotionalen Charakters zu entdecken, und vielleicht auch, wie, wann und wo solche Vorstellungen gelernt wurden. Was habe ich in der Kindheit und Jugend über Abhängigkeit und Unabhängigkeit gelernt? Kann ich Hilfe annehmen? Wie sehe ich das heute? Stehe ich der Empfehlung dieses Schritts offen gegenüber?

Diese Beschäftigung mit der Innenwelt der Gefühle und Überzeugungen heißt *bewusste Befragung*. Sie nutzt offene Fragen, die mit „Wie", „Was" oder „Könnte" beginnen, um Klarheit zu erlangen, nicht mit „Warum", das eher in ein unübersichtliches Terrain führen kann.

In *Zwölf Schritte und Zwölf Traditionen* wird im Kapitel über den Dritten Schritt ein Gebet für schwierige Lagen vorgeschlagen, und zwar das überaus beliebte Gelassenheitsgebet. Darin wird um Hilfe gebeten, um unterscheiden zu können, was man durch Willenskraft ändern kann und was nicht:

Gott gebe mir die Gelassenheit, Dinge hinzunehmen, die ich nicht ändern kann; den Mut, Dinge zu ändern, die ich ändern kann; und die Weisheit, das eine vom anderen zu unterscheiden.[4]

Niemand
findet Seelenfrieden
außer durch einen unglaublichen Kampf
denn niemand
kann in Gott ruhen
es sei denn, sie hätten versucht,

zu ihren eigenen Bedingungen zu leben,
und wären auf jede erdenkliche Art gescheitert.
Glaube entsteht
daraus, wie sehr wir es versucht haben
und gescheitert sind.

— RICHARD MOSS

Obwohl er sehr formal erscheint, reflektiert der Dritte Schritt einen lebendigen Prozess, der sich leicht an die Bedürfnisse des Einzelnen anpasst. Er fordert dazu auf, Fürsorge, Hilfe und Unterstützung bei der Genesung anzunehmen, und kann ein regelrecht wundersamer Wendepunkt sein, wenn man erkennt, dass man nicht mehr alle Probleme des Lebens allein bewältigen muss.

Bei Suchtkranken ist die Verbindung zur spirituellen Dimension zwangsläufig gestört. Der Dritte Schritt reicht eine metaphorische helfende Hand, wenn er empfiehlt, sich der spirituellen Seite des Lebens zu öffnen und Ja zur Hilfe zu sagen, die jenseits der menschlichen Macht liegt.

Carl Gustav Jung bezog sich auf den wichtigen Einfluss, den solch eine Entscheidung auf das Leben eines Menschen haben kann. Ausschlaggebend war für ihn die Frage, ob der Mensch auf etwas „Unendliches bezogen [ist] oder nicht". Das ist das „Kriterium seines Lebens".[5]

Symbolisch ausgedrückt, repräsentiert der Dritte Schritt den Treffpunkt von Himmel und Erde. Diese Symbolik wird überall auf der Welt in Tempeln, Moscheen, Synagogen, Kirchen und anderen heiligen Bauten durch deren Architektur und Ausstattung heraufbeschworen. Sie scheinen sich auszudehnen, um im realen wie im metaphorischen Sinn den Himmel erreichen und sich mit ihm verbinden zu wollen.

Das Leitprinzip des Dritten Schritts ist die Verbindung. Wo also fehlt es an Verbindung? Zu sich selbst, zu anderen, zur spirituellen Natur seines Seins? Der Schritt erzählt von der Bereitschaft, eine Verbindung zu erleben, wo sie notwendig ist, und die verfügbare Unterstützung und Güte anzunehmen.

Diese Bereitschaft macht es auch leichter, sich mit dem Vierten Schritt zu befassen, bei dem es um wachsende Selbsterkenntnis geht, die durch eine Inventur erreicht wird. Die Hindernisse auf dem Weg zum Frieden mit sich selbst, anderen und dem, was jenseits des persönlichen Bereichs liegt, werden identifiziert. Der nächste Schritt dient auch als Katalysator für die Verbindung mit den eigenen schlummernden Talenten.

(SEITE 178/179) Der Dritte Schritt sagt ganz deutlich, dass es Hilfe von anderen gibt. Symbolisch gesehen, bietet die Genesung einen sicheren Hafen für Menschen, die in Seenot waren, sowie eine neue Perspektive auf Schwierigkeiten, die nie allein bewältigt werden müssen. *Karl Nordström,* **Kyrkesund,** *1918.*

MACH EINE INVENTUR

Wir machten eine gründliche und furchtlose Inventur in unserem Inneren.

— VIERTER SCHRITT, ANONYME ALKOHOLIKER

Die ersten drei Schritte der AA-Genesung befassen sich mit der fehlenden eigenen Kraft, um Drogensucht, Zwangsstörungen und andere Suchtthemen zu überwinden. Und sie empfehlen, sich für die Genesung an etwas Verlässlicheres als sich selbst zu halten. Im Vierten Schritt beginnt eine Faktensuche, bei der Charakteristika, Eigenschaften und Gefahren identifiziert werden, die solch einer Hilfe im Weg stehen können. Die Inventur ist eine Übung der Selbsterkenntnis, und wie Arthur T. Jersild einmal sagte, ist „Mut erforderlich, um Selbsterkenntnis zu gewinnen, und Demut, um zu akzeptieren, was man findet".[1]

Die Inventur im Vierten Schritt ist eine Textübung und findet traditionell unter der Anleitung und mit Unterstützung eines Sponsors statt. Sie hilft, Masken abzulegen, schmutzige Wäsche zu waschen und die Wunden anzuerkennen, die durch Leid entstanden sind. Die Selbsterkenntnis, die in der Inventur Ausdruck findet, dient als Orientierungshilfe für die folgenden Schritte.

Die Begegnung mit sich selbst kann Widerstand hervorrufen, aber in *Zwölf Schritte und Zwölf Traditionen* wird darauf hingewiesen, dass sich „unser verschwommenes Denken" erhellt. „Das Gefühl der Erleichterung ist unbeschreiblich", wenn die Inventur getan ist.[2]

Der AA-Schlüsseltext, *Anonyme Alkoholiker*, nennt drei Hauptaspekte der Inventur im Vierten Schritt: Groll, Ängste und der Schaden, den wir anderen zugefügt haben. Er bietet auch ein Beispiel dafür, wie sich diese Inventur durchführen lässt. *Zwölf Schritte und Zwölf Traditionen* erwähnt im Vierten Schritt auch die Entdeckung von „Fehlern in unserem Gefühlsleben" und „wie, wann und wo" sie zu Unglück in den Beziehungen zu anderen und für uns selbst geführt haben.[3]

Symbolisch gesehen, beschreibt die Inventur im Vierten Schritt die Hindernisse, die uns davon abhalten, unser authentisches Selbst zu verwirklichen. Dinge, die im Lauf des Lebens unter den Teppich gekehrt wurden, kommen zum Vorschein, denn nun muss ihnen Aufmerksamkeit geschenkt werden, um die Genesung zu gewährleisten. Die Inventur führt die „Charakterfehler" und Defizite auf. Einige davon treten bei Alkoholikern und Drogenabhängigen recht häufig auf. Das können Eigenschaften wie Egozentrik, Überempfindlichkeit, Unehrlichkeit, Stolz, Angst, Groll und Neid sein. Die Anerkennung dieser Charaktereigenschaften soll keine Schamspirale in Gang setzen. Sich selbst zu verurteilen, während man sich durch den Vierten Schritt arbeitet, dient nicht der Genesung. Wenn das passiert, muss

(SEITE 180) Die Inventur aus dem Vierten Schritt hilft, Einflüsse aus früheren Erlebnissen und Verhaltensweisen zu identifizieren, die bei der Genesung zum Vorschein kommen könnten. *Imi Knoebel,* **Ausstellung im Museum Haus Konstruktiv (Detail),** *2018.* (OBEN) Selbsterkenntnis bietet dem Leben in der
Genesung Stabilität. Im Vierten Schritt findet die Selbstbefragung als schriftliche Inventur statt, in der
man Groll, Ängste und Schäden, die man anderen zugefügt hat, festhält. Je nach AA-Gemeinschaft ist
dies ein faktenbasierter Prozess, ohne beim Vergangenen zu verweilen. *Louis de Boullogne,* **Der alte
Mann vor dem Spiegel,** *1668.*

Eine Inventur im Vierten Schritt kann Themen und Muster offenbaren, die sich im Leben wiederholt in Gefühlen, im Denken, Glauben und Verhalten gezeigt haben. Überzeugungen mit zerstörerischer Wirkung, etwa „nicht gut genug", wertlos, nicht liebenswert oder unwürdig zu sein, können unsichtbare Hindernisse sein. *Bona de Mandiargues,* **Komponierter Kopf,** *um 1960.*

Der Alkohol war nur ein Symptom. Wir mussten also bis zu den Ursachen und Umständen vordringen. Aus diesem Grund begannen wir mit einer persönlichen Inventur. Das war der Vierte Schritt.

— ANONYME ALKOHOLIKER

der Inventur vielleicht noch die Eigenschaft der Selbstverurteilung hinzugefügt werden.

Eigenschaften, Wesenszüge und Themen können auch durch geschlechtsspezifische Erziehung entstehen. Die historisch als weiblich betrachtete Eigenschaft der Beziehungsfähigkeit kann sich in co-abhängigen Mustern zeigen, die bei Frauen während der Genesung zum Vorschein kamen. Sie können auch für Männer und Menschen wichtig sein, die sich nicht mit binären Geschlechterbegriffen definieren. Co-abhängige Muster können sich in einem starken Wunsch zeigen, immer zu gefallen und die Gefühle und Wünsche anderer über die eigenen zu stellen. Das führt zu unbewussten Manipulationen, um Bestätigung zu erlangen, und zu Konfliktvermeidung. Solche dysfunktionalen Muster zu erkennen, kann helfen, Reue, Frustrationen sowie unsichtbare Hürden zu überwinden und das eigene Potenzial sowie Talente zu entwickeln. Indem man sie der Inventur hinzufügt, werden sie Teil der Transformation in den folgenden Schritten.

Die Inventur im Vierten Schritt wirft auch ein Licht auf das, was in der Beziehung zu anderen passiert ist. Es kann schmerzhaft sein, sich der Wahrheit zu stellen und zu erkennen, welches Leid man anderen und sich selbst zugefügt hat. Bei der Inventur können Gefühle aufkommen. Man soll nicht über sie grübeln, sondern sie akzeptieren, anerkennen, benennen und der Inventur hinzufügen.

Die dunkleren Seiten seines Wesens und die Schäden, die man angerichtet hat, zu identifizieren, eröffnet paradoxerweise eine Möglichkeit, sich selbst zu akzeptieren, zu verstehen und zu vergeben.

Stephanie Covington bezieht sich auf diese Selbstakzeptanz, denn die Inventur ist ein Prozess, bei dem eine Balance zwischen den Stärken und Schwächen einer Person entstehen soll. Das wird leichter, wenn man sich dazu Zeit nimmt, vorsichtig vorgeht und bei der Arbeit an den Schritten keine Perfektion anstrebt. „Fragen Sie sich vor allem nicht, ob Sie ‚moralisch' sind oder nicht." Der Schritteablauf soll sich unter der Leitung eines „Spiritus Rectors" entfalten. „Sie werden einige sehr wichtige Dinge über sich selbst lernen und die Realität mit neuen Augen sehen."[4]

Es kostet Kraft, die Aufmerksamkeit auf die Details zu lenken, die unbedingt mit in die Inventur müssen. Im Verlauf dieser Arbeit schreitet man auf dem Weg zum Frieden mit sich selbst gut voran. Sich mit der tieferen Geschichte seines Lebens zu verbinden, wirkt allein schon heilend.

Ich dachte immer, wenn ich die Dinge annehme, dann überwältigen sie einen irgendwie. Nun ist dies gar nicht so, und man kann erst noch Stellung zu ihnen nehmen.

— PATIENTIN VON C. G. JUNG

Die emotionale Nüchternheit kann in der schriftlichen Selbstbetrachtung im Vierten Schritt sprunghaft zunehmen.

Sie lädt dazu ein, „tief genug" zu gehen, um einen „Boden der Wahrheit" zu finden, wie hart auch immer dieser sein mag, wie die Dichterin May Sarton schrieb. Die Inventur des Vierten Schritts ist die Kultivierung emotionaler Bildung. Über seine emotionale Geschichte zu schreiben und gewohnheitsmäßige Ängste, Groll und Schäden zu benennen, die man anderen zugefügt hat, ist das Praktizieren emotionaler Nüchternheit. Es zeugt von emotionaler Intelligenz, seine Gefühle niederzuschreiben und dabei zu entdecken, wie Denkweisen, Glaubenssätze und Self-Talk sie dabei beeinflussen. Sich selbst ehrlich zu betrachten und herauszufinden, wie die eigene innere Gefühlswelt aufgebaut ist, wirkt emotional heilend.

Es ist außerdem klug, Emotionen genauso als Informationsträger zu betrachten wie die anderen menschlichen Sinnesdaten. Jedes Gefühl ist Ausdruck eines komplexen inneren Kommunikationssystems, das etwas zu über-mitteln hat. Es wird leichter, diese Botschaften zu verstehen, wenn man sich seinen Gefühlen zuwendet und sie besser kennenlernt. Alle unangenehmen Emotionen, die aufkommen, während man sich durch den Vierten Schritt arbeitet, können als Informationen für die Inventur betrachtet werden, denn sie weisen auf wichtige Themen hin, die mit aufgenommen werden sollten.

Gabor Maté sagt: „Die Kenntnis des eigenen Selbst entsteht durch neugierige, bewusste Anteilnahme an den eigenen inneren Prozessen."[5] Zwar dient Gründlichkeit dem Inventurprozess im Vierten Schritt, aber das heißt nicht, dass man in der Vergangenheit bleiben, schmerzliche Erinnerungen erneut aufleben lassen oder besessen nach Dingen suchen soll, die noch auf die Liste müssen. Hier sind Neugier und Güte gegen sich selbst nötig.

Menschen, die in Suchtprozessen feststecken, neigen zu Empfindlichkeit und schämen sich schnell, aber schon der Vierte Schritt an sich kann dann helfen. Patrick Carnes sagte zu diesem Thema: „Der Vierte Schritt nimmt der Scham, die uns von uns selbst, von anderen

---

„Das Haus des Selbst" ist ein Symbol für die bekannten und unbekannten Aspekte im Menschen. Der Vierte Schritt benennt einige dieser Charakteristika und ihre einzigartigen Details, so wie ein Blick durch ein Fenster ins Haus verschiedene Perspektiven zeigen kann. *Felix Hatz,* **Nordische Fenster,** *1972/73.*

Seit Langem sind verschiedene Charaktereigenschaften bekannt, die im Leben zu Hindernissen werden können. Dieses tibetische Lebensrad zeigt die drei Gifte – Gier, Wut und Unwissenheit –, die Menschen verseuchen können, wenn sie damit behaftet sind. **Die drei Gifte in der Mitte des Lebensrads,** *Kloster Tashilhunpo, Shigatse, 18./19. Jahrhundert.* (SEITE 190/191) Der Fünfte Schritt ermutigt die Genesenden, aus ihrer Isolation herauszukommen und als ein nicht perfekter Mensch unter anderem von der Wärme der Verbundenheit und Zugehörigkeit zu profitieren. *Jean-Édouard Vuillard,* **Im Garten,** *1899.*

Ich liebe meines Wesens Dunkelstunden,
in welchen meine Sinne sich vertiefen;
in ihnen hab ich, wie in alten Briefen,
mein täglich Leben schon gelebt gefunden
und wie Legende weit und überwunden.
Aus ihnen kommt mir Wissen, dass ich Raum
zu einem zweiten zeitlos breiten Leben habe.

— RAINER MARIA RILKE

und von unserer Höheren Macht trennt, die Kraft. Er geht einher mit Akzeptanz."[6] Es ist unmöglich, eine wirklich vollständige Inventur durchzuführen, aber die Verlockung, das zu versuchen, ist groß. Genauso verlockend ist es, wichtige Dinge zurückzuhalten, ob aus Stolz, Scham oder fehlender Bereitschaft. Eine Inventur im Vierten Schritt kann nur die aktuelle Fähigkeit widerspiegeln anzuerkennen, wer man ist und was passiert ist. In der AA-Literatur heißt es: „Der Vierte Schritt ist nur der Anfang eines neuen Lebenswegs."[7]

Das klassische Symbol, das den Vierten Schritt repräsentiert, ist das Haus des Selbst. Ein Zuhause ist nicht nur ein sehr emotionsgeladenes Symbol des realen Lebens, sondern auch eine Metapher für alle bekannten und unbekannten Elemente des eigenen Wesens. Die Inventur im Vierten Schritt kann auch psychologisch und spirituell als Heimkehr oder Rückkehr zu einem vollständigeren, echteren Selbst erkundet werden. Diese Themen spiegeln sich in Mythen und Geschichten wider, in denen es darum geht, das Zuhause zu verlassen, zu finden oder dorthin zurückzukehren.

Es erfordert Engagement und Mut, um die alten Schleier des Leugnens, der Illusion und Großspurigkeit zu lüften und im Vierten Schritt einen genauen Blick auf sich selbst zu werfen.

Carl Gustav Jung schrieb darüber, wie einflussreich eine solche Selbsterforschung ist: „Ohne Bewußtheit kann natürlich auch keine Freiheit sein."[8]

Die Inventur kann nicht nur zu tiefgehender Selbsterkenntnis führen, sondern auch zu größerer innerer Freiheit. Die innere Arbeit im Vierten Schritt schafft nicht nur eine Basis aus erneuerter Integrität und Verlässlichkeit, sondern auch das Gefühl, dass ein sinnvolles und authentisches Leben möglich ist.

Das Grundprinzip des Vierten Schritts ist Selbsterkenntnis. *Erkenne dich selbst*, so die mächtigen Worte über dem Eingang zum Apollo-Tempel in Delphi. Die Inventur im Vierten Schritt spiegelt den altbewährten Aufruf an die Menschen wider, über ihre Natur nachzudenken und die Frage „Wer bin ich?" zu beantworten.

Die Arbeit an diesem Schritt setzt viel Energie frei, um sich mit den folgenden Schritten zu befassen. Im Fünften Schritt geht es darum, ehrlich mitzuteilen, wer man für jemand anderen wirklich ist. Er bietet die Erfahrung an, bedingungslos gehört, akzeptiert und als Mensch anerkannt zu werden, was eine transformierende Wirkung entfaltet. Die Reise, auf der man zum Frieden mit sich selbst finden soll, wird so auf andere ausgeweitet.

SEI EHRLICH

Wir gaben Gott, uns selber und einem anderen
Menschen gegenüber unverhüllt unsere Fehler zu.

— FÜNFTER SCHRITT, ANONYME ALKOHOLIKER

Der Fünfte Schritt beleuchtet die Persona, die Maske, die wir der Welt präsentieren. Dies ist der Schritt, in dem die Inventur des Vierten Schritts vertraulich mit jemand anderem geteilt wird.

Es kann eine große Erleichterung sein zu offenbaren, wer man ist. Doch bei Abhängigen, die daran gewöhnt sind, mit Geheimnissen zu leben, und sich zu sehr schämen, um sie mit anderen zu teilen, kann das heikel sein. Es ist eine Sache, ehrlicher zu sich selbst zu sein, wie in den ersten vier Schritten erarbeitet wird, aber eine ganz andere, die unerquicklichen Details aus seinem Leben anderen mitzuteilen. Das gilt auch Gott gegenüber, wie auch immer man sich Gott vorstellt.

Alkoholiker und Abhängige haben gut funktionierende Mechanismen, um Transparenz zu vermeiden, wie auch in der AA-Literatur festgestellt wird: „Aber von den Dingen, die uns wirklich sehr belasten, sprechen wir nicht."[1] Abhängige verstecken kontrollierend und stolz die tiefen Verletzungen und Enttäuschungen und würden die schlimmsten Geheimnisse am liebsten mit ins Grab nehmen. Aber Geheimnisse wirken auf Dauer zersetzend, und in einer Sucht können sie zu Lügen führen, über die man unmöglich den Überblick behält. Diese Mechanismen machen das Leben so kompliziert, dass die Wahrheit „tief in einem Berg von Lügen, der sich Leben nennt, vergraben wird, sodass wir kein echtes Leben mehr haben", schreibt Rami Shapiro.[2] Im Fünften Schritt kann das toxische Schweigen der Geheimhaltung gefahrlos gebrochen werden. Dies ist eine Chance zu zeigen, wie wir uns angesichts dessen, was passiert ist, fühlen.

In den vorhergehenden Schritten wurde die Ehrlichkeit zu sich selbst bereits ausgiebig erprobt, aber der Fünfte Schritt drängt die Genesenden aus ihrer Komfortzone. Das aktiviert möglicherweise wieder die alten Verteidigungsmechanismen, um zu kontrollieren, was man erzählt und was nicht.

Der Schritt kann sehr anspruchsvoll sein, besonders für diejenigen, die schon jung gelernt haben, über das, was zu Hause wirklich los ist, nicht zu sprechen, es zu leugnen oder

(SEITE 192) Masken, Personae und bevorzugte Selbstbilder können durch die Arbeit am Fünften Schritt abgelegt werden. *Igor Mitoraj,* **Luci di Nara,** *1988.* (SEITE 195) Es ist wichtig, seine Selbstinventur mit jemandem zu teilen, der nicht urteilt. Die Erfahrung, gehört, gesehen und bedingungslos akzeptiert zu werden, kann transformativ wirken. **Römische Wandmalerei mit zwei Frauen,** *1. Jahrhundert n. Chr.*

Als wir uns mit dem Fünften Schritt befassten, wurde uns klar, dass die allein gemachte Inventur nicht ausreicht. Wir mussten dem gefährlichen Zustand, mit unseren Konflikten allein zu leben, ein Ende machen, indem wir sie aufrichtig Gott und einem anderen Menschen anvertrauten.

— ZWÖLF SCHRITTE UND ZWÖLF TRADITIONEN

darüber zu lügen. Zu erkennen, dass der Fünfte Schritt herausfordernd sein kann, muss nicht heißen, dass er wirklich eine schwierige Erfahrung ist. Jeder geht diesen Schritt auf seine Art an und erlebt ihn anders, aber manche freuen sich auch auf diesen Schritt, denn er gilt als befreiende Erfahrung.

Der Fünfte Schritt kann auch sehr einfach sein: „‚Das habe ich getan, und es ist vorbei.' Wir leugnen nichts, aber wir verurteilen uns auch nicht selbst", wie Stephanie Covington über die Arbeit an diesem Schritt schreibt.[3]

In AA-Gemeinschaften wird der Fünfte Schritt traditionell mit einem Sponsor erarbeitet, aber Genesende wenden sich manchmal auch an Vertreter ihres Glaubens, Berater, Therapeuten, Mitleidende oder andere, denen sie vertrauen und sich anvertrauen wollen. Wichtig ist, dass der Fünfte Schritt innerhalb klarer und sicherer Grenzen stattfindet und der Zuhörer die Vertraulichkeit und Anonymität respektiert.

Die menschliche Psyche versucht ständig, die vielen verschiedenen Einflüsse, denen sie unterliegt, zu integrieren und auszubalancieren. Die zwanghafte Natur von Suchtprozessen steht diesen natürlichen Abläufen im Weg. Sie blockieren das angeborene Gewissen der Menschen. Jung schrieb, dass die Kraft dieses Gewissens „irgendwann jeden bestraft, der nicht irgendwo und irgendwann den Tugendstolz seiner Selbstbehaltung und Selbstbehauptung aufgibt und das Bekenntnis einer fehlbaren Menschlichkeit ablegt". Andernfalls würde eine „undurchdringliche Mauer" ihm das Gefühl, ein Mensch unter Menschen zu sein, verwehren.[4]

Der Fünfte Schritt bietet eine praktische und befreiende Gelegenheit, sich wieder mit diesem angeborenen Gewissen zu verbinden. Das ist beruhigend und tröstlich, denn es bezieht sich auf das tief verwurzelte menschliche Bedürfnis nach Zugehörigkeit, statt sich getrennt, isoliert und allein zu fühlen. Der Dichter John O'Donohue hat die Themen Zugehörigkeit und Sehnsucht und die Fragmentierung, die Ausgrenzung hervorruft, erforscht: „Die Rastlosigkeit, die unserem Herzen innewohnt, wird kein Mensch, Vorhaben oder Ort je endgültig stillen können [...] Ohne den

---

Die menschliche Psyche verfügt über ein angeborenes Gewissen, das durch die Sucht beeinträchtigt wird. Der Fünfte Schritt dient dazu, sich wieder mit seinem inneren Gewissen zu verbinden, indem man ehrlich zugibt, was geschehen ist. *Michelle Gregor,* **Girl with Red Cap,** *2015.*

Schutz der Zugehörigkeit wären unsere Sehnsüchte ohne Ausrichtung."[5]

Der Fünfte Schritt bietet sich an, um eine emotionale Fähigkeit zu üben: ehrlich über sich selbst zu sein. Zwar gehört dazu, seine Verfehlungen zu bekennen, aber man soll nicht bei dieser Last verharren. Die Emotionen kochen vielleicht hoch, bevor man diese intimsten Themen mit anderen teilt, aber der Schritt kann in einer Atmosphäre emotionaler Transparenz vollzogen werden, ohne Dramatisierung oder Understatement. Diese emotional nüchterne Praxis ermöglicht eine ehrliche Kommunikation, die ein anderer Mensch bezeugt und annimmt.

Der Vierte Schritt offenbart den Ballast von alten Mustern, Ängsten, Groll und Schäden, die man verursacht hat. Der Fünfte Schritt bringt dagegen soziale Gefühle hervor, bei denen es um die eigenen Beziehungen, um Gemeinschaft und das Selbstbild geht, das man von sich zeigt und schützt. Eine Maske aufzubehalten, die das ideale Selbstbild präsentiert, hilft nicht bei der Genesung.

Die Angst, unzureichend zu sein, beurteilt, beschämt, abgelehnt, ausgeschlossen, bestraft oder sogar aufgegeben zu werden, kann aufkommen. „Aus dem Stamm ausgeschlossen zu werden" ist ein uraltes generationenübergreifendes Trauma. Was auch immer Ursprung der sozialen Ängste ist, sie lösen sich zusammen mit ihren Masken angesichts emotionaler Transparenz auf. Im Fünften Schritt seine Wahrheit zu sagen und von den anderen gesehen, angenommen und respektiert zu werden, kann zu einem neuen Verständnis beitragen. Man muss während der Genesung seine Last nicht allein tragen. Sie kann leichter werden, abgenommen und in den folgenden Schritten sogar aufgelöst werden.

Der Fünfte Schritt beinhaltet die Chance offenzulegen, was uns gehindert hat, Akzeptanz, Mitgefühl und Vergebung für uns selbst zu empfinden, und wie destruktiv sich das auf die Beziehungen zu anderen auswirkt. Thema ist die Unvollkommenheit des Menschseins. Der Fünfte Schritt lädt dazu ein, perfektionistische Ideale loszulassen und einfach ein unvollkommener Mensch unter anderen zu sein.

Die Ehrlichkeit in diesem Schritt bringt Veränderungen der Charakterzüge in Gang, die wahrscheinlich dazu beigetragen haben, in die Falle der Sucht zu tappen. In *Zwölf Schritte und Zwölf Traditionen* ist von zunehmender Erleichterung die Rede. Wenn nichts mehr zurückgehalten wird, brechen „jahrelang aufgestaute Emotionen" hervor und verschwinden „wie durch ein Wunder".[6] Der Fünfte Schritt

Sprich das lähmende Geheimnis aus
und komme wieder zu dir selbst zurück.

Schrei es in mitfühlende Ohren
und lass es deine Zeugen in ihren Herzen halten.

— ALLA RENÉE BOZARTH

hat die Macht, den befreienden und nachhaltigen Prozess in Gang zu setzen, sich selbst und anderen gegenüber ehrlicher zu sein.

In den meisten religiösen, spirituellen und traditionellen Gemeinschaften ist es eine bewährte Tradition, vor anderen etwas zu beichten. In einem Artikel über die Beichte schreibt Elizabeth Todd über das instinktive Bedürfnis des Menschen zu bekennen, was als falsch, als Angriff auf sich selbst, andere oder Gott gesehen wird.

Die Erfahrung von Ganzheit, Integrität und vor allem Gemeinschaftssinn wird „beschädigt, wenn Fehlverhalten nicht eingestanden wird". Die Schuld führt dazu, „in irgendeiner Form das Beichten zu nutzen. So gesehen, ist die Beichte eine universelle Praxis, die aus dem menschlichen Bedürfnis entsteht, sich mit den Seinen zu versöhnen."[7]

Der Archetyp, der sich in diesem Schritt zeigt, ist der Zeuge, der hier auch als Symbol dient. Dem Zeugen wird die heilige Aufgabe anvertraut, der Sache seine volle Aufmerksamkeit zu schenken. Dazu gehören bedingungsloses Zuhören, Annehmen und Bestätigen des anderen als der, der er ist, und mit dem, was er mitteilt. Ohne Beurteilung gehört, akzeptiert und anerkannt zu werden, kann für denjenigen, der gehört wird, zu einer wichtigen inneren Veränderung führen. Entsprechend hoch wird die Wirkkraft des Fünften Schritts in *Zwölf Schritte und Zwölf Traditionen* eingeschätzt: „Kaum ein Schritt ist für eine dauerhafte Nüchternheit und innere Ausgeglichenheit wichtiger."[8]

Das Leitprinzip des Fünften Schritts ist Integrität. Er bietet einen sicheren Raum, in dem die persönliche Glaubwürdigkeit nach den Verheerungen der Sucht wiederhergestellt werden kann. Die Inventur mit Integrität zu verbinden, stärkt die Gewohnheit, für das eigene Handeln anderen und sich selbst gegenüber Verantwortung zu übernehmen.

Im Sechsten Schritt gilt aber die Empfehlung, noch nicht auf der Grundlage dieser neuen Erkenntnisse loszulegen und aktiv zu werden, sondern erst eine Zeit der Integration und Vorbereitung zuzulassen. In der Mitte der zwölf Schritte besteht die Aktion darin stillzuhalten. Es ist eine wache und achtsame Stille, in der alle spürbaren Phänomene der Innenwelt bemerkt und bedacht werden.

(SEITE 200/201) Manchmal wird der Sechste als der „vergessene" Schritt bezeichnet. Äußerlich mag er ereignislos erscheinen, aber im Innern finden Integrationsprozesse statt. *Clyfford Still,* **PH-972,** *1959.*

LASS LOS

Wir waren völlig bereit, all diese Charakterfehler von
Gott beseitigen zu lassen.

— SECHSTER SCHRITT, ANONYME ALKOHOLIKER

Der Sechste Schritt ist eine Art Ruhepunkt auf dem Weg durch die Zwölf Schritte, ein Schritt der Integration und Vorbereitung, bei dem alles in der Stille der Innenwelt stattfindet. Hier wird die bisherige Arbeit integriert und verinnerlicht, aber darüber hinaus auch die kommenden Veränderungen eingeleitet. Die Psyche macht sich bereit, Dinge loszulassen. Es folgt die Chance, sich von überholten, überflüssigen Verhaltensweisen, die im Vierten Schritt identifiziert und im Fünften anerkannt wurden, zu lösen. Nach außen mag sich kaum zeigen, dass etwas passiert.

Dieser Schritt wird manchmal in AA-Kreisen auch „der vergessene Schritt" genannt. In *Anonyme Alkoholiker* wird ihm nur ein Absatz gewidmet, der mit dem Vorschlag endet, Gott um Hilfe zu bitten, wenn man noch nicht bereit sei, sich von den identifizierten Wesenszügen zu trennen.[1]

Der Sechste Schritt fragt, ob wir bereit sind, „Gott alle Dinge beseitigen zu lassen, von denen wir zugegeben haben, dass sie zu verwer-

fen sind".[2] Das mag nach außen hin wie ein ruhiges Geschehen aussehen, aber vermutlich laufen tiefgehende Prozesse ab.

Es ist ziemlich offensichtlich, was losgelassen werden muss, wenn man den Sechsten Schritt erreicht hat. Dieser Schritt erfordert keine speziellen Aktionen, doch für seine Prozesse muss man aufmerksam, abwartend und empfänglich sein. Einsichten, Intuitionen und Anstöße sollten im Sechsten Schritt beachtet werden, vor allem Zeichen des Widerstands gegen das Loslassen und die Veränderung.

Der Sechste Schritt kann gelegentlich auch laut und unangenehm werden. Charakterfehler, bestimmte Eigenschaften und dysfunktionale Muster, die sich verfestigt haben, widersetzen sich gern einer Änderung, und es kann etwas dauern, sie zu überwinden. Die damit verbundenen Gefühle, Denkweisen und Verhaltensweisen, die mit gut eingeübten Charakterzügen einhergehen, können sich im Verlauf des Sechsten Schritts als recht kämpferisch erweisen.

(SEITE 202) Der Sechste Schritt in der Mitte der Zwölf Schritte beinhaltet einen äußerlich stillen Moment, der in einem individuellen Tempo dazu genutzt werden sollte, sich für die kommenden Transformationen bereitzumachen. *Karen Arm,* **Ohne Titel (Stars no. 1),** *1999.* (SEITE 205) Metaphorisch gesprochen, lockern sich im Sechsten Schritt die Wurzeln der unterminierenden Eigenschaften, während sich die Psyche darauf vorbereitet, sie in den folgenden Schritten loszulassen. *Gao Xingjian,* **Schwebende Frau,** *2011.*

Im Sechsten Schritt wird kein Handeln gefordert. Stattdessen geht es darum, alle Zeichen des Widerstands zu bemerken, die sich gegen das Loslassen der im Vierten und Fünften Schritt identifizierten Probleme richten. *Unbekannt,* **Springender Mann.**

So ist im Sechsten Schritt „Wir waren völlig bereit, all diese Charakterfehler von Gott beseitigen zu las- sen" in der Sprache der AA die bestmögliche Einstel- lung für den neuen Anfang eines lebenslangen Be- mühens beschrieben.

— ZWÖLF SCHRITTE UND ZWÖLF TRADITIONEN

Wenn eine vertraute Person Gefahr läuft, gehen zu müssen, ist es nur natürlich, auf Zö- gern, Widerstand und Vermeidung zu treffen.

Schließlich wurden diese „Fehler" ur- sprünglich als Überlebensstrategien in einer schwierigen Kindheit entwickelt, und die Be- troffenen haben sich lange auf sie verlassen. Es verwundert also nicht, dass es bedrohlich wirkt, ohne sie auskommen zu müssen. Nicht zu wissen, was dem Loslassen folgt, kann einen verunsichern, denn die Charakterschwächen sind nun mal vertraute Aspekte des Selbst.

Symbolisch betrachtet, ähnelt der Prozess des Sechsten Schritts der Verpuppung eines Schmetterlings in der Metamorphose, die ih- rem bescheidenen Anfang folgt. Vollkomme- ne Stille ist gefragt, während die Auflösung der alten Raupenform vollzogen und zugleich die neue Form des Schmetterlings geschaffen wird. Trotz der äußeren Inaktivität findet im Innern ein großer Wandel statt.

Anhand der Raupenmetapher, die das Auf- tauchen der Seele reflektiert, beschreibt Jere- my Naydler, was dabei passiert: „Was Raupen äußerlich und sichtbar als beobachtbare körperliche Transformation erreichen, sollen wir innerlich schaffen, indem wir eine in uns schlummernde Potenzialität wecken. Der Prozess der spirituellen Transformation bein-

haltet all die Mühen, die wir aus der Insekten- welt kennen: das halb erwachte Bewusstsein über höhere Möglichkeiten, das Abgleiten ins Unbewusste, die unerträglichen Spannungen und die scheinbar waghalsige Lossagung."[3]

Es leuchtet ein, dass der Sechste Schritt einen inneren Prozess widerspiegelt, der auch mit spiritueller Transformation einhergehen kann. Die AA raten, sich an spirituellen Prinzi- pien zu orientieren, um „clean und nüchtern" zu werden. Allerdings hängt das von der Be- reitschaft des Einzelnen ab, sich zu verändern.

Neben den spirituellen Aspekten, die im Sechsten Schritt potenziell enthalten sind, kommt es auch vor, dass existenzielle Konflik- te in der Innenwelt auftauchen. Vielleicht lehnt sich eine Fixierung auf Selbstbestim- mung gegen eine unsichere Zukunft auf. Oder Überlebensinstinkte verhindern, dem Unbe- kannten zu vertrauen.

Es gibt viele Beispiele dafür, wie Abhängi- ge versuchen, ihr Problem zu verstehen, Jahre in Therapien oder mit spirituellen Übungen oder anderen Ansätzen verbringen und es doch erst dann eine Veränderung gibt, wenn die Sucht mit einem Genesungsprozess wie den Zwölf Schritten angegangen wird.

Bill W., der Verfasser der Zwölf Schritte, schrieb später, dass im Sechsten Schritt im

Es sieht wie ein Widerspruch aus, aber die meisten von uns hängen an den Mustern und Verhaltensweisen, die uns den meisten Schmerz bereitet haben. Das liegt daran, dass wir uns sicherer fühlen, wenn wir etwas Vertrautes tun. Tatsächlich haben uns unsere Muster geholfen, zu überleben und in der Welt zurechtzukommen.

— STEPHANIE COVINGTON

Grunde niemand schon so weit sein kann, seine Defizite aufzuarbeiten.[4] Es gilt, sich für diese Erfahrung überhaupt erst bereitzumachen.

Emotionen, die im Verlauf des Sechsten Schritts aufkommen, können aus den verschiedenen inneren Neukonfigurationen entstehen. Aber die seit Langem aufgestauten, unterdrückten Emotionen können sich auch einfach in Luft auflösen, wenn der Sechste Schritt im eigenen Tempo und Rhythmus verlaufen darf. Eine geduldige Haltung zu kultivieren, unterstützt die emotionale Genesung. Zu lernen, „in" einem Integrationsprozess zu sein, der in seinem eigenen Tempo abläuft – ohne korrigieren, lenken oder beschleunigen zu wollen –, ist eine konstruktive Art, eine funktionierende Beziehung zu seiner Emotionalität zu entwickeln. Jede unangenehme Empfindung und Erfahrung schnell loszuwerden, wie es Süchtige oft versuchen, führt dagegen immer wieder zu Rückfällen.

Es gibt im Sechsten Schritt an sich nicht viel zu tun, aber genau das kann etwas bewirken. Ungeduldige und verunsicherte Aspekte in einem selbst zu trösten, kennt man als Selbstberuhigung durch emotionale Intelligenz. Das bedeutet, sich selbst liebevoll im Alltag zu unterstützen. Tauchen alte Verhaltensweisen wieder auf, kann ein Blick in die Inventur des Vierten Schritts bei der Klärung des Musters helfen, das aktiviert wurde. Beschützt das Muster etwas, das noch nicht bereit ist, losgelassen zu werden?

Loslassen ist selten ein geradliniger Prozess. Der Begriff „psychologische Umkehr" beschreibt das Phänomen eines unbewussten Widerstands gegen etwas, das bewusst gewünscht wird. Wenn an etwas festgehalten wird, versteckt sich dahinter oft ein sekundärer Nutzen. Was könnte das sein?

Dieser Schritt kann aber auch als aufregende Vorbereitung auf die bevorstehende Befreiung erlebt werden. Welche Charakterveränderungen wären wirklich willkommen? Welche Wesenszüge haben so oft zu Ärger, komplizierten Beziehungen und unnötigem Leiden geführt? Welche ermüdenden Muster haben sich auch in unterschiedlichen Situationen fortgesetzt und konnten nicht losgelassen werden? Was muss jetzt gehen? Was würde sich wunderbar befreiend auswirken, wenn es sich veränderte?

Der Sechste Schritt wirkt nicht nur im Stillen Wunder. Wird er bewusst erlebt und werden Erkenntnisse wahrgenommen, kann er sich auch als außergewöhnliche Vorbereitung auf Wandel und Transformation herausstellen. Während alte Gewohnheiten allmählich verschwinden, wachsen zugleich neue Sprösslinge. Der innere Boden wird für zukünftige Veränderungen bereitet.

Die Arbeit an diesem Schritt passiert im Innern. Der Sechste Schritt erfordert eine ungewöhnliche Art von Mut, die darin besteht, sich zuzugestehen, ruhig die inneren Mechanismen der Psyche hinzunehmen, ohne einzugreifen oder Einfluss auszuüben, und dabei wach und achtsam jede subtile Kommunikation wahrzunehmen, die sich aus dem Innenleben ergibt.

Genesende gehen mit jedem Schritt auf ihre Art um. Einige mögen zu diesem Zeitpunkt willens, fähig und bereit sein, sich von negativen Wesenszügen zu trennen. Andere durchlaufen den Schritt flüchtig oder vermeiden ihn ganz, während wieder andere den Sechsten Schritt als Einladung verstehen, eine Pause zu machen, sich zu orientieren und still in der mysteriösen Tiefe dieses Schritts präsent zu sein.

Symbolisch gesehen, gleicht der Sechste Schritt dem Schmelztiegel eines Alchemisten, in den scheinbar unvereinbare Dinge geworfen werden. Der Verstand kann Prozesse wie diesen nicht immer erfassen, denn der Schwerpunkt liegt nicht auf dem rationalen, linearen Fortschritt, der leichter zu verstehen wäre. Die innere Arbeit des Sechsten Schritts ist tiefgehend und geheimnisvoll, und es lohnt sich, der Weisheit seiner unsichtbaren Ordnung zu vertrauen. Er bietet einen Ort für einen neuen Seinszustand, für einen erweiterten Bewusstseinszustand.

Der Sechste Schritt hat gewöhnlich seine eigene Dynamik. Er ist, wie Stephanie Covington ausführt, ein bedeutender Schritt, in dem „wir bereit werden, uns zu ändern, und Gewohnheiten oder Wesenszüge aufgeben, die unser Leben aus dem Gleichgewicht bringen. Wir öffnen uns einem tieferen Wissen und sehen klarer."[5]

Was im Sechsten Schritt passiert, wird Auswirkungen haben auf den Grad der Bereitschaft und Fähigkeit des Genesenden, seine im Vierten Schritt identifizierten Eigenschaften – und verursachten Schäden – loszulassen. Solch einem Wandel ist der nächste Schritt gewidmet, denn im Siebten Schritt geht es um Transformation.

Der Aspekt des Aufgebens ist im Sechsten und Siebten Schritt als geistige Energie zugegen. Was man aufgibt, sind meistens die Hindernisse, die der weiteren Genesungsreise im Weg stehen könnten. Es besteht die inspirierende Möglichkeit, Frieden mit sich und mit anderen zu schließen.

BITTE DEMÜTIG UM HILFE

Demütig baten wir ihn, unsere Mängel von uns zu nehmen.

— SIEBTER SCHRITT, ANONYME ALKOHOLIKER

Der Siebte Schritt markiert einen wichtigen Wendepunkt auf dem Weg zur Genesung. Was im Ersten Schritt als Bekenntnis der Machtlosigkeit gegenüber dem Suchtverhalten begann, wird nun von einer Inventur der Unzulänglichkeiten begleitet. Die implizite Empfehlung dieses Schritts ist kurz und knapp: Bitte um Hilfe, um alles loszulassen, was der Genesung im Weg steht.

Die Reise durch die Schritte kann auch offenlegen, wie diese Lasten entstanden sind. Frühe Bedürfnisse in prägenden Jahren wurden nicht erfüllt, was zu Selbstschutzmechanismen führte, die sich im eigenen Denken, in Überzeugungen, Gefühlen, Sprache und Verhalten niederschlugen. Die AA-Literatur nennt manche dieser hartnäckigen Muster „Charakterfehler" und „Unzulänglichkeiten", sie könnten aber auch als gut gemeinte Verteidigungsmechanismen beschrieben werden.

Die *Zwölf Schritte und Zwölf Traditionen* sagen, dass diese Eigenschaften auf zwei Ängste zurückgeführt werden können: „Furcht, etwas zu verlieren, was wir bereits besaßen, oder etwas nicht zu bekommen, was wir uns wünschen".[1] Die egozentrische Natur dieser Ängste ist verständlich. Bleiben frühe Bedürfnisse unerfüllt, kann das die emotional geladene Überzeugung hervorrufen, man habe nicht bekommen, was man braucht, um das Leben zu meistern. Das Streben nach Kontrolle wird unvermeidlich. Im Siebten Schritt entsteht eine Basis für die bevorstehenden Transformationen. Die Inventur aus dem Vierten Schritt hat aufgelistet, wo und wie einschränkende Eigenschaften aktiv sind. Der Fünfte Schritt hat geholfen zu klären, was verändert werden muss. Der Sechste Schritt hat einen Vorbereitungsprozess für das Loslassen dieser Themen in Gang gebracht. Im Siebten Schritt ist die Aufgabe schlicht und einfach: demütig die Macht, größer als wir selbst, zu bitten, die negativen Eigenschaften aufzulösen. Das findet in Form eines Gebets statt, das als Gebet des Siebten Schritts bekannt ist.

Der Schlüssel zur Arbeit am Siebten Schritt ist eine demütige Haltung. Allerdings kann es schwerfallen, Demut als etwas Gutes zu betrachten, das gilt erst recht für Menschen, die von einer Sucht genesen wollen. Es geht ihnen gegen den Strich, denn sie haben auf die harte Tour gelernt, eigenständig und vom Willen angetrieben zu leben.

Demut zu erlernen, kann während der Genesung eine steile Lernkurve erfordern. Das Kapitel in *Zwölf Schritte und Zwölf Traditionen*, das sich mit dem Siebten Schritt befasst, vermittelt, wie „unglaublich mühevoll" es sein

(SEITE 210) Im Siebten Schritt wird eine demütige Bitte um Veränderung an die Macht, größer als wir selbst – was immer wir darunter verstehen –, gerichtet. Mit einem einfachen Gebet lassen sich die erkannten Mängel beseitigen. **Priester beim Ritual,** *Grab von Ramses IX., Tal der Könige, Ägypten, 1108 v.Chr.* (OBEN) Die Reise durch Schritte lässt die Demut wachsen. Im Siebten Schritt ist speziell eine demütige Haltung gefragt, um die Bitte mit Ehrlichkeit und tief empfundener Ernsthaftigkeit zu äußern. **Betender Priester,** *Ägypten, 1080–1054 v.Chr.*

گفت من نفس خود را فدا دهم می کنم معلم کنم به روز بر این جزیره بیایید
ایستاده و دل می باید زدن بی زدن هیچ قوت را باشد که نجات حاصل آید
کشتی مرانمان و آب دادند چندانک روزی چند زنده گانی باشد و من
بر آن جزیره بایستادم و دل می زدم ناکاه مرکب در حرکت آمد و من
بر آن نگاه می کردم تا از چشم من ناپدید شد چون از مرکب فارغ شدم
در جزیره نزد دیدم درختی عظیم دیدم و بر آن درخت سطحی عریض چون
آخر روز شد هوای عظیم بشنیدم ناکاه مرغی را دیدم سپید بغایت عظیم
جنانکه بزرگتر هیچ حیوان ندیده بودم و بر آن درخت نشست از آن نهانی شدم

برسیدم که مرا صید کند تا آنکه صبح نزدیک شد جناح بگشاد و برفت
چون آخر نهار بود و باز پا مد و بر آشیانه خود بنشست و من از حیات مایوس

„Hier bin ich, so, wie ich bin, mit allen Stärken und Schwächen. Ich bin bereit und willens, meine alten Muster zu verändern, wenn die Zeit dafür reif ist. Ich habe die Grundlagen geschaffen, und nun brauche ich deine Hilfe, um anders zu leben. Was kann ich jetzt tun, um mit dem Leben zusammenzu-arbeiten und mein Bestes zu geben?"

— STEPHANIE COVINGTON

kann, demütig zu werden.[2] Dennoch wird Demut auf dem Weg zur Genesung viele Male geübt. In jedem Schritt gibt es auf die eine oder andere Art Begegnungen mit der Demut.

Ein von Sucht geprägtes Denken glaubt, Kontrolle sei stets möglich. Sogar der Umgang mit selbstzerstörerischen Charakterfehlern soll möglichst allein bewältigt werden. Aber der Genesungsprozess hat überdeutlich klar gemacht, wo Hilfe nötig ist, um negative Wesenszüge und Verhaltensweisen auszuhebeln.

Die AA-Genesung zeigt, dass es mithilfe von äußeren Kräften gelingen kann. „Die Transformation unserer Persönlichkeit wird *in* uns, *für* uns, aber nicht *von* uns durchgeführt", wie Edward C. Whitmont schreibt.[3] Der Siebte Schritt betont, wie man demütig eine Macht, größer als wir selbst, um Hilfe bittet, um die Unzulänglichkeiten zu transformieren.

Es gibt keine vorgegebene Definition innerhalb der Zwölf-Schritte-Methode, was diese Höhere Macht ist. Ebenso wenig wird ein Glaubenssystem vorgegeben oder empfohlen, dem man folgen sollte. Der Schritt hängt von der individuellen Glaubensvorstellung des Genesenden ab, der sich auf etwas jenseits von ihm selbst beziehen muss, das mehr Kraft hat, als er selbst aufbringen kann.

Was das sein kann, liegt ganz im Verständnis des Einzelnen. Und man muss auch nicht an eine größere Macht glauben, um im Siebten Schritt Hilfe zu erbitten – man braucht nur die Demut, diese Bitte auszusprechen.

Das *Blaue Buch* der AA geht nur kurz auf das Bitten um Hilfe im Siebten Schritt ein und rät, das Gebet im Siebten Schritt[4] zu nutzen. *Zwölf Schritte und Zwölf Traditionen* taucht hier tiefer ein und gibt Beispiele zu den Erfahrungen von AA-Mitgliedern, die um Hilfe beim Umgang mit ihren Charakterfehlern gebeten haben und dadurch Erleichterung, Transformation und Befreiung erlangen konnten.[5]

Der Zugang zu diesem Schritt und die Erfahrungen mit ihm sind individuell ganz

---

Zur Genesung im Zwölf-Schritte-Prozess gehört es, bei Bedarf um Hilfe zu bitten. Dabei wird auch die Fähigkeit – oder Unfähigkeit –, sie anzunehmen, hervorgehoben. Eigenständigkeit ist in vielen Kulturen ein Ideal, aber es kann für die Genesung wichtig sein, Hilfe zu akzeptieren. Dieser Mann, der zu ertrinken droht, wird von einem Vogel gerettet, der in der persischen Mythologie die Vereinigung von Himmel und Erde symbolisiert. Im folgenden Achten Schritt geht es darum, Frieden in die Beziehung zu anderen zu bringen. *Afghanische Schule,* **Wunder der Schöpfung,** *1504.*

unterschiedlich, doch meistens ist mehr als ein einmaliges Gebet mit der Bitte um Hilfe erforderlich. Der Siebte Schritt ist ein proaktiver Schritt, in dem man demütig um Hilfe bei der Beseitigung aller Hindernisse für die Genesung bittet. Die Bitte um Hilfe im Siebten Schritt kann bei jedem im Alltag aufkommenden Problem, bei jeder Herausforderung geäußert werden. Manchmal werden Probleme dann schnell beseitigt, manchmal eher langsam, aber wie *Anonyme Alkoholiker* verspricht: „[Die Bitten um Hilfe] werden sich immer erfüllen, wenn wir daran arbeiten."[6]

Bei der Arbeit am Siebten Schritt vermischen sich Gefühle der Hoffnung und Erleichterung mit Momenten des Zögerns und Zweifels. Die emotionalen Fertigkeiten, die in diesem Schritt geübt werden können, sind die Bitte um Hilfe und die Bereitschaft, diese anzunehmen. Wenn sich eine innere Verengung spürbar macht, die durch das „Erzwingen von etwas", das „Festhalten an etwas" oder durch „Ablehnung von Hilfe" verursacht wurde, kann die Bitte um Hilfe an eine größere Macht gerichtet werden.

Bewusstseinsveränderungen zu kultivieren, kann die emotionale Nüchternheit ebenso fördern. Fred H. stellt anhand des Beispiels der Ungeduld dar, wie das erreicht werden

kann, und schlägt vor: „Statt uns von unserer Ungeduld herumschubsen zu lassen, erkennen wir *in diesem Augenblick*, dass sie in uns aufkommt. Im nächsten identifizieren wir sie als Unzulänglichkeit. Dann erkennen wir, dass wir – und die Welt – besser dran wären, wenn wir nicht aus dieser Ungeduld heraus agieren würden. Danach bitten wir die Höhere Macht, uns von der Ungeduld zu befreien. Dieser Ablauf hat uns verändert, in dieser kurzen Folge von Augenblicken sind wir von einem ungeduldigen Menschen zu einem geduldigen geworden."[7]

Im Lauf der Genesung kann es gut sein, die Bitte um Hilfe aus dem Siebten Schritt immer wieder zu praktizieren. Wenn das eine unterstützende Wirkung entfaltet, eröffnen sich neue Möglichkeiten für den Lebensweg. Wird man sich bewusst, dass das eigene Denken, Fühlen, Sprechen oder Verhalten blockiert ist und beispielsweise ein unaufhörlicher Self-Talk-Strom durch den Kopf geht, kann man sogleich demütig um Veränderung bitten. Die Bitte lässt sich auch auf wesentliche Aspekte in den anderen Schritten ausdehnen. Das Problem wird benannt, die Machtlosigkeit ihm gegenüber zugegeben und dann demütig der Fürsorge einer größeren Macht zur Transformation übergeben.

Dann haben wir uns bei den AA umgeschaut und zu-
gehört. Um uns herum sahen wir, wie durch Demut
Fehlverhalten und Elend in unschätzbares Vermö-
gen umgewandelt wurden. Aus zahllosen Geschich-
ten erfuhren wir, wie durch Demut Schwäche zu
Kraft wurde.
—ZWÖLF SCHRITTE UND ZWÖLF TRADITIONEN

In nur einer Minute greift man in der Bitte auf den Ersten, Zweiten, Dritten und Siebten Schritt zurück.

Was nach einer so direkten Bitte um Hilfe geschieht, kann wie ein Wunder wirken. Sich später an das zu erinnern, was als Antwort darauf geschehen ist, gibt für spätere Situationen Sicherheit, aber in der AA-Literatur wird vor allem Wert auf die Demut gelegt, mit der um Hilfe gebeten wird, und auf die Offenheit, sie anzunehmen, weniger auf das Ergebnis einer Bitte. Laut *Zwölf Schritte und Zwölf Traditionen* ermöglicht Demut „die klare Erkenntnis dessen, was und wer sie sind, verbunden mit dem ehrlichen Versuch zu werden, was sie sein könnten".[8] Das ist eine Qualität, die ganz natürlich bei der Arbeit an den Schritten wächst. Es braucht Demut, um Details über seinen Irrglauben, seine Fehler und Probleme preiszugeben und um Hilfe bei deren Bewältigung zu bitten.

Bill W. schrieb 1958 in einem Brief über so ein Wachstum: „Mir scheint, Wachsen ist das Hauptziel jedes Menschen."[9] Der andere Mitgründer der AA, Dr. Bob, beschrieb Demut als „fortwährende Ruhe des Herzens".[10] Lernt man, demütig um Hilfe zu bitten, entfaltet sich die Magie des Siebten Schritts, und ganze Problemmuster können losgelassen werden.

An deren Stelle treten zahlreiche Formen von Unterstützung.

Ein kraftvolles Symbol für den Siebten Schritt ist die Reinigung. Reinigungsriten finden sich in der gesamten Menschheitsgeschichte. Oft sind sie mit Wasser oder Feuer verbunden. Symbolisch betrachtet, ähnelt der Siebte Schritt einem rituellen Bad, das den Staub und Schmutz eines anstrengenden Wegs, der durch Kämpfe und Leiden geprägt war, abwäscht. Alles wird gebadet: die Psyche, der Charakter und viele Aspekte dessen, wie wir im Leben und in der Welt stehen. Schmerzhafte Dornen werden aus dem Fleisch gezogen, Schmutz löst sich auf, und alles fühlt sich leichter an. Was hier rituell gereinigt, weggespült und losgelassen wird, sind oft schädliche Konsequenzen einer konditionierten und eingeschränkten Persona, die lange Zeit Macht über uns hatte.

Demut wird auch benötigt, um die praktische Arbeit im folgenden Achten Schritt zu erledigen. Dort ist die Empfehlung, sich auf Wiedergutmachung vorzubereiten. Es wird eine Liste mit den Schäden erstellt, die man anderen im Lauf der Zeit zugefügt hat. In diesem Sinn wird der Schritt, mit sich selbst Frieden zu schließen, auf einen anhaltenden Frieden mit anderen ausgedehnt.

LISTE DIE ZUGEFÜGTEN
SCHÄDEN AUF

Wir machten eine Liste aller Personen, denen wir Schaden zugefügt hatten – und wurden willig, ihn bei allen wiedergutzumachen.

— ACHTER SCHRITT, ANONYME ALKOHOLIKER

Der Achte Schritt ermutigt die Genesenden, sich um die Last zu kümmern, die durch den Schaden, den sie anderen zugefügt haben, entstanden ist. Dies ist ein sehr praktischer Schritt – man macht eine Liste mit Namen von Menschen, die man verletzt hat –, erfordert aber Arbeit an sich selbst, um sich für eine Wiedergutmachung vorzubereiten.

Es fällt vielleicht nicht allen, die in Suchtprozessen festgesteckt haben, leicht, über Verantwortlichkeit und Wiedergutmachung nachzudenken. Da kann es verlockender sein, sich als Opfer zu fühlen und anderen die Schuld für erlebte Ungerechtigkeiten zu geben. Doch es ist ein großer Unterschied, ob man anerkennt, dass jemand zum Opfer einer ungerechten Handlung wurde, oder ob man sich selbst als Opfer identifiziert. Eine Opferhaltung lässt wenig Raum für Heilung, wenn sie der Anerkennung des eigenen Anteils bei schädigenden Ereignissen im Weg steht.

Im Achten Schritt wird das Leid identifiziert, für das man wirklich verantwortlich ist. Der Genesende bereitet sich darauf vor, dazu zu stehen. Es ist anstrengend – psychisch, emotional, mental und spirituell –, so schmerzhafte Erinnerungen von sich fernzuhalten und nicht wahrhaben zu wollen, welches Leid man anderen zugefügt hat.

Im Verlauf der Heilung ist ein leichterer Seinszustand möglich, und zu diesem Bewusstseinswandel ermutigt der Achte Schritt. Der Weg zur inneren Bereitschaft mag an den Sechsten Schritt erinnern, als man sich innerlich auf Veränderungen eingestellt hatte. Aber hier muss eine echte Fähigkeit zur Ehrlichkeit erarbeitet werden, zur Verantwortlichkeit und Integrität in der Beziehung zu anderen.

Die Liste für den Achten Schritt zu erstellen, kann einfach sein. Die Voraussetzungen, um solche schmerzlichen Ereignisse im Leben anzusprechen, wurde schon erarbeitet. Die Tatsache, dass wir Schaden angerichtet haben, wurde schon im Vierten, Fünften, Sechsten und Siebten Schritt eingestanden. Wichtige Menschen wurden in der Inventur im Vierten Schritt genannt. Die Liste selbst ist also nicht das Problem.

Es ist die Bereitschaft dazu, die etwas Zeit erfordert. Vielleicht ist eine Selbstbefragung nötig, bevor man wirklich bereit ist, die Verantwortung für die Ungerechtigkeiten zu übernehmen, die man anderen zugemutet hat, und dann dafür Wiedergutmachung bei Menschen, Institutionen und im sonstigen Umfeld zu leisten.

Um im Achten Schritt eine ehrliche Wiedergutmachungsliste zu erstellen, muss die

(SEITE 218) Im Achten Schritt wird ein genauer Blick auf das geworfen, was wir im Lauf des Lebens anderen angetan haben. *Nora Heysen,* **Porträtstudie,** *1933.* (OBEN) Die Liste der Schäden, die in diesem Schritt erarbeitet wird, lässt sich leicht zusammenstellen, denn schon im Vierten Schritt wurden die Informationen dafür gesammelt und in die Arbeit der folgenden Schritte einbezogen. *Pablo Picasso,* **Taube, Allegorie des Friedens,** *undatiert.*

Im Achten Schritt setzten wir unseren Hausputz fort, denn wir erkannten, dass wir nicht nur mit uns selbst im Konflikt lebten, sondern auch mit anderen Menschen und überhaupt mit unserer Umwelt. Wir mussten anfangen, Frieden mit uns selbst zu schließen.
— ZWÖLF SCHRITTE UND ZWÖLF TRADITIONEN

eigene Verantwortlichkeit in jeder Situation und für jede geschädigte Person identifiziert werden – ohne sich dabei emotional im Geschichtenerzählen zu verlieren.

Zwölf Schritte und Zwölf Traditionen empfiehlt, im Achten Schritt „mit uns selbst und anderen nicht zu streng ins Gericht" zu gehen. Es kann verlockend sein, alle Ereignisse des Lebens zu dramatisieren.[1] Oft kostet es Mühe, genau zu sagen, was passiert ist, und dafür angemessene Verantwortung für das eigene Zutun zu übernehmen. Die Liste im Achten Schritt kann so lange bearbeitet werden, bis sie in einfachen Worten sagt, wer oder was geschädigt wurde, als die eigenen Charakterfehler die Oberhand hatten.

Einige Fragen können helfen, wenn die Liste erstellt wird: Wer wurde verletzt, geschädigt oder war zutiefst bestürzt, während ich meine Sucht ausgelebt habe?

Die Fragen könnten auch tiefer gehen: Wer wurde indirekt oder durch Versäumnisse verletzt? Wessen Bedürfnisse habe ich in meinem Leben ignoriert, bestimmt und kontrolliert? Wo hatte ich Geheimnisse, war unehr-

lich und manipulativ? Wem gegenüber war ich feindselig, verbittert oder hart? Wann war ich so ungerecht, dass mich das heute noch verfolgt? Welchen Institutionen schulde ich Wiedergutmachung? Bei wem muss ich am dringendsten Abbitte leisten?

Es kann verlockend sein, mehr Verantwortung für falsch gelaufene Dinge zu übernehmen, als angemessen ist. Freiwillig die Schuld für das Verhalten oder die Taten anderer auf sich zu laden, könnte co-abhängige Muster widerspiegeln, statt auf die Stimme des Gewissens zu hören.

Es muss geklärt werden, was wirklich wichtig ist. Dazu kann man sich auch selbst am Lebensende, auf dem Sterbebett vorstellen und sich Fragen stellen wie: Was bereue ich angesichts der von mir angerichteten Schäden am meisten? Wer war davon am stärksten betroffen? Welche Wiedergutmachungen könnten meinem Verstand, Herzen und meiner Seele Frieden schenken?

Es muss nicht für jede einzelne Gelegenheit, bei der man sich schlecht benommen hat, eine Wiedergutmachung geben. Es ist die

---

Der Achte Schritt rät, „willig zu werden", Wiedergutmachung für angerichtete Schäden zu leisten. Häufige Hindernisse auf dem Weg zur Bereitschaft, sich dem zu stellen, sind das Selbstbild, Stolz und Groll. *Gentile Bellini,* **Sitzender Schreiber,** *1479–1481.*

wahre innere Reue, die man sich selbst eingesteht und die bestimmt, was auf der Liste des Achten Schritts steht und in Schritt Neun dann angegangen wird.

Die emotionale Nüchternheit wächst vermutlich exponentiell, während man diese Verletzungen benennt und Verantwortung für seine Verfehlungen übernimmt. In der AA-Literatur ist die Rede davon, die Schwächen zu identifizieren, die „den ganzen Ablauf unseres Lebens bestimmt haben".[2] Das Kapitel über den Achten Schritt in *Zwölf Schritte und Zwölf Traditionen* hebt viele schädliche Eigenschaften hervor, die täglich zutage treten.[3]

Da Beziehungen oft wie emotionale Trigger wirken, kann es für jemanden, der emotionale Genesung sucht, erhellend sein, in den Beziehungen seines Lebens nach einem roten Faden zu suchen. Welche Verhaltensweisen waren anscheinend verletzend, verwirrend und schmerzten am meisten? Waren es Muster der Wut, Eifersucht oder Kontrolle? War es der Wunsch nach Anerkennung und Wertschätzung? Gab es Themen wie den Versuch, allen zu gefallen, und gab es emotionale Abwesenheit oder Blockadehaltungen? Welche Muster haben immer wieder Wahrhaftigkeit und Verantwortlichkeit gegenüber anderen verhindert?

Der Achte Schritt vermittelt, dass es möglich ist, in Frieden mit sich und anderen zu leben. Zwar geht es in diesem Schritt um die Verletzungen, die anderen zugefügt wurden, doch auch der emotionale Schaden für sich selbst wird in *Zwölf Schritte und Zwölf Traditionen* angesprochen. Diese schädigenden emotionalen Konflikte wirken im Unterbewusstsein weiter, sodass „sich unser Leben zum Schlechten gewendet hat".[4]

In einer Sucht ist Selbstgefährdung unvermeidlich, und während der Genesung können verschiedene Formen der Selbstverletzung und -ablehnung immer noch auftreten. Es kann leichter sein, andere auf die Liste des Achten Schritts zu setzen als sich selbst. Es fällt oft nicht leicht, die Verletzungen zu erkennen, die man sich selbst zugefügt hat, und welche Wiedergutmachung wichtig sein könnte.

In ihrem Buch *A Woman's Way through the Twelve Steps* spricht Stephanie Covington über die Abkopplung vom eigenen Erleben, von Gefühlen und dem tiefen inneren Wissen, die Teil einer Sucht sein kann: „Wir waren taub, verwirrt, unsicher und abgekoppelt. Wir hatten unsere Fähigkeit verloren zu wissen, was unserem Selbst entspricht. Ohne dieses Gefühl für uns selbst konnten wir auch keine Beziehung zu anderen mehr herstellen."[5]

Steige noch tiefer in dich hinab, bis du nur noch eine einfache Stimme hörst, eine Stimme, die jeden Zweifel aufhebt, die Überzeugung, Klarheit und Heiterkeit mit sich bringt.

—HENRI FRÉDÉRIC AMIEL

Akzeptanz, Mitgefühl und Vergebung sind Themen, die den Achten Schritt durchziehen und im Neunten weitergeführt werden. Traditionell liegt der Schwerpunkt dieser Schritte auf dem Schaden, den andere erlitten haben, aber heute können auch Selbstschädigungen in die Liste aufgenommen werden.

Diese alles umfassende Version der Arbeit wird von den „lebendigen Wiedergutmachungen" unterstützt. Das bedeutet in der Praxis, mit sich und denen, die man verletzt hat, anders umzugehen als zuvor. Selbstakzeptanz, Selbstmitgefühl und Selbstvergebung sind wichtige Bestandteile der Genesung, und heute konzentrieren sich einige AA-Gemeinschaften auf genau diese Themen.

Ein Symbol für den Achten Schritt ist der Olivenzweig, der von alters her ein bekanntes Friedenszeichen ist. Der Legende nach soll die griechische Göttin Athene einen Olivenbaum an der Akropolis in Athen gepflanzt haben, als sie Schutzherrin der Stadt wurde, und eines der Attribute der griechischen Friedensgöttin Eirene war der Ölzweig. Im Zusammenhang mit dem Achten Schritt steht der Olivenzweig symbolisch für die Bereitschaft und den Wunsch, Frieden zu schließen. Auf dem Weg der Zwölf Schritte ist sowohl der Frieden mit sich selbst als auch mit anderen möglich.

Als Leitsatz gilt dabei das Prinzip, sich gegenseitig zu würdigen. Sind alte Verletzungen einmal anerkannt und wurde Abbitte geleistet, kann das einfacher werden.

Zwölf Schritte und Zwölf Traditionen spricht von dem wunderbaren Abenteuer zu lernen, „wie man mit allen Menschen in Frieden, Partnerschaft und Brüderlichkeit leben kann".[6] Es gibt in der Genesungszeit viele Gelegenheiten, um das friedliche und respektvolle Zusammenleben mit anderen zu üben. Der Achte Schritt bietet eine subtile, aber grundlegende Vorbereitung auf die stille Ermächtigung, die sich einstellt, wenn man so mit anderen und sich selbst lebt.

Im Neunten Schritt werden alte Schlamassel bereinigt, Wiedergutmachungen geleistet, und der damit verbundene emotionale Ballast aus Schuld und Scham kann abgeworfen werden. Die Arbeit am Achten und Neunten Schritt unterstützt die Erweiterung des Bewusstseins. Die Qualität der Beziehungen verbessert sich unweigerlich, wenn persönliche Transparenz und Verlässlichkeit im Verlauf der Arbeit an den Schritten wachsen. Immer wieder baut das Zwölf-Schritte-Programm die zerbrochenen Beziehungen zwischen sich selbst und anderen, aber auch mit sich selbst wieder auf.

Die im Achten Schritt erstellte Liste der Verletzungen dient als symbolische Landkarte durch das Terrain, das auf dem Weg zu tieferem Frieden mit anderen und sich selbst durchquert werden muss. *Gustav Klimt,* **Buchenwald,** *1902.*

LEISTE WIEDERGUTMACHUNG

Wir machten bei diesen Menschen alles wieder gut –
wo immer es möglich war; es sei denn, wir hätten
dadurch sie oder andere verletzt.
— NEUNTER SCHRITT, ANONYME ALKOHOLIKER

Im Neunten Schritt bietet sich die Gelegenheit, Schäden in Angriff zu nehmen, die in der Vergangenheit verursacht und noch nicht ausgeglichen wurden. Es wird empfohlen, diejenigen Probleme zu beheben, die noch immer mit Schuld und Scham beladen sind. Die Voraussetzungen dafür sind nun gegeben. Die Probleme sind identifiziert, die Liste der betroffenen Menschen und des Umfelds ist erstellt, und die Bereitschaft zu tun, was nötig ist, um Wiedergutmachung zu leisten, ist auch gewachsen. Nun müssen diese Maßnahmen geplant werden.

Der Achte und Neunte Schritt verkörpern so etwas wie einen persönlichen Friedensprozess, in dem es zu friedlichen Beziehungen zu anderen und sich selbst kommt. Die Last der verursachten Schäden wurde lange genug getragen, und täglich hat die Psyche einen Preis dafür gezahlt, um dieses schwere Paket unter Kontrolle zu halten.

In *Anonyme Alkoholiker* wird von Wahn und Zerstörung gesprochen, die im Leben chronischer Alkoholiker oft die Norm sind. Der Suchtkranke benahm sich vielleicht wie „ein Wirbelsturm", der „auf seinem Weg rücksichtslos durch das Leben anderer" fegte.[1] Möglicherweise hat man Beziehungen, das Zuhause und den Beruf zerstört oder verlassen. Bis diese Last aufgearbeitet wird, verbraucht sie immer weiter Energie, löst dunkle Gefühle aus und behindert den Fortschritt der emotionalen, mentalen und spirituellen Genesung.

Auch wenn Wiedergutmachung unterschiedlich geleistet werden kann, wird im Neunten Schritt möglichst der direkte Ansatz empfohlen, es sei denn, dies würde die entsprechende Person verletzen.[2] Oft gehört zur Bereinigung ein persönliches Treffen, bei dem Verletzungen benannt werden, ohne weiteren Schaden anzurichten. Dabei wird eine angemessene Entschädigung angeboten und der betreffenden Person genug Zeit gegeben, um zu reagieren. Die Ernsthaftigkeit eines solchen Angebots sollte spürbar sein. Eine Situation zu schaffen, in der es nur darum geht, die

---

(SEITE 228) Der Neunte Schritt kann nicht nur mitfühlenden Respekt für andere, sondern auch für sich selbst fördern. Wird Wiedergutmachung geleistet, ist Selbstvergebung möglich. *Odilon Redon,* **Vase mit Blumen,** *um 1905.* (SEITE 231) Indira Gandhi sagte: „Mit geballter Faust kann man niemandem die Hand geben." Um im Neunten Schritt Wiedergutmachung zu leisten, ist Aufrichtigkeit nötig. *Dom Georges Saget,* **Fresko der Heiligen Drei Könige,** *Klosterkirche Keur Moussa, Senegal, 1963.*

Wiedergutmachungen werden normalerweise persönlich geleistet oder, wenn erforderlich, auch als Brief oder Anruf. Sie zu leben, ist eine weitere Option, und indirekte Wiedergutmachungen können für Menschen geleistet werden, die nicht erreichbar sind. *March Avery,* **On The Dam,** *1963.*

Gutes Beurteilungsvermögen, das Gefühl für den richtigen Zeitpunkt, Mut und Klugheit sind die Eigenschaften, die wir für den Neunten Schritt brauchen.
— ZWÖLF SCHRITTE UND ZWÖLF TRADITIONEN

Aussprache schnell hinter sich zu bringen, wäre kontraproduktiv. Vielleicht muss die andere Person darüber nachdenken, was passiert ist, wie sie zu dem Angebot der Wiedergutmachung steht oder wie sie ihre Einstellung dazu ausdrücken kann. Präsent zu sein, ist wirklich wichtig, wenn man etwas bereinigen möchte.

Der verletzten Person aufmerksam zuzuhören, kann genau das sein, was die Sache zum Abschluss bringt. Rami Shapiro schlägt vor, die Wiedergutmachung mit der Bitte um Vergebung zu verbinden: „Erst wenn wir zugehört haben, wenn wir uns dem Schmerz des anderen vollständig geöffnet haben, können wir uns überhaupt vorstellen, welches Leid wir ihm bereitet haben. Und erst wenn wir das Leid kennen, haben wir eine wahrhaftige Gelegenheit, um Vergebung zu bitten.“[3]

Ähnlich heißt es in *Anonyme Alkoholiker*: „Mit einem reuevollen Murmeln, dass es uns leidtut, ist es nicht getan.“[4] Den Geschädigten um Vergebung zu bitten, überlässt diesem das letzte Wort. Shapiro beschreibt den wichtigen Unterschied zwischen einer Entschuldigung und der Bitte um Vergebung: „Das griechische *apologia*, von dem sich das Wort Apologie (Entschuldigung) herleitet, bedeutet ‚Rede zur eigenen Verteidigung‘. Eine Entschuldigung ist so gesehen eine Verteidigung, ja Recht-

fertigung unseres Handelns oder zumindest eine Flucht vor dem Schmerz, den wir verursacht haben.“[5]

Auch indirekte Wiedergutmachungen sind je nach Situation möglich. Jemand, der gestorben oder nicht auffindbar ist, kann auf diese Weise ebenfalls in den Prozess der Entschädigung einbezogen werden. In diesem Fall bietet sich eine indirekte Wiedergutmachung für ein Familienmitglied an, oder man liest seinem Sponsor einen Brief vor, um ernsthaft einzugestehen, welchen Schaden man verursacht hat.

Direkte Wiedergutmachungen, auch lebendige genannt, können durch verbesserte Beziehungen zu anderen geschehen, etwa indem man jemanden uneigennützig besucht.

Praktische Wiedergutmachungen begleichen finanzielle oder ähnliche Schäden, die andere erlitten haben. Dazu gehört es, Geld zurückzuzahlen oder einen entsprechenden Plan vorzulegen, Behörden über Fehlverhalten zu informieren, gestohlene, geliehene oder zerstörte Dinge zu ersetzen und anderes mehr.

Symbolische Wiedergutmachungen ergänzen die direkten, indirekten und praktischen Entschädigungen. Sie können sich in Ritualen, Texten oder Kunstwerken zeigen, die einen ernsten Versuch der Wiedergutmachung ausdrücken.

Was wird benötigt, um jede Person und Institution auf der Liste zu berücksichtigen? Es hilft, in sich zu blicken und zu erkennen, was man bezüglich jeder Wiedergutmachung empfindet. Gibt es Widerstand? Lauern im Hintergrund versteckte Absichten? Wollen Schmerz oder Stolz die Kontrolle über den Wiedergutmachungsprozess übernehmen? Spielen sich in der Fantasie beängstigende Szenarien ab?

Manchmal tauchen bei der Wiedergutmachung verborgene Absichten auf. Erhoffte Nebeneffekte könnten sein, einen Kredit doch nicht zurückzahlen zu müssen, die Liebe eines Menschen zurückzugewinnen oder in der Familie die Oberhand zu erlangen. Versteckte Motive werden erkannt. Je reiner die Wiedergutmachung ist, umso besser funktioniert sie.

Trotz der verständlichen Hoffnung, dass eine Widergutmachung für beide Seiten konstruktiv verläuft, ist es klug, sie ohne Erwartungen anzugehen. Und eine Wiedergutmachung ist keine Verpflichtung. Man muss einer Person, die man verletzt hat, nicht wieder nahestehen. Es geht nur um einen Augenblick der Gerechtigkeit für etwas ganz Spezifisches. Nichts anderes wird erwartet.

Es ist für die Genesung gut, klar und genau den Zweck einer Wiedergutmachung zu be-nennen. Wenn er mit Demut, Ehrlichkeit, Klarheit und Bereitschaft vorgetragen wird, ist es wahrscheinlicher, dass der Geist der Versöhnung alle Betroffenen berührt und ein Abschluss gefunden wird.

Es gibt bei der Wiedergutmachung eine Ausnahme. In *Zwölf Schritte und Zwölf Traditionen* wird gemahnt, „dass wir unsere innere Ruhe nicht auf Kosten anderer erkaufen können".[6] Das heißt, dass man etwas wiedergutmacht, ohne weitere Verletzungen zu verursachen. Die Liste aus dem Achten Schritt lässt leicht erkennen, wer durch eine Wiedergutmachung Schaden nehmen könnte. Eine indirekte, praktische oder symbolische Wiedergutmachung wäre dann vorzuziehen.

Es ist sehr verständlich, wenn man davor zurückschreckt, ein überfälliges Thema anzusprechen, aber es nützt nichts, in diesem Zusammenhang Ängste, Scham und Selbstkritik zu provozieren. Emotional gefestigte Handlungen werden im Neunten Schritt durch klare Absichten und deutliche Kommunikation und Grenzen ausgedrückt.

Oft hat man selbst am meisten Schaden durch die Sucht erlitten. Selbst für Genesende kann es schwer sein, das anzuerkennen und zu beginnen, sich selbst zu vergeben. Es spricht für emotionale Nüchternheit, wenn

Du musst dir selbst vergeben, zuerst dafür, dass du ein Mensch bist, denn Mensch zu sein, heißt, viele Fehler zu haben. Darum musst du dir vergeben, und dann strömt die Liebe herein.

— MARION WOODMAN

man Selbstakzeptanz, -mitgefühl und -vergebung praktiziert. Schon kleine Gesten können den Umgang mit sich selbst sanfter, heilender und unterstützender gestalten. Jede Wiedergutmachung für andere und sich selbst bietet die Gelegenheit, alten Ängsten zu begegnen und Vergebung zu gewähren.

Ein Symbol für den Neunten Schritt könnte die ägyptische Göttin Maat sein. Sie repräsentiert das Konzept der kosmischen Wahrheit und Weltordnung und personifiziert das vereinende Prinzip der Schöpfung. Ihr Ziel ist es, die fundamentale Einheit und das Gleichgewicht alles Bestehenden zu erhalten. Ein Schaden, der jemand anderem oder sich selbst zugefügt wird, beschädigt auch alles andere.

Die spirituellen Grundsätze, die Maat verkörpert, spiegeln die schon bestehende kreative Matrix der Ordnung, Gerechtigkeit und Wahrheit wider, die universellen Prinzipien. Sie werden in einem symbolischen Ritual herbeigerufen, das nach dem Tod stattfindet. Dann wird das Herz des Verstorbenen gegen Maats Feder der kosmischen Wahrheit aufgewogen. Ist das Herz weder zu schwer noch zu leicht, sind die irdischen und spirituellen Eigenschaften ausgewogen.

Im Neunten Schritt die Dinge wieder ins Lot zu bringen, ist Ausdruck der universellen Prinzipien Wahrheit, Gerechtigkeit und Ausgewogenheit. Sie sind im Gewissen der Menschen angelegt, wie Joseph Addison anmerkte. Ein gutes Gewissen ist „für die Seele, was Gesundheit für den Körper ist; es erhält in uns eine konstante Leichtigkeit und Heiterkeit und bildet das Gegengewicht zu all dem Unheil und den Leiden, die uns befallen können."[7]

Das Leitprinzip des Neunten Schritts ist Gerechtigkeit, und der folgende Schritt lädt dazu ein, Gerechtigkeit und Integrität in den Alltag zu bringen. Der Zehnte Schritt rät aus diesem Grund zu Achtsamkeit, Sorgfalt und Aufmerksamkeit, wenn man auf die Ereignisse und Einflüsse des Tages reagiert, und zu Verantwortungsbewusstsein, wann immer es in Bezug auf andere notwendig ist. Der Zehnte Schritt ist der Beginn eines neuen Kapitels im AA-Genesungsprogramm. Um seine Genesung zu erreichen, muss man sich gut damit beschäftigen.

(SEITE 236/237) Der Olivenzweig dient seit frühester Zeit als Symbol des Friedens. Die Praktiken zum Friedenschließen im Achten und Neunten Schritt sorgen für einen Zustand des inneren Friedens und der Heiterkeit. *William Merritt Chase,* **Der Olivenhain,** *um 1910.*

SEI ACHTSAM

Wir setzten die Inventur bei uns fort – und wenn wir
unrecht hatten, gaben wir es sofort zu.
— ZEHNTER SCHRITT, ANONYME ALKOHOLIKER

Der Zehnte Schritt leitet eine neue Phase des Zwölf-Schritte-Programms ein, denn er ist der erste der drei „Instandhaltungsschritte". In der AA-Literatur wird geraten, weiterhin sich selbst zu beobachten und im Alltag verantwortungsvoll – mit anderen Worten: achtsam – zu sein. Der gemeinsame Zweck des Zehnten und Elften Schritts ist es, die emotionale, mentale und spirituelle Praxis zu verbinden, was nicht nur für Genesung sorgt, sondern auch für Wohlbefinden in allen anderen Lebensbereichen.

Im Zehnten Schritt wird subtil angeraten, seine Integrität zu wahren, immer wieder eine persönliche Inventur zu machen und sich umgehend zu jedem Fehlverhalten zu bekennen. Diese „Integrität der Gegenwart" erfordert die Bereitschaft zu beobachten, was vor sich geht, und sich so zu verhalten, dass die Genesung unterstützt wird.

Zwölf Schritte und Zwölf Traditionen ermutigt zu einem selbstreflexiven Ansatz, der zur Gewohnheit werden kann: „Weise Menschen haben schon immer gewusst, dass niemand ohne ständige Selbstkontrolle etwas aus seinem Leben machen kann, bevor er das, was er findet, nicht zulässt und annimmt – und solange er nicht geduldig immer wieder versucht, seine Fehler zu korrigieren."[1]

Anonyme Alkoholiker macht ganz klar, warum es für die Genesung so wichtig ist, sich Gewohnheiten wie die Selbsterforschung anzueignen. Alkoholismus ist eine heimtückische, verwirrende und mächtige Krankheit. Für den chronischen Alkoholiker gibt es keine andere Heilung als die „tägliche Bewährungsfrist", und die besteht nur „unter der Bedingung, unser spirituelles Leben instand zu halten".[2]

Die gesamte moderne Sucht- und Genesungsliteratur warnt auch stets vor Selbstgefälligkeit. Der Suchtprozess kann heute in den meisten Kulturen der Welt ganz leicht ausgelöst werden. Die gnadenlose Versuchung, in den unbewussten Seinszustand zurückzugleiten, ist immer da.

(SEITE 238) Ein Ensō (Kreis) wird in einem durchgängigen Pinselstrich gemalt, um die aktuelle Gemütsverfassung seines Schöpfers wiederzugeben. Es geht dabei um Achtsamkeit und Präsenz. *Mitsuru Nagata,* **Ensō,** *2022.* (SEITE 241) Der Zehnte Schritt markiert den Beginn eines neuen Kapitels bei der Genesung mit der Zwölf-Schritte-Methode. Es geht um Achtsamkeit an sich und darum, bedacht zu sein, sich selbst zu beobachten und im Alltag verantwortungsbewusst zu handeln, also persönliche Integrität zu üben. *Frederic Soltan,* **Sadhu im Tempel Brihadishwara in Thanjavur,** *Indien, 1998.*

*Der Zehnte Schritt ist der Anfang, unseren Lebensweg
mit den Anonymen Alkoholikern in die Praxis umzu-
setzen – und zwar Tag für Tag, ob es regnet oder die
Sonne scheint. Dann kommt der Bewährungstest:
Können wir nüchtern bleiben? Können wir unser in-
neres Gleichgewicht behalten? Bleiben wir in allen
Situationen unserem gesteckten Ziel treu?*
— ZWÖLF SCHRITTE UND ZWÖLF TRADITIONEN

Eine Metapher bezeichnet den Suchtprozess als „wieder einschlafen", aber das kann
für Genesende tödlich sein.

Die tägliche Übung des Zehnten Schritts,
sich der Gegenwart bewusst zu sein, hilft, die
Genesung zu schützen und zu vertiefen. Achtsamkeit ermöglicht es, sich wieder an den
grundlegenden Prinzipien der Genesung zu
orientieren, wenn etwas passiert. Aber sich
dessen bewusst zu bleiben, was im jetzigen
Augenblick geschieht, kann für jeden eine
Herausforderung sein, nicht nur für Genesende. In den Weisheitstraditionen wird immer
wieder darüber gesprochen, wie schwer es
ist, bewusst und wach zu bleiben. Das taucht
als Metapher auch in Mythen, Märchen, in
der Literatur und Kunst weltweit auf.

Obwohl es viele gute Gründe dafür gibt,
im Zehnten Schritt so großen Wert auf die tägliche Inventur zu legen, kann die Selbstwahr-
nehmung schwierig sein, „weil sehr viele von
uns sich niemals an eine gründliche Selbsterforschung gewöhnt haben".[3] Es erfordert
Zeit, Übung und Disziplin, um daraus eine
Gewohnheit zu machen. Es ist ganz normal,

sich in Gedanken zu verlieren und die Realität
nicht zu beachten. Rami Shapiro sagt: „Meistens funktionieren wir im Autopilotmodus,
wir achten nicht darauf, was wir tun, wir tun es
einfach." Und: „Fehler einzugestehen, wenn
wir sie gerade machen, erfordert nicht nur
sehr genaue Beobachtung und Achtsamkeit,
sondern auch tiefe Demut, mit der wir uns
von dem Bedürfnis befreien, unser Selbstbild
zu schützen."[4]

Trotz solcher Schwierigkeiten wächst die
Achtsamkeit jedoch im Verlauf der Schritte.
Hindernisse werden kleiner, verschwinden
und hinterlassen einen Raum, in dem ein ganz
bewusstes Selbst erscheinen kann, eines, das
die Einflüsse bemerkt, die unterwegs auftauchen, und achtsamer auf sie reagieren kann.

Carl Gustav Jung war einer von vielen, die
beobachtet haben, dass andere Menschen als
Spiegel des eigenen psychologischen Aufbaus
dienen und „wir in tausend Verkleidungen
uns selber auf dem Pfad des Lebens immer
wieder begegnen".[5] Es ist kein Geheimnis, dass
die Selbsterkenntnis in der Beziehung zu anderen rasch wachsen kann, aber dazu gehört

---

Von einem Genesungsprozess heißt es allgemein oft, er finde „Tag für Tag" statt. Auf ähnliche Weise
besagt der Zehnte Schritt, dass jeder neue Tag die Gelegenheit bietet, die Prinzipien der Genesung zu
üben. **Statue einer Frau,** *Ägypten, um 1390–1353 v. Chr.*

die Bereitschaft, sich ehrlich selbst zu beobachten und das Entdeckte anzunehmen.

Der Alltag ist geprägt durch zahlreiche Beziehungen, und manche davon können Trigger sein. Den schwierigen Umgang mit anderen aufmerksam zu beobachten, ist eine Art von Inventur. *Zwölf Schritte und Zwölf Traditionen* erläutert, wie eine akkurate Selbstinventur gelernt werden kann. Verschiedene Inventurarten werden im Zehnten Schritt vorgestellt, von der „Sofortinventur" bis zu Rückblicken am Tagesende.[6] Die Inventur aus dem Vierten Schritt kann ebenfalls herangezogen werden, wenn Reaktionen und Verhaltensweisen unverhältnismäßig stark sind.

In *Zwölf Schritte und Zwölf Traditionen* liegt ein großer Schwerpunkt auf dem Aspekt der Gefühle. Ein „emotionaler Kater" kann zahlreiche Problematiken auslösen, und es werden Beispiele für die emotionalen Zustände genannt, auf die man achten muss: Groll, Wut, Eifersucht, Neid und Selbstmitleid können alle „schnell wieder zur Flasche führen".[7] Zu den Vorschlägen gehört es, anderen nicht zu schreiben, wenn man aufgewühlt ist. *Anonyme Alkoholiker* rät dazu, täglich „auf der Hut vor Egoismus, Unehrlichkeit, Groll und Furcht" zu sein.[8] All das bietet Chancen, ein emotionales Bewusstsein zu entwickeln.

Die emotionale Nüchternheit wächst im Zehnten Schritt. Die neuen Wege werden im Alltag erlernt, fortgeführt und verfeinert. Ziel ist es, sich nach innen zu wenden und zu beobachten, was dort vor sich geht. Es dauert nur einen Moment, um sein Inneres anzusehen und ein Gefühl dafür zu bekommen, was dort los ist. Das schafft auch Raum für Reflexion, wenn die Dinge des täglichen Lebens sich kritisch entwickeln. Wie will ich reagieren? Was hat in dieser Situation wirklich Vorrang? Die emotionale Genesung zeigt sich, wenn man weiß, wann man innehalten, in sich blicken, beobachten und reagieren soll.

Erscheint eine emotionale Reaktion unverhältnismäßig, kann eine schriftliche Inventur helfen zu klären, wo die eigene Verantwortlichkeit liegt. Emotionale Themen könnte man in einem interaktiven Dialog mit spontanen Fragen und Antworten notieren und dabei mit der dominanten Hand die Fragen und mit der anderen die Antworten aufschreiben.

Es ist nicht verwunderlich, dass im Zehnten Schritt empfohlen wird, weiterhin Inventuren zu machen, denn im Alltag tauchen unweigerlich immer wieder emotionale Ereignisse wie Trigger, Muster und typische Gefühle auf. Es gibt aber immer einen Entscheidungsspielraum, selbst dann, wenn die emotionale

Gib mir Kraft,
um ein kühner Teilnehmer zu sein
statt eines zaghaften Heiligen in Wartestellung
in der schwierigen Alltäglichkeit des Jetzt,
um die Autorität der Wahrheit auszuüben,
statt mich der Macht zu beugen
oder zu betrügen, um sie zu bekommen,
jemanden um der Gerechtigkeit willen zu beeinflussen,

statt jemanden um des Gewinns willens zu
beeindrucken,
und, durch Gnade, die Schätze der Freundschaft,
des Friedens zu finden,
versteckt in den Feldern des Alltags,
die du mir gibst, um sie zu pflügen.

— TED LODER

Belastung größer wird, als es der Situation angemessen wäre. Möchte ich diese Reaktion fortsetzen? Was würde helfen, um sie zu ändern? Zur emotionalen Genesung gehört zu lernen, sich konstruktiv mit allen Gefühlen auseinanderzusetzen, die aufkommen.

Die Pflege von Dankbarkeit wird in der AA-Literatur ebenfalls betont.[9] Die Praxis des Dankens und Wertschätzens hat bekanntermaßen emotionalen, mentalen, physischen und spirituellen Nutzen.

Carl Gustav Jung schrieb, es sei „unbedingt nötig, daß wir mit dem Bewußtsein immer so weit dabei sind, daß unsere Wirklichkeit, d. h. das jetzt und hier Existierende, genügend wahrgenommen wird".[10] Das ist die Botschaft des Zehnten Schritts, der von einer ganz neuen Lebensart spricht, die täglich eingeübt werden kann. Fred H. schreibt, dass das ganz alltäglich wird: „Dann merken wir eines Tages, dass die Arbeit am Zehnten Schritt so normal geworden ist wie gehen, sich anziehen und mit Freunden sprechen."[11]

Die Kunst des Beachtens, der Präsenz und der Reflexion ist in den spirituellen Traditionen der Welt ein zentraler Glaubenssatz. Ein angesehener Achtsamkeitslehrer war Thich Nhat Hanh. Aus seiner Sicht ist das Leben nur im Hier und Jetzt verfügbar, nicht in der Vergangenheit oder der Zukunft. Nur die Gegenwart kann unser wahres „Zuhause" sein. Er sagte: „Die Achtsamkeit ist die Energie, die auf alle Dinge und Aktivitäten ihr Licht wirft; sie bringt die Kraft der Konzentration hervor, führt zu tiefer Einsicht und zum Erwachen."[12]

Die Kultivierung des Wach- und Achtsamseins im Jetzt vertieft die Beziehung zum Leben selbst. Es wird organischer erlebt, wenn es sich im Selbst und außerhalb davon entfaltet. Dieser Bewusstseinszustand kann frei werden von jeder Beurteilung, die das Einsortieren in gut oder schlecht mit sich bringt, und sich nur auf das beziehen, „was ist", wobei sich das reine Sein in immer neuen Konstellationen zeigt, da es sich im ständigen Wandel befindet.

Ein passendes Symbol für den Zehnten Schritt ist das Erwachen. In Märchen und Mythen erwachen Helden und Heldinnen aus tiefem Schlaf. Die Sufi-Dichtung beschreibt die Menschheit im Zustand der Bewusstlosigkeit, ohne Kenntnis ihrer wahren Natur. Im Gedicht „Morgenwinde" von Rumi wird mehrfach wiederholt: „Schlaf nicht wieder ein."[13] Das Leitprinzip des Zehnten Schritts ist es, in der Gegenwart zu leben. Das bereitet den Elften Schritt vor, der vorschlägt, eine spirituelle Verbindung und Führung durch Gebet und Meditation zu suchen.

Wenn der Zehnte Schritt bevorsteht, ist schon viel entdeckt worden. Er erinnert daran, dass der Genesungsprozess ein täglicher Ausstieg aus dem Suchtverhalten ist, also nicht gleichzusetzen ist mit der Heilung der Krankheit. Die Achtsamkeit geht im Alltag weiter, und die nächsten beiden Schritte enthalten Übungen, die die langfristige Genesung unterstützen. *Karl Nordström,* **Sonnenglut,** *1909.*

是首可佛弟子八何知之
夢見俊天竺國聖人僧来
入我寺懐如是任船産
堂也然則登此子将作佛
弟子吾若少之耳甫喜
以近去當作佛像造完遺臺
堂安置彼内奉礼為翠州
蒋吾文佐伯氏讃岐國
又度郡人昔征飲毛祓
斑上吳母阿刀氏人也

年始十二爰文母曰我子

BETE UND MEDITIERE

Wir suchten durch Gebet und Besinnung die bewuss-te Verbindung zu Gott – wie wir ihn verstanden – zu vertiefen. Wir baten ihn nur, uns seinen Willen er-kennbar werden zu lassen und uns die Kraft zu ge-ben, ihn auszuführen.

— ELFTER SCHRITT, ANONYME ALKOHOLIKER

Die Zwölf Schritte der AA ruhen auf einem Fundament spiritueller Prinzipien. Im Elften Schritt wird empfohlen, zwei universell aner-kannte spirituelle Praktiken zum Bestandteil des Lebens zu machen: Gebet und Meditati-on. Sie tragen nicht nur zur langfristigen Ge-nesung bei, sondern unterstützen auch den Aufbau eines bewussten Kontakts zu einer „Höheren Macht", wie auch immer diese vom Einzelnen verstanden wird.

Zwölf Schritte und Zwölf Traditionen ver-weist auf ein Paradoxon, das genesende Alko-holiker kennen. Sie akzeptieren bereitwillig die Wunder der AA-Genesung, schrecken aber vor Gebet und Meditation zurück, „wie der Wissenschaftler, der sich weigert, ein Experi-ment durchzuführen, aus Furcht, seine Lieb-lingstheorie könnte sich als falsch erweisen".[1]

Das Gebet wird als Weg beschrieben, um in Kontakt mit einer Macht, größer als wir selbst, zu treten und die Bereitschaft zu kom-munizieren, sich von ihr leiten zu lassen. Die AA-Literatur lehnt es aber eindeutig ab, um konkrete und spezielle Ergebnisse zu bitten. Das wäre ein Bittgebet, in dem es darum geht, Gott zu veranlassen, *unseren* Willen auszu-führen", statt um Führung für das eigene Tun zu bitten.[2] Das passt zu der Schlussfolgerung, zu der Søren Kierkegaard über das Gebet

kam: „Das Gebet verändert nicht Gott, son-dern es verändert den Betenden."[3]

In *Zwölf Schritte und Zwölf Traditionen* wird das Bedürfnis zu beten mit dem Bedürfnis des Körpers nach Luft, Licht und Nahrung vergli-chen. Ohne Gebete fehle dem Geist, den Ge-fühlen, der Intuition und Seele eine wichtige Stütze, und sie könnten ihre Aufgabe nicht er-füllen.[4] Herb K. glaubt, man müsse nicht ver-stehen, wie das Beten funktioniert, sondern es nur versuchen: „Wir müssen es einfach tun. Und dann, später, blicken wir einfach zurück und stellen fest, dass es funktioniert hat (was auch immer das für Sie bedeuten mag)."[5]

Die Menschen beten seit Urzeiten. Eliza-beth Roberts und Elias Amidon schreiben, dass sich mit Gebeten „geschickt ein inneres Friedensgefühl mit den Anforderungen der Welt verbinden lässt. Sie helfen uns, den auf-geregten Geist zu beruhigen. Ihre Worte tra-gen uns über die Worte hinaus. Deshalb sind sie die ursprünglichste Sprache, die wir Men-schen nutzen, um uns am Göttlichen aus-zurichten."[6] Gebete wirken in schwierigen Lebenssituationen auch tröstend: „Es ist sicher-lich nicht einfach zu beten, wenn in uns die Verzweiflung wächst. Aber wir müssen beten. Beten, um unserer Wahrheit eine Stimme zu geben, um der Wahrheit ins Auge zu sehen."[7]

(SEITE 248) Die Bildrolle zeigt den buddhistischen Mönch, Gelehrten und Künstler Kūkai, der hier als Kind mit himmlischen Buddhas spricht. *Unbekannt,* **Kobo Daishi (Kūkai) als Junge,** *Japan, 15. Jahrhundert.* (SEITE 251) Der Elfte Schritt empfiehlt zwei weltweit anerkannte Praktiken: Gebet und Meditation. Er empfiehlt, einen „bewussten Kontakt" mit der Macht, größer als wir selbst, zu pflegen. *Albrecht Dürer,* **Betende Hände,** *um 1508.* (OBEN) Meditationspraktiken wurden mündlich, schriftlich und durch konkrete Übungen über Jahrtausende weitergegeben. Ein häufiger gemeinsamer Nenner ist das bewusste Schweigen und Stillsitzen. *Gustav Klimt,* **Seeufer mit Birken,** *1901.*

Wenn eine Höhere Macht uns unsere geistige Ge-
sundheit wiedergegeben hat und wir durch sie eine
gewisse innere Ausgeglichenheit erlangt hatten, um
in dieser unruhigen Welt leben zu können, dann lern-
ten wir durch den Elften Schritt, dass es sich lohnt,
durch einen möglichst engen Kontakt eine tiefere Er-
kenntnis von dieser Höheren Macht zu erlangen.
— ZWÖLF SCHRITTE UND ZWÖLF TRADITIONEN

Meditation braucht nicht viel Zeit und ist nicht schwer zu erlernen. Verschiedene Denkrichtungen entwickelten diese Kunst über Jahrtausende. Einfache Übungen beruhigen den Körper, während andere mit dem Wesen des Geistes, mit Gefühlen und anderen Phänomenen arbeiten.

Meditation kann bedeuten, einfach nur bewusst still zu sein und zu schweigen. In dieser Ruhe fällt es leichter zu bemerken, was wirklich los ist, sowohl in als auch um uns. Wann immer ein Gedanke, ein Gefühl, eine Empfindung oder etwas anderes unsere Aufmerksamkeit auf sich zieht, nimmt man es zwar wahr, bleibt aber einfach im Hier und Jetzt präsent.

Es ist normal, dass im Schweigen und in der Stille Gedanken auftauchen, die in die Vergangenheit führen, Ereignisse neu schreiben, die Zukunft planen oder sich mit der Gegenwart beschäftigen. Zu Beginn einer Meditationsübung kann es helfen, die Aufmerksamkeit auf etwas zu richten – das Einatmen, einen Klang, ein Bild oder Objekt –, weil der Geist sonst versucht, die Erlebnisse zu kontrollieren und zu etwas Produktivem zu machen. Das Ego kann sogar bei so etwas Ruhigem wie der Meditation Ehrgeiz entwickeln und den Erfolg beurteilen. Solch ein Impuls vergeht, wenn man ihn nur beobachtet, und mit der Zeit lässt man sich weniger ablenken.

Regelmäßige Meditation verbessert und verfeinert die Fähigkeit, Gedanken, die bei der Meditation die Aufmerksamkeit auf sich ziehen, zu flüchtigeren Ereignissen auf einer ruhigen inneren Leinwand werden zu lassen. Aber auch im Alltag fällt es dann leichter, seine Gedanken zu fokussieren und zu lenken, und mit der Zeit gelingt es immer besser, in den unterschiedlichsten Situationen einen gelassenen Bewusstseinszustand zu bewahren.

Diese und weitere Entwicklungsmöglichkeiten beginnen damit, dass man dem, was im Schweigen und in der Stille geschieht, Aufmerksamkeit schenkt. Mahatma Gandhi beschrieb diesen bemerkenswerten Effekt wie folgt: „Im Zustand des Schweigens findet die Seele ihren Weg in einem klaren Licht und alles Trügerische und alle Täuschung lösen sich auf in kristallene Klarheit."[8]

Zwölf Schritte und Zwölf Traditionen sagt, dass Praktiken wie Selbsterforschung, Gebet und Meditation eng verbunden sind und gemeinsam eine „unerschütterliche Grundlage des Lebens" bilden.[9] Kontemplative Zustände können auf unterschiedliche Weisen gepflegt werden, man muss sich nur für eine der vielen Praktiken entscheiden.

Die Praktiken des Elften Schritts tragen auf jeden Fall zum emotionalen, mentalen und spirituellen Wohlbefinden bei. Es entstehen auch Fertigkeiten zur Stärkung und Erhaltung der Nüchternheit. Sollten Gebet und Meditation zu emotionalem Unwohlsein führen, hilft es, das Gefühl einfach aufkommen zu lassen, dann wahrzunehmen, dass es da ist, und anschließend zu beobachten, wie es weiterzieht. Emotionales Unwohlsein anzuerkennen, führt oft dazu, dass sich das Gefühl viel schneller auflöst als bei dem Versuch, es durch Abwehr oder Unterdrückung loszuwerden.

Das Ego nimmt sich immer sehr ernst und mag Schweigen und Stille nicht. Es benimmt sich wie ein Angstmacher, findet Probleme und Fehler, damit der Eindruck entsteht, es habe alles im Griff. Gebet und Meditation sorgen stattdessen für Bewusstseinszustände, die Akzeptanz, Demut, Offenheit, Heiterkeit, Vertrauen und achtsames Bewusstsein ermöglichen. Diese beiden sehr gegensätzlichen Zustände können sich in den Praktiken, die im Elften Schritt vorgeschlagen werden, durchaus auch abwechseln.

Indem man die Anspannung akzeptiert, kann eine Versöhnung solcher Gemütszustände stattfinden. Inneren Frieden erreicht man nicht dadurch, dass man die Stürme des Lebens meidet, sondern indem man eine heitere Mitte in sich kultiviert, zu der man immer wieder zurückkehren kann, wenn die Höhen und Tiefen des inneren und äußeren Lebens kommen und gehen.

Innere Zustände zu beobachten, statt sie zu bewerten, ist eine erstrebenswerte Fähigkeit, die im Elften Schritt erlernt werden kann. Wer daran gewöhnt ist, immer etwas zu tun, mag es unangenehm finden, bei der Meditation ganz still zu sitzen. Der Zwang zu ständiger Aktivität ist oft eine Strategie, mit der man um jeden Preis verhindern will, sein emotionales Innenleben zu spüren.

Da die Meditation aufs Sein und nicht aufs Tun ausgerichtet ist, kann es etwas dauern, bis man daran gewöhnt ist, in der Stille und im Schweigen Emotionen aufkommen und weiterziehen zu lassen. Stephanie Covington rät sogar, die Praktiken aus dem Elften Schritt anzuwenden, „sobald wir spüren, dass wir aus dem Gleichgewicht sind. Wir suchen instinktiv unsere Mitte, wenn wir sie brauchen, und wenden uns der inneren Ruhe zu, die wir in unserer spirituellen Praxis eingeübt haben."[10]

Das Leitprinzip des Elften Schritts ist das Einstimmen auf eine Macht, größer als wir selbst, um zu erfahren, was „ihr Willen" ist. Wie man diesen Willen wahrnehmen kann, wurde

Wirst du ruhig sein?
Still, Sanft,
Ungestört,
Präsent und empfänglich
Wie ein schweigendes Meer.

Wirst du vertrauen
der flüsternden Stimme,

die dich wissen lässt,
wie sehr du dazugehörst?

Wirst du ruhig sein
Und in dieser Ruhe
Den Aufruhr der Welt beschwichtigen?

— NANNA AIDA SVENDSEN

im Lauf der Zeit oft diskutiert und unterschiedlich beantwortet. Die Bandbreite reicht von „eine kleine ruhige Stimme hören" über das Erleben von Inspiration, Intuition, Synchronizität und Visionen bis hin zum Erfassen einer gefühlsmäßig vermittelten Botschaft aus dem inneren Wissen heraus. Die AA-Literatur nennt das „den Willen Gottes", der durch Intuition wahrgenommen wird. Das Einstimmen könnte so einfach sein wie dieses Mantra: „Mögen dein Wille und meiner eins sein."

Um eine solche Kommunikation zu führen, ist innere Ruhe nötig – und Meditation sorgt für eine empfängliche innere Stille. Zum Gebet gehört oft eine interaktive Beziehung, in der um Führung in allen möglichen Lagen gebeten werden kann. Jeder findet seinen Weg, den Elften Schritt zu bearbeiten, und die eigentliche Absicht, sich zu verbinden – und verbunden zu werden –, macht das Einstimmen lebendiger.

Sich mit etwas verbunden zu fühlen, das größer ist als man selbst, kann zu einem intensiven Zugehörigkeitsgefühl führen. *Zwölf Schritte und Zwölf Traditionen* sagt dazu: „Vielleicht ist der größte Gewinn, den wir aus Ge-

bet und Meditation ziehen, das Gefühl des Dazugehörens."[11]

Die Natur bietet unendlich viele Symbole für heitere und stimmige Seinszustände, die mit den Übungen des Elften Schritts entdeckt werden können. Ob es die Erfahrung absoluter Stille und Ruhe im sanft fallenden Schnee ist oder die atemberaubende Geometrie einer Blume – die Natur vermittelt nahezu zahllose Qualitäten, die in Gebet und Meditation erlebt werden können.

Die Erfahrung des bewussten Kontakts zu einer Höheren Macht, „Gott, wie wir ihn verstehen", ist eine intime und persönliche Reise. Und das gilt auch für die Symbole, die diese lebendige Verbindung darstellen.

Die Übungen des Elften Schritts stärken Seinszustände, die empfänglich, intuitiv und verbunden sind. Sie bringen Qualitäten in den Zwölften Schritt, in dem die persönliche Erfahrung mit der Reise durch die Zwölf Schritte mit denen geteilt wird, die noch immer die Verheerungen der Sucht durchleiden. Dieser Schritt empfiehlt, die Prinzipien der Zwölf-Schritte-Genesung auch in alltäglichen Situationen zu beherzigen.

(SEITE 256/257) Der Elfte Schritt rät zu Gebet und Meditation, wobei die Genesenden diese Übungen frei von Vorgaben individuell praktizieren können. *Caspar David Friedrich,* **Mönch am Meer,** *1808–1810.*

HILF ANDEREN

Nachdem wir durch diese Schritte ein spirituelles Er-
wachen erlebt hatten, versuchten wir, diese Botschaft
an Alkoholiker weiterzugeben und unser tägliches
Leben nach diesen Grundsätzen auszurichten.
— ZWÖLFTER SCHRITT, ANONYME ALKOHOLIKER

Beim Zwölften Schritt geht es um spirituelles Erwachen. Er bringt die Botschaft der Genesung und weist uns an, „diese Prinzipien in allen unseren täglichen Angelegenheiten anzuwenden".[1] In den vorangegangenen elf Schritten wurde ein Transformationsprozess durchlaufen. Die AA-Literatur beschreibt, dass genesende Alkoholiker „jetzt mehr Ehrlichkeit, Toleranz, Selbstlosigkeit, innere Ausgeglichenheit und Liebe, als sie sich je erträumt hatten", besitzen.[2]

Die Veränderung kann bei der Genesung sinnvoll eingesetzt werden, um anderen zu helfen, indem man einfach über seine Erfahrungen, Stärke und Hoffnung auf der Reise zur Genesung berichtet. Die menschliche Gemeinschaft braucht Hilfe. Der Zwölfte Schritt erklärt auch, dass das persönliche Wachstum weitergeht. Die in den Zwölf Schritten gelernten Prinzipien lassen sich auch in allen anderen Lebensbereichen anwenden.

Wenn Abhängige mit Alkohol-, Drogenmissbrauch, Zwangsstörungen und anderen Suchtproblemen in AA-Gemeinschaften kommen, sehen sie, dass die Menschen sich dort gegenseitig bei der Genesung beistehen.

Bei den Treffen ist ganz klar, dass die Hilfe für andere das Wesentliche bei der Genesung nach dem Zwölf-Schritte-Programm ist. Das wird „die Botschaft weitergeben" genannt. So funktioniert der Genesungsprozess, um clean und nüchtern zu werden und zu bleiben.

In der zweiten Ausgabe von *Anonyme Alkoholiker* von 1955 gab es den Versuch, die Sprache zu erweitern, die die „spirituelle Erfahrung" beschrieb, auf die sich der ursprüngliche Text bezog. Sie wurde eher als Prozess dargestellt, in dem man sich der Macht, größer als man selbst, bewusst wird. Der Begriff „spirituelles Erwachen", der eingeführt wurde, ist auch für den Zwölften Schritt relevant.

Im Zwölften Schritt erleben die Menschen vielerlei Erweckungserlebnisse. So fühlen sie sich oft verbundener als vorher. Teil einer Gemeinschaft zu sein, deren Mitglieder dieselben Probleme haben, lässt die tiefgehende Abkopplung heilen, die durch die Sucht entstanden ist: die vertraute Getrenntheit, Isolation, Einsamkeit und Selbstaufgabe.

Aufzuwachen und Verbundenheit sowie Zugehörigkeit vorzufinden, passiert in den AA-Gemeinschaften, aber auch in der Beziehung zu sich selbst. Wenn Eigenwahrnehmung und Selbsterkenntnis zunehmen, erwachen auch ganz neue Arten des Denkens, Sprechens und Verhaltens.

Die Genesung bewirkt eine Evolution des persönlichen Bewusstseins. *Zwölf Schritte und*

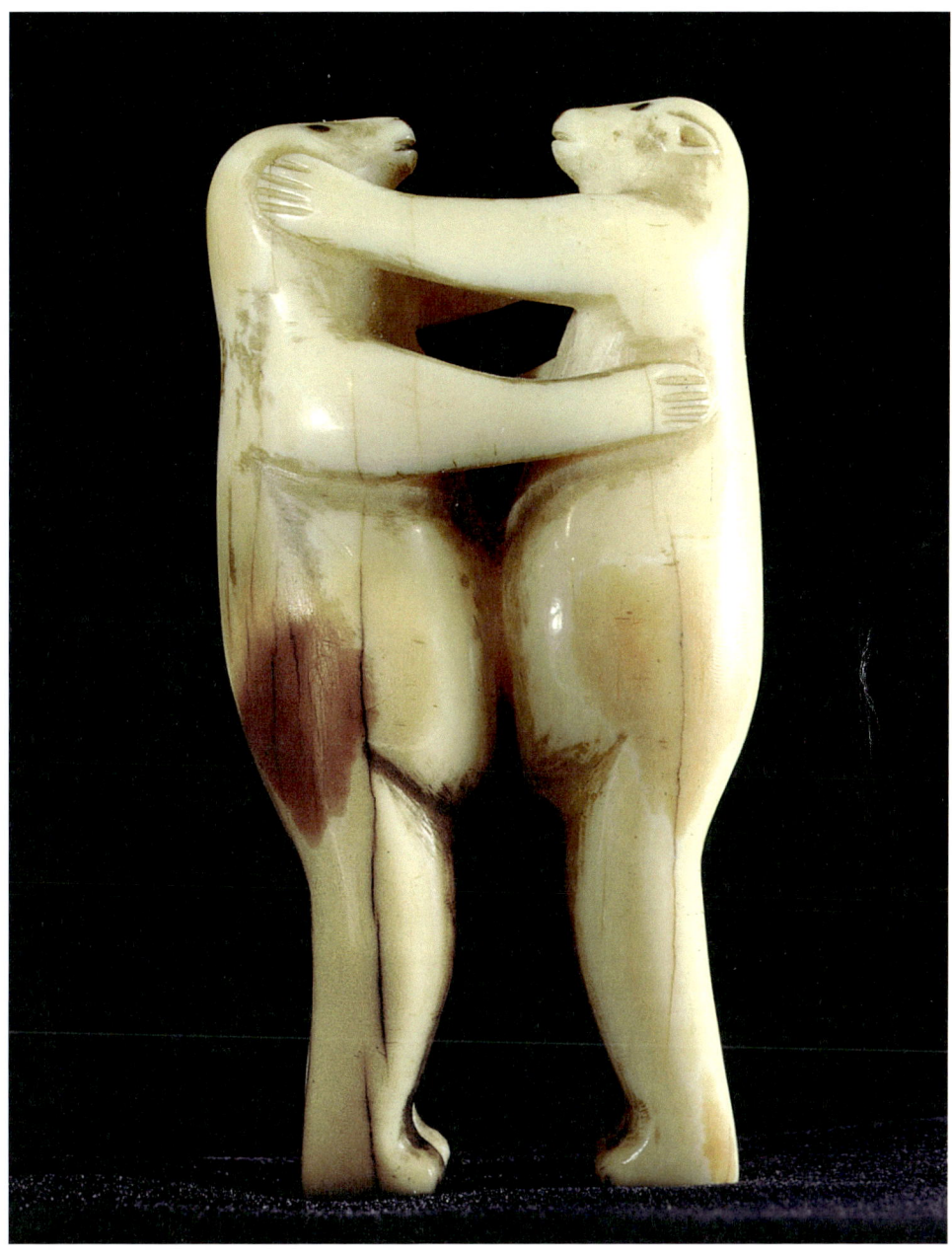

(SEITE 258) Der Zwölfte Schritt stärkt das Mitgefühl. Als Symbol des universellen Mitgefühls gilt der Bodhisattva Avalokiteshvara, der die „leidenden Massen" sieht und ihnen hilft. **Der elfköpfige, 1000-armige Avalokiteshvara,** *19./20. Jahrhundert.* (OBEN) Der Zwölfte Schritt rät dazu, zu dienen und die Botschaft von der Genesung an die weiterzugeben, die noch leiden. Auch sollen die Prinzipien der Genesung in allen Lebensbereichen praktiziert werden. *Bill Watkins,* **Zwei Eisbären umarmen sich,** *2009.*

Lebensfreude ist das Thema des Zwölften Schrittes der Anonymen Alkoholiker – und das Schlüsselwort heißt Handeln. Jetzt wenden wir uns den Menschen zu, die noch unter der Alkoholkrankheit leiden. Hier erleben wir, dass Geben seliger ist als Nehmen.
— ZWÖLF SCHRITTE UND ZWÖLF TRADITIONEN

Zwölf Traditionen berichtet von Genesenden, die taten und bekamen, was zuvor unmöglich schien: „Ihnen wurde das Geschenk eines neuen Bewusstseins und Lebens zuteil."[3]

Sich gegenseitig die Hand zu reichen, ist etwas, was gleich zu Beginn des Genesungsprozesses geschieht. Der Zwölfte Schritt rät, das auch weiterhin zu praktizieren, denn anderen zu helfen, ist der Schlüssel zu einer langfristigen Genesung. Das kann auch für eine sehr positive Lebensweise sorgen. Ein bekannter Slogan in den AA-Gemeinschaften ist: „Man muss es weitergeben, um es zu behalten."

Das Buch *Anonyme Alkoholiker* widmet dem Zwölften Schritt ein ganzes Kapitel und geht detailliert auf die vielen Aspekte der Hilfe ein, mit der man andere leidende Alkoholiker beim Nüchternwerden unterstützen kann.

Als die AA Mitte der 1930er-Jahre erstmals den Genesungsprozess definierten und das Buch geschrieben wurde, war es üblich, Trinker, die dem Alkohol gegenüber machtlos waren und ihr Leben nicht mehr im Griff hatten,

---

Einander bei der Überwindung von Problemen zu helfen, spiegelt wider, wie wir im Leben voneinander abhängen. Der Zwölfte Schritt lädt ein, sich von der Ich- zur Wir-Orientierung zu bewegen. *Camille Pissarro,* **Der Kreis,** *um 1884.*

aufzusuchen. Das blieb nicht lange so, und der Schwerpunkt wurde beim Umgang mit der Außenwelt und den Medien auf „Anziehung statt Werbung" verschoben. Seither wird für die AA-Genesung nicht geworben. Die „Verbreitung der Botschaft" ist keine Marketingkampagne, die überredet, auffordert und beeinflusst. Die erzählten Geschichten sind die Erfahrungen der Menschen, die clean und nüchtern geworden und geblieben sind.

Die Empfehlungen des Zwölften Schritts zu befolgen, kann so einfach sein, wie täglich für die Hilfsbereitschaft zu leben. Mit Ehrlichkeit, Aufrichtigkeit und Wahrhaftigkeit kommt man weit, wenn man anderen bei der Genesung hilft. Ihre Erfahrungen, Stärken und Hoffnungen mit anderen zu teilen, die noch leiden, fällt denen, die selbst diese Schritte durchlaufen haben, nicht schwer.

Zwölf Schritte und Zwölf Traditionen sagt, dass wir „problematische Leute sind, die einen Weg aus ihren Schwierigkeiten gefunden haben, und wir wollen unsere Erkenntnis über diesen Weg mit anderen teilen".[4] Es gibt viele Möglichkeiten, im Zwölf-Schritte-Programm seine Hilfe anzubieten, sei es als Sponsor oder als Helfer bei Treffen und darüber hinaus.

Stephanie Covington erläutert das AA-Verständnis, wonach Dienen zu einem integralen Teil des Lebens wird: „Genesung ist eine Erfahrung, die auf Gegenseitigkeit beruht, wir geben und nehmen ständig." Es stärkt die eigene Heilung, mit anderen seine Erlebnisse zu teilen, aber „das heißt nicht, dass man andere ‚repariert', ihnen Ratschläge gibt oder irgendetwas für sie tut, was sie nicht auch selbst für sich tun können. Es bedeutet nur, dass wir beschreiben, wie unsere Genesung für uns war."[5]

Im Kapitel über den Zwölften Schritt in *Anonyme Alkoholiker* geht es vor allem um Hilfe für andere, während in den Texten von *Zwölf Schritte und Zwölf Traditionen* sehr detailliert auf die Genesungsprinzipien in allen Lebensbereichen eingegangen wird. Probleme und potenzielle Fallstricke werden erläutert, egal ob sie dem Erfolg oder Fehlschlägen, Armut, Krankheit, Verlust, Einsamkeit oder anderen Turbulenzen geschuldet sind.[6]

Paradoxerweise gibt es in der klassischen AA-Literatur keine Niederschrift der grundlegenden spirituellen Prinzipien für die Genesung. In der Publikation *Drop the Rock: Removing Character Defects, Steps Six and Seven* wird berichtet, dass Bill W. bei einem AA-Treffen in St. Paul in Minnesota gefragt wurde, was diese geistigen Prinzipien denn eigentlich seien. Beim nächsten Besuch war Bill gut vorbereitet und erzählte der Gruppe, dass die Prinzipien

Indem wir vom Ersten bis zum Elften Schritt unsere persönliche Arbeit erledigen, entwickeln wir eine neue Art des Denkens, Fühlens und Handelns. Der Zwölfte Schritt nennt das ein „spirituelles Erwachen" – wir erkennen, dass unser Leben mit unserer Inneren oder Höheren Macht verbunden ist. [...] Diese Macht nimmt uns auf und gibt uns ein Gefühl der Ganzheit.
— STEPHANIE COVINGTON

gefunden werden können, wenn man das Gegenteil der weitverbreiteten „Charakterfehler" identifiziert, die man bei der Arbeit mit den Zwölf Schritten entdeckt. Bill beschrieb diese Prinzipien als eine Übung, die als „Gegenaktion" bekannt wurden.

„Wir verwandeln zum Beispiel Angst in Glauben, Hass in Liebe, Egoismus in Demut, Unruhe und Sorge in Gelassenheit, Selbstgefälligkeit in Handeln, Leugnen in Akzeptanz, Eifersucht in Vertrauen, Fantasie in Realität, Selbstsucht in Dienen, Groll in Vergebung, Beurteilung in Toleranz, Verzweiflung in Hoffnung, Selbsthass in Selbstrespekt, und Einsamkeit in Gemeinschaft."[7]

Das bedeutet, dass die AA-Prinzipien der Genesung durch die Arbeit an den Schritten weitergegeben und verinnerlicht werden. Diese sind zwar immer noch nicht formell als Prinzipien der Zwölf-Schritte-Genesung dargelegt, aber sie lassen sich leicht als bekannte spirituelle Prinzipien erkennen, die weltweit respektiert und praktiziert werden.

Es mag unmöglich erscheinen, die Prinzipien der Zwölf Schritte in „allen unseren täglichen Angelegenheiten anzuwenden",[8] aber unzählige Menschen haben sie selbst auf den Prüfstand gestellt. Die transformative Kraft des AA-Prozesses wurde bei Hindernissen und Dysfunktionen in Beziehungen, Familien, Gesundheit, Karrieren, Finanzen und bei vielen anderen Aspekten des Lebens genutzt.

Heute sind Suchtprozesse so weit verbreitet, dass zwanghaftes Verhalten, Drogen und andere Suchtstoffe zur Normalität gehören. Es gibt Hunderte AA-Gemeinschaften, die diese Unzahl moderner Herausforderungen angehen. Menschen, die bereits in einer Gemeinschaft Genesung suchen, können zusätzlich auch einer anderen beitreten, wenn sie ihre Machtlosigkeit in einem anderen Lebensbereich erkennen, während andere das neue Problem in ihrer gewohnten Gemeinschaft ansprechen oder sich Hilfe von außerhalb suchen. Dass sich Genesung am besten mithilfe und in der Gemeinschaft anderer erreichen lässt, ist heute allgemein anerkannt.

In den Anfangsjahren der AA erstellten Psychologen und Ärzte eine Studie über „Problemtrinker". Bill W. schrieb in *Zwölf Schritte und Zwölf Traditionen*, dass diese Experten die Frechheit besaßen, die meisten Alkoholiker in der Studie als „kindlich, gefühlsmäßig überempfindlich und großspurig" einzustufen. Obwohl die Studienteilnehmer mit Unmut darauf reagierten, stimmten die meisten von ihnen letztendlich dem Ergebnis der Studie zu.[9] In der AA-Literatur finden sich viele Beispiele für

Der heilige Franziskus ist bekannt als Symbol für persönliche Transformation, liebendes Mitgefühl für alle Lebewesen und das große Potenzial der Menschen, ihr Leben an spirituellen Prinzipien auszurichten. *Giotto di Bondone,* **Der heilige Franz von Assisi predigt den Vögeln,** *um 1295–1300.*

Liebet die ganze Schöpfung Gottes, das Weltall wie auch jedes Sandkörnchen! Liebet jedes Blättchen, jeden Lichtstrahl Gottes! Liebet die Tiere, liebet die Pflanzen, liebet jedes Ding! Wenn du jedes Ding liebst, wirst du das Geheimnis Gottes in den Dingen erfassen. Und wenn du es einmal erfasst hast, wirst du es immer mehr und tiefer erkennen, unaufhörlich, Tag für Tag. Und du wirst schließlich die ganze Welt mit allumfassender Liebe lieb gewinnen.

— FJODOR DOSTOJEWSKI

mangelnde emotionale Reife bei Alkoholikern und die katastrophalen Folgen, zu denen sie führen kann.

Um „emotional nüchtern" zu werden, wie Bill W. es 1958 in seinem Artikel in *The AA Grapevine* nannte, braucht es Übung, Geduld und Mitgefühl mit sich selbst. Emotionale Nüchternheit entwickelt sich durch die gezielte Auseinandersetzung mit der eigenen emotionalen Natur, durch die Entdeckung seines eigenen emotionalen Profils und durch die Frage, wie man von der Weisheit, die in den Gefühlen enthalten ist, profitieren kann. Oft geht es darum, die emotional schwierigen Erlebnisse in der eigenen Geschichte zu identifizieren und zu heilen. Es gibt AA-Gemeinschaften, die sich besonders auf diese Arbeit konzentrieren.

Sprache und Zweck von Gefühlen zu erlernen, verändert oft das Leben, denn damit verbessert sich die Lebensqualität bei der Genesung. Zum Wachstum dieser „emotionalen Intelligenz" gehört es, neue Fertigkeiten und Verhaltensweisen zu erlernen, die zu Gewohnheiten im Alltag werden können.

Christina Grof schreibt ausführlich über den „Ego-Tod", zu dem es im Lauf der Genesung kommt: „In diesem Prozeß stirbt der Teil von uns, der an der Illusion von Kontrolle festhält, der Teil von uns, der denkt, wir hätten alles im Griff, wir hätten das Sagen. Was auseinander fällt, das ist die falsche Identität, die sich so gebärdet, als seien wir das Zentrum des Universums."[10]

Der Zwölfte Schritt steht für die Aufweichung einer solchen Egozentrik und stärkt das Entstehen eines authentischen Selbst. Die in diesem Schritt wichtige emotionale Fertigkeit ist es, die Stimme des Egos von der des authentischen Selbst zu unterscheiden.

Das Ego spricht immer über eigene Interessen, Dinge, vor denen man Angst haben soll, und darüber, wie man die Kontrolle behält. Das authentische Selbst spricht eher im Namen weiterer Perspektiven, in denen etwas für alle Betroffenen funktioniert. Es kommuniziert mit Güte, Fürsorge und Vertrauen. Diese Stimmen lassen sich in Alltagssituationen mit einfachen Fragen unterscheiden: „Abgesehen von der Angst, was empfinde ich in dieser Situation tatsächlich?" – „Was ist in dieser Angelegenheit mein wahres Bedürfnis?" – „Was würde in dieser Situation dem Wohl aller dienen?"

Im Vorwort der ersten Auflage von *Anonyme Alkoholiker* ist von dem sinnvollen Leben die Rede, das der Zwölfte Schritt eröffnet: „Wir wollen einfach denen zu Hilfe kommen, die von dieser Krankheit betroffen sind."[11] Der

*Viele Wege führen zum zentralen Erlebnis. Je mehr
man sich aber dem Zentrum annähert, desto leichter versteht man auch die anderen Wege, welche zu
der Mitte hinführen.*

— C.G. JUNG

Kern der Genesung und das Leitprinzip des
Zwölften Schritts ist das Dienen. In den Weisheitstraditionen der Welt wird es als spirituelles Prinzip anerkannt und reflektiert die verbundene, verflochtene Natur des Lebens.
Martin Luther King Jr. hat es einfach formuliert: „Die wichtigste und dringlichste Frage
lautet daher: ‚Was tust du für andere?'"[12]

Ein kraftvolles Symbol für den Zwölften
Schritt ist der Kreis. Die Reise durch die Schritte schließt sich in diesem letzten Schritt, der,
metaphorisch gesehen, der Erste Schritt ist, der
Anfang, den er widerspiegelt. Im Ersten Schritt
bieten andere erstmals Hilfe an, um den Weg
durch die Genesung zu ermöglichen. Wird
der Zwölfte Schritt erreicht, wurde das Genesungsprogramm bereits angewendet, Leitprinzipien sind bekannt und vertraut. Eine
ganz neue Art des Seins und Tuns wurde erlebt und mit anderen geteilt. Um zu behalten,
was wir gefunden haben, ist es sinnvoll, das
weiterhin mit anderen zu teilen. Anfang und
Ende als eins beschreibt der Dichter T. S. Eliot
in seinen *Vier Quartetten*:

*Wir lassen niemals vom Entdecken
Und am Ende allen Entdeckens
Langen wir, wo wir losliefen, an
Und kennen den Ort zum ersten Mal.*[13]

Der Kreis ist ein heiliges Symbol in Kulturen
in aller Welt. Er ist eine Grundform der Natur,
die sich in unzähligen kreisartigen Ausfor-
mungen und zyklischen Prozessen zeigt. Als
Symbol steht der Kreis für Vollständigkeit,
Unendlichkeit, Essenz, Ursprung, Einheit. Der
Kreis symbolisiert paradoxerweise sowohl
Bewegung als auch Ruhe. In den Upanischa-
den bedeutet er ständige Bewegung und
zugleich ständige Ruhe. In der Einheit des
Kreises liegen der Abschluss und zugleich das
kreative Potenzial eines Neubeginns. Sie bestehen nebeneinander.

Wenn Menschen überall auf der Welt in
AA-Gruppen zusammenkommen, um einan-
der bei der Genesung zu helfen, wird das in-
klusive Wesen des Kreises heraufbeschworen.
Der Zwölfte Schritt verkörpert den Geist der
Liebe, Güte und des Mitgefühls für alle.

Die Zwölf Schritte ermöglichen eine bemerkenswerte Genesung von verschiedenen Suchtproblemen
und zwanghaftem Verhalten. Heute gibt es Hunderte unterschiedliche AA-Gemeinschaften, in denen
sich Menschen treffen, um über gemeinsame Probleme zu sprechen und sich gegenseitig bei der Genesung zu unterstützen. *Ronny Behnert,* **Rakotzbrücke (Tranquility),** *Kromlauer Park, Deutschland, 2015.*

TEIL 4

EIN WEG ZUR GANZHEIT

Öffnung zur Innenwelt

Die Seele frohlockt,
wenn wir unserer
tieferen Natur erlauben,
in uns aufzuleben.

— JOHN O'DONOHUE

Carl Gustav Jung & die AA

VERBINDUNGSSTRÄNGE

JUNG UND DIE MACHTLOSIGKEIT

INDIVIDUATION

EIN AUTHENTISCHES SELBST

Die Reise durch die Zwölf Schritte der Genesung ist so einzigartig wie die Menschen, die sie unternehmen. Was der Genesungsprozess aber mit vielen anderen Wegen der Heilung und Wiederherstellung teilt, ist eine Basis aus universellen spirituellen Prinzipien.

Ganz gleich, ob man süchtig ist oder nicht, es entsteht viel Leid, wenn das Leben nicht authentisch gelebt wird. Die Verbindung mit dem wahren Selbst kann schon seit der Kindheit gestört, beschädigt oder verloren gegangen sein. Viele der Reisen, von denen in Mythen und Geschichten erzählt wird, berichten metaphorisch von der Heilung dieser zerbrochenen Verbindungen im Leben: ob mit sich selbst oder mit anderen. Die verlorenen Fragmente dieses authentischen Selbst werden symbolisch als Entdeckungen dargestellt, die der Reisende auf seinem Weg macht.

Man tut ja alles, auch das Absurdeste, um der eigenen Seele zu entgehen.

— C. G. JUNG

Einen Weg zur Ganzwerdung entdeckte in den ersten Jahrzehnten des 20. Jahrhunderts Carl Gustav Jung, der Begründer der analytischen Psychologie. Sein tiefes Wissen über die Funktion der menschlichen Psyche hat seither vielen Menschen geholfen, mit sich selbst, mit anderen und ihrer spirituellen Natur Frieden zu schließen. Ohne es zu wissen, steuerte Jung auch einen bedeutenden Anteil zu den Gründungsprinzipien der Anonymen Alkoholiker und ihren Zwölf Schritten bei.

Aus Jungs Perspektive ist die menschliche Psyche multidimensional. Um den besten Umgang mit den vielen Einflüssen zu finden, denen sie unterliegt, muss eine gute Beziehung zum Unbewussten gepflegt werden. Wenn man sich um diese Beziehung kümmert, wird es viel leichter, die Wirkung dieses unsichtbaren, facettenreichen Wesens zu entdecken. Jede Geschichte über die Gefühlswelt einer Person ist ein Beispiel für diese Einflüsse. Eine kreative Beziehung zum Unbewussten zu entwickeln, hilft, solche relevanten Elemente zu offenbaren. Werden diese Einflüsse erst ein-

mal gesehen, können sie auch akzeptiert und integriert werden. Ansonsten wirken sie sich direkt oder indirekt auf das Leben der Person aus. Sich selbst zu kennen, erfordert nach Jungs Meinung, dass man sich der Innenwelt öffnet und ihre Schätze entdeckt.

Es gibt viele Elemente in Jungs Ansatz zur persönlichen Transformation, die mit der Suche nach Selbsterkenntnis und ihrer Integration im Vierten bis Zehnten Schritt übereinstimmen, und sie überschneiden sich auch mit Vorstellungen aus dem Ersten bis Dritten sowie dem Elften und Zwölften Schritt.

VERBINDUNGSSTRÄNGE

Die Geschichte der Beziehung zwischen Jung und den AA beginnt indirekt 1926 in dem Moment, als zwei Männer sich über ihre Machtlosigkeit dem Alkohol gegenüber unterhalten. Es ergaben sich weitere Verbindungen bis zu einem anderen bedeutenden Augenblick, als Jahrzehnte später Jung und der Mitbegründer der AA, Bill W., zum ersten Mal Kontakt hatten.

(SEITE 270) Der verschlungene Weg des Labyrinths symbolisiert die Reise zum Selbst. Das wahre Selbst besteht nicht nur aus der Mitte, sondern auch aus der Reise dorthin. *Jeff Saward,* **Labyrinth der Kathedrale Chartres,** *2002.* (SEITE 272) Aus Sicht von Jung besteht das Leben darin, hinter dem konditionierten Selbst das authentische Selbst zu entdecken. *Marta Moreu,* **Die Göttin der Schöpfung,** *um 2008.*

Jung entdeckte den Einfluss seiner Arbeit auf die spirituellen Grundlagen der Anonymen Alkoholiker erst am Ende seines Lebens. Er erfuhr davon aus einem Brief von Bill W. Ende Januar 1961. Was darin stand, war ihm ganz neu.

Bill begann seinen Brief mit einem Rückblick auf das, was er für den Ausgangspunkt ihrer gemeinsamen Geschichte hielt. Als Rowland Hazard, ein Amerikaner, der lange versucht hatte, seinen Alkoholismus zu überwinden, Patient bei Jung in der Schweiz wurde, setzte er einen Dominoeffekt in Gang. Er wurde durch Jungs Therapie zwar nüchtern, erlitt aber kurz nach dem Ende seiner Behandlung einen Rückfall.

In Bills Erinnerung war Rowland wirklich bemüht zu verstehen, wie es zu seinem Rückfall kommen konnte. Die Sitzungen mit Jung hatten ihm zu einem tiefen Bewusstsein der Vorgänge in seiner eigenen Psyche und dessen, was sie beeinflusste, verholfen.[1] Er kehrte zu Jung zurück, um sich helfen zu lassen, doch dieser sagte überraschenderweise zu Rowland, dass sein Fall aus medizinischer und psychiatrischer Sicht hoffnungslos sei.[2] Bill war der Meinung, dass diese spezielle Unterhaltung den ersten Schritt auf dem Weg zur Gründung der Anonymen Alkoholiker bildete.[3]

Im zweiten Kapitel von *Anonyme Alkoholiker* wird beschrieben, dass Jung seinem ehemaligen Patienten sagte, der Grund für die Hoffnungslosigkeit sei, dass er „das Denken eines chronischen Alkoholikers" habe. Jung kannte bis dahin keinen so extremen Fall, der sich erholt hatte.[4] Als der erschütterte Rowland ihn fragte, ob ihm keine Ausnahmen bekannt seien, sagte Jung, es gebe welche, sie seien aber extrem selten, denn dazu gehöre „eine lebenswichtige spirituelle Erfahrung".[5] Nur diese könnte einen chronischen Alkoholiker trocken werden lassen.

Jung bekannte im Gespräch mit Rowland Hazard auch, dass er versucht habe, bei ihrer gemeinsamen Arbeit solch eine Transformation herbeizuführen, was aber bedauerlicherweise mit den chronischen Alkoholikern, mit denen er gearbeitet habe, nicht funktioniere.

(SEITE 274) Jung erfuhr erst wenige Monate vor seinem Tod, dass seine Arbeit die spirituellen Grundlagen der AA beeinflusst hatte. Dies war das Resultat einer Begegnung Jahrzehnte zuvor, als Jung einem rückfälligen Patienten sagte, es sei hoffnungslos, chronische Alkoholiker wie ihn zu behandeln. Nur ein spirituelles Erwachen könne ihn nüchtern werden lassen. *Yousuf Karsh,* **Carl Jung,** *1958.*

Dieser Dreieckskorrespondenz zwischen Wilson,
Jung und Margarita können wir die Entwicklung
ihrer Überzeugung entnehmen, dass das Format
und die Prinzipien der AA sich auf viele Neurosen
und andere Abhängigkeiten anwenden ließen.

— IAN MCCABE

Es war das ungewöhnliche, aber inspirierende Verständnis über den Alkoholismus und Jungs Ehrlichkeit und Demut als Fachmann, die in Bills Worten „den Grundstein legten, auf dem unsere Gemeinschaft errichtet wurde".[6] Bill berichtete Jung in seinem Brief auch, dass Rowland Hazard dank Spiritualität nüchtern geworden sei und sich nun der Aufgabe widme, anderen Alkoholikern zu Nüchternheit zu verhelfen.

Bill selbst hatte am Ende seines eigenen erbitterten Ringens mit dem Alkohol von Rowlands Geschichte erfahren. Sein alter Freund und hartgesottener Trinkkumpan Edwin T. gab mit Rowlands Hilfe das Trinken auf. Um nüchtern zu bleiben, hatte er ein paar tägliche Übungen gelernt, die auf spirituellen Prinzipien beruhten. Zwar klang das für Bill damals befremdlich, doch ließ ihn die Geschichte seines Freundes hoffen. Bill erklärte in seinem Brief an Jung auch, dass bei der Formulierung der Genesungsschritte Jungs „spirituelle Lösung" als einer der Eckpfeiler in ihr Programm eingebaut worden sei.

Jung kannte diese Details nicht, hatte aber schon in den 1940er-Jahren von einer seiner Studentinnen, Margarita von Lüttichau, von den Anonymen Alkoholikern gehört. Zufällig kannte sie Bill W., und in Briefen und Treffen mit den beiden Männern „machte sie die beiden mit den Worten, Schriften und Ideen des jeweils anderen" bekannt, wie Ian McCabe in *Carl Jung and Alcoholics Anonymous* schreibt.[7]

Margarita hatte Bill 1947 berichtet, dass Jung ihr trotz seiner Vorliebe für Einzeltherapien eine „außergewöhnlich vollständige Anleitung für die Gruppenarbeit" angeboten habe.[8] Zwei Jahre später gab sie Bill Jungs Buch *Modern Man in Search of a Soul* (dt. *Seelenprobleme der Gegenwart*), und Bill schrieb anschließend, das Buch zeige Jung als „wahrhaft großen Mann. Sein Gespür für Menschen, seine echte Demut, seine Fähigkeit zur Synthese in einem Bereich, der noch so ungeordnet ist – diese Qualitäten machen es zu einem Vergnügen, ihn im Blick zu behalten."[9]

Einige Wochen danach zeigte Margarita Jung in der Schweiz Material von den AA und

---

Margarita von Lüttichau, die bei Carl Gustav Jung studierte, hatte auch Bill W. in den 1940er-Jahren in New York kennengelernt. Sie stellte beiden Männern das Werk des jeweils anderen vor und übergab Bill Jungs Buch *Modern Man in Search of a Soul*, das noch heute in Bills ehemaligem Haus in Katonah, New York, aufbewahrt wird. *C. G. Jung,* **Modern Man in Search of a Soul, Cover der Erstausgabe,** *1933.*

MODERN MAN

IN

SEARCH OF

A SOUL

By

C. G. JUNG

AUTHOR OF "THE PSYCHOLOGY OF THE
UNCONSCIOUS", "PSYCHOLOGICAL TYPES",
"CONTRIBUTIONS TO ANALYTICAL PSYCHOLOGY", etc.

PROF. DR. C. G. JUNG

KÜSNACHT-ZÜRICH
SEESTRASSE 228

January 30, 1961

Mr. William G. Wilson
Alcoholics Anonymous
Box 459 Grand Central Station
New York 17, N.Y.
==========

Dear Mr. Wilson,
your letter has been very welcome indeed.
I had no news from Roland H. anymore and often wondered what has been his fate.
Our conversation which he has adequately reported to you had an aspect of which
he did not know. The reason was, that I could not tell him everything, was that
those days I had to be exceedingly careful of what I said. I had found out that
I was misunderstood in every possible way. Thus I was very careful when I talked
to Roland H. But what I really thought about, was the result of many experiences
with men of his kind.
His craving for alcohol was the equivalent on a low level of the spiritual
thirst of our being for wholeness, expressed in mediaeval language: the union
with God.¹)
How could one formulate such an insight in a language that is not misunderstood
in our days?
The only right and legitimate way to such an experience is, that it happens to
you in reality and it can only happen to you when you walk on a path, which leads
you to higher understanding. You might be led to that goal by an act of grace
or though a personal and honest contact with friends, or through a higher
education of the mind beyond the confines of mere rationalism. I see from your
letter that Roland H. has chosen the second way, which was, under the circum-
stances, obviously the best one.
I am strongly convinced that the evil principle prevailing in this world, leads
the unrecognized spiritual need into perdition, if it is not counteracted either
by a real religious insight or by the protective wall of human community. An
ordinary man, not protected by an action from above and isolated in society
cannot resist the power of evil, which is called very aptly the Devil. But the
use of such words arouse so many mistakes that one can only keep aloof from
them as much as possible.
These are the reasons why I could not give a full and sufficiant explanation to
Roland H. but I am risking it with you, because I conclude from your very
decent and honest letter, that you have acquired a point of view above the mis-
leading platitudes, one usually hears about alcoholism.
You see, Alcohol in Latin is "spiritus" and you use the same word for the
highest religious experience as well as for the most depraving poison. The help-
ful formula therefore is: spiritus contra spiritum.

Thanking you again for your kind letter
            I remain
                  yours sincerely   C. G. Jung.

¹) "As the hart panteth after the water brooks, so
    panteth my soul after thee, O God." (Psalm 42,1)

Die Psyche funktioniert nicht nach den Regeln unserer gewohnten Rationalität.

— EDWARD C. WHITMONT

erzählte ihm von Bill W. Sie berichtete Bill später, Jung sei „absolut fasziniert gewesen und wollte noch viel mehr erfahren".[10]

Jung antwortete innerhalb von Tagen auf Bills Brief von Ende Januar 1961. Er bestätigte die Ereignisse, über die Bill berichtet hatte, und schrieb über die Idee, dass es ein spiritueller Durst sei, den Alkoholiker stillen müssten, um nüchtern zu werden. Das extreme Verlangen nach Alkohol sei ein missgedeuteter menschlicher Wunsch nach Ganzheit, nach der Verbindung mit der spirituellen Quelle des Seins. Hazards „Sucht nach Alkohol entspricht auf einer niedrigen Stufe dem geistigen Durst des Menschen nach Ganzheit, in mittelalterlicher Sprache: nach der Vereinigung mit Gott". Jung bedauerte, dass solch eine Sprache in der modernen Zeit so leicht missverstanden werde.[11]

Wenn Hazards Verlangen nach Alkohol von dem spirituellen Durst angetrieben wurde, wie Jung vermutete, so würde das bedeuten, dass dieser Durst auf jeden Fall zuerst gestillt werden müsste. Nur dem Alkohol fernzubleiben, würde das eigentliche Problem nicht lösen. Jungs Brief sagte ganz klar, dass der chronische Alkoholiker einen tieferen Durst als nur den nach der Droge habe.

Der Mitbegründer der AA war begeistert, als Jung ihm antwortete. Er fand Jungs Offenheit bezüglich des Bedürfnisses chronischer Alkoholiker nach spirituellen Lösungen bemerkenswert. Er legte den Brief in einen Rahmen und hängte ihn so auf, dass alle ihn sehen konnten, und im Lauf der Jahrzehnte wurde er kopiert und in vielen AA-Räumlichkeiten weltweit ausgestellt.

Bill antwortete mit einem ausführlichen zweiten Brief, in dem er Beispiele dafür aufführte, wie Jung mit seinen Ansichten Genesenden helfe. Von vielen Alkoholikern war bekannt, dass Jungs Bücher und Therapieansätze

---

Carl Gustav Jungs Antwort auf Bills Brief von Anfang 1961 wurde zur Legende. Bill war begeistert, als er hörte, dass Jung noch immer fand, chronischer Alkoholismus erfordere spirituelle Lösungen. Sam Shoemaker, William James und Dr. Silkworth beeinflussten laut Bill ebenfalls die spirituellen Grundlagen der AA. *Stepping Stones Foundation Archive,* **Brief an Bill W. von Dr. Carl Gustav Jung,** *30. Januar 1961.* (SEITE 282/283) Als seine Zusammenarbeit mit Sigmund Freud 1913 endete, durchlief Jung eine schwierige Phase bei der Erforschung seines eigenen Unbewussten. Die Erkenntnisse veränderten seine Auffassung von der Natur der menschlichen Psyche radikal. *Winslow Homer,* **Nordostwind,** *1895.*

Dieses „persönliche Unbewußte" muss immer zuerst erledigt ... werden, sonst kann der Eingang zum kollektiven Unbewußten nicht eröffnet werden.

— C. G. JUNG

ihnen beim Genesungsprozess geholfen hatten. Bill stellte auch Fragen zu anderen Themen. Jung antwortete nicht mehr. Er hatte in diesem Frühjahr an Kraft verloren und starb etwa zwei Monate später in seinem Haus in Küsnacht in der Schweiz.

Viele Aspekte der Analytischen Psychologie sind in das Zwölf-Schritte-Programm eingeflossen und haben die Grundlagen der Prinzipien gestärkt. In seinem ersten Brief an Jung erwähnte Bill auch den Beitrag, den Sam Shoemaker, William James und Dr. Silkworth für die AA geleistet hatten, fand aber, dass die „erstaunliche Ereigniskette" ihren Anfang nahm, als Rowland Hazard nach seinem Rückfall Jung konsultierte. Diese Ereigniskette gründe somit „direkt auf Ihrer Demut und tiefen Wahrnehmung".[12]

Bei einer Rede auf einer AA-Konferenz in den 1950er-Jahren hatte Bill bereits darauf hingewiesen, dass man das Jahr 1931 als das eigentliche AA-Gründungsjahr ansetzen sollte und nicht 1935. Aber durch Recherchen fand man heraus, dass Rowlands Arbeit mit Jung noch früher stattgefunden haben könnte. Die

Briefe, die er auf seinen Reisen schrieb, zeigen, dass er schon 1926 in Europa unterwegs war.

Die bedeutende Korrespondenz zwischen Bill W. und Jung wurde 1963 durch einen Nachdruck der beiden Briefe in *The AA Grapevine*, dem Monatsmagazin der Anonymen Alkoholiker, bekannt.

JUNG UND DIE MACHTLOSIGKEIT

Dass Jung gegenüber einem Patienten, Rowland Hazard, und später Bill W. zugab, dass Medizin, Psychologie und seine eigene Tiefenpsychologie wohl alle an der Heilung eines chronischen Alkoholikers scheitern würden, war zu seiner Zeit gewagt, ebenso wie die Idee, eine spirituelle Erfahrung könne chronischen Alkoholismus heilen. Das spiegelte nicht die vorherrschende wissenschaftliche Meinung wider und hätte Jungs beruflicher Reputation extrem schaden können.

Aber damals war Jung bereits an Kontroversen gewöhnt und kümmerte sich wenig um die Meinung anderer. Er konzentrierte sich auf die Ausarbeitung seiner Entdeckungen in

Jungs Idee, dass spirituelle Ressourcen chronische Alkoholiker heilen könnten, war so unkonventionell, dass sie das Ende seiner Karriere hätte bedeuten können. Aber nach einer persönlichen Krise war ihm die öffentliche Meinung nicht mehr wichtig. *Cristiane Mohallem,* **Cambuci-Baum,** *2017.*

Ich wanderte viele Jahre, so lange, bis ich vergaß,
dass ich eine Seele besitze. Ich gehörte den Men-
schen und den Dingen. Ich gehörte nicht mir.

— C. G. JUNG

der menschlichen Psyche und war in mehreren Forschungsbereichen unterwegs, um seine Erkenntnisse zu bestätigen. Die meisten Bezüge fand er in der anthropologischen, philosophischen, esoterischen und spirituellen Literatur der Welt. Vor allem aber war Jung von seinen eigenen Erfahrungen mit dem Abtauchen in unbekannte Bereiche der Psyche zutiefst beeindruckt.

Als Rowland Hazard Jung nach seinem Rückfall um Hilfe bat, kannte Jung die Erfahrung der absoluten Machtlosigkeit bereits aus erster Hand und wusste, wie es ist, die Verbindung zu seiner Seele zu verlieren.

Etwa in der Mitte seiner bereits erfolgreichen Karriere begann Jung seine bekanntesten Ansätze zur Psyche zu formulieren, doch viele dieser grundlegenden Konzepte waren bemerkenswerterweise das Ergebnis eigener turbulenter Erfahrungen. Trotz seiner Position als respektierter Psychiater, Dozent und Autor verfiel Jung in einen desolaten, fragmentierten Zustand, den er selbst nicht verstehen und erst recht nicht kontrollieren oder ändern konnte.

Die Krise begann nach dem endgültigen Bruch mit Sigmund Freud, dem österreichischen Psychoanalytiker, mit dem er sechs Jahre lang eng zusammengearbeitet hatte. Viele aus Jungs professionellem Umfeld zogen sich zurück, und er war zunehmend isoliert. Eine Zeit innerer Unsicherheit begann, und er fühlte sich „völlig suspendiert, denn ich hatte meinen eigenen Stand noch nicht gefunden".[13] Jungs Gefühl der Isolation wuchs sehr stark an, nachdem im Herbst 1913 innere Erlebnisse, Träume und Visionen hervorbrachen und ihn mit ihrer visuellen Intensität überwältigten. Da Jung ein entschiedener Verfechter des intellektuellen Wissenszugangs war und sich für rational hielt, versuchte er zuerst, diese Phänomene sachlich zu analysieren, konnte sie aber durch keine Logik oder rationalen Begründungen erklären.

Sie tauchten unverändert bis ins folgende Jahr auf, und Jung fürchtete, er könne in dieser Flut untergehen. Sie erinnerten ihn an Patienten in der psychiatrischen Heilanstalt Burghölzli in Zürich, wo seine Laufbahn begonnen

In der einsamsten und trostlosesten Zeit seines Lebens durchlebte Carl Gustav Jung eine Reihe unerklärlicher innerer Ereignisse, die in ihm die Angst weckten, er könne sich darin verlieren und wie Friedrich Nietzsche als „ein vom Geistwind umgetriebenes Blatt" enden. *Aydin Aghdashloo,* **Years of Fire and Snow,** *1979.*

Mir in mir selbst Fantasie zuzugestehen, hatte denselben Effekt, der in einem Mann entstehen würde, wenn er in seine Werkstatt käme und alle Werkzeuge umherfliegen sähe, die unabhängig von seinem Willen Dinge täten.

— C. G. JUNG

hatte. Er fürchtete, er werde wie einige seiner Patienten dort und wie der Philosoph Friedrich Nietzsche, den er verehrte, als „ein vom Geistwind umgetriebenes Blatt" enden.[14] Jung beschreibt diese Ereignisse in seinem Buch *Erinnerungen, Träume, Gedanken*. Er „lebte ständig in einer intensiven Spannung" und „stand hilflos in einer fremdartigen Welt, und alles erschien mir schwierig und unverständlich".[15]

Der allererste der Zwölf Schritte ist es, Machtlosigkeit über etwas zuzugeben, sei es eine Droge, zwanghaftes Verhalten, eine Obsession, Beziehung, Person, Situation, eine Abhängigkeit, ein Instinkt oder etwas anderes. Jung musste zuerst zugeben, dass er keinerlei Macht über das hatte, was ihm geschah, und er musste dessen Existenz anerkennen und sogar akzeptieren. Trotz des starken Widerstands seines rationalen Selbst begann er schließlich, mit den Bildern, Symbolen, Figuren und Emotionen zu interagieren, die aus den Tiefen seiner Innenwelt aufstiegen. Er empfand sie als irrational, und sich mit ihnen zu befassen, war sehr schwierig.

Waren Jungs Erfahrungen mit den Phänomenen seiner Innenwelt zunächst sehr verstörend, spürte er aber allmählich, dass ein „höherer Wille" in diesen Begegnungen wirkte, die er für ein Zusammentreffen mit verschiedenen Ausdrucksweisen seiner eigenen Psyche hielt. Er beschloss, alles, was in ihm hochkam, detailliert aufzuschreiben, und viele Monate lang beobachtete und dokumentierte Jung genau die unbewussten Prozesse und Ausdrucksformen seiner Innenwelt. Als im Spätsommer 1914 der Erste Weltkrieg ausbrach, verzeichnete Jung einen großen Durchbruch beim Verstehen dieser Phänomene. Einige seiner schlimmeren Visionen aus dem Jahr zuvor waren lebhafte Bilder von großen Überflutungen und Flüssen voller Blut überall in Europa. Er erkannte plötzlich, dass diese Visionen Vorausahnungen eines nahenden kollektiven Ereignisses waren.

Jung glaubte, dass ihn diese Visionen aus dem Boden des „kollektiven Unbewussten" erreichten. Diese Erkenntnis half ihm, zwischen den Manifestationen des persönlichen und des kollektiven Unbewussten zu unterscheiden. Was zuerst eine erschreckende Konfrontation mit unbekannten Schichten seiner eigenen Psyche gewesen war, verwandelte sich nun in eine faszinierende Erkundungsreise mit bahnbrechenden Erkenntnissen. Die Legitimität subjektiver Erfahrungen wurde für Jung verständlicherweise wichtig. Er konnte der Einstellung nicht mehr zustimmen, dass die vorherrschenden wissenschaftlichen

Als Ikarus zu nah an die Sonne flog, schmolz das Wachs an seinen Flügeln, sodass er in den Tod stürzte. Später wurde Ikarus zu einem Symbol für ein gebrochenes Ego. Carl Gustav Jung war ein stolzer Mann, bis er eine Midlifekrise durchlebte. Die Erfahrung ließ ihn demütiger werden und führte zu einer grundlegenden persönlichen und beruflichen Transformation. *Henri Matisse,* **Ikarus,** *1947.*

Aber auch alle Reisen haben heimliche Bestimmung,
die der Reisende nicht ahnt.

— MARTIN BUBER

Modelle jener Zeit die einzigen Wissenszugänge waren, die die Menschen hatten.

Jung schrieb später über seine Suche nach einer Validierung seiner Endeckungen: „Die Erkenntnisse, um die es mir ging oder die ich suchte, waren in der Wissenschaft jener Tage noch nicht anzutreffen. Ich mußte selber die Urerfahrung machen und mußte überdies versuchen, das Erfahrene auf den Boden der Wirklichkeit zu stellen; sonst wäre es im Zustand einer nicht lebensfähigen subjektiven Voraussetzung geblieben."[16]

Jung suchte überall nach Vorläufern für seine Erfahrungen und fand schließlich viele in Texten und Bildern aus dem Fernen Osten. Doch obwohl er der Innenwelt weiterhin einen hohen Stellenwert einräumte, war er fest davon überzeugt, dass es zwischen der Außen- und der Innenwelt ein Gleichgewicht geben müsse: „In derselben Weise, wie die unbewußte Welt der mythologischen Bilder indirekt durch das Erleben am äußeren Ding zu dem spricht, der sich der Außenwelt ganz ergibt, so spricht auch die reale Außenwelt und ihre Forderung indirekt zu dem, der sich ganz der Seele ergibt, denn niemand kann den beiden Wirklichkeiten entgehen."[17]

INDIVIDUATION

Jungs Beschreibungen der menschlichen Psyche beruhen auf mehreren Konzepten, aber speziell eines fasst sie alle zusammen: der Individuationsprozess. Zu diesem Prozess wachsender Selbsterkenntnis gehört es, verschiedene der eigenen Aspekte zu entdecken, zu benennen, zu akzeptieren und zu integrieren. Die Individuation führt dazu, sein authentisches Wesen, sein Selbst vollständiger auszudrücken. 1940 sagte Jung in einem Vortrag, die Individuation komme aus dem instinktiven Drang jeder lebenden Kreatur, seine eigene Ganzheit und Erfüllung zu finden.[18]

Der Prozess der Selbsterkenntnis ist auch für das AA-Programm wichtig, doch die beiden Ansätze überschneiden und unterscheiden

Nach seiner Krise formulierte Jung ein Modell der menschlichen Psyche und einen ganzheitlichen Ansatz für die Arbeit mit ihr, bekannt als Reise der *Individuation*. Der Zwölf-Schritte-Prozess und die Individuation haben Gemeinsamkeiten, unterscheiden sich aber in der Frage, wie Selbsterkenntnis gewonnen wird. Jung glaubte, dass dazu ein aktives Verhältnis zum Unbewussten gehöre. *Beda Venerabilis,* **Der heilige Cuthbert und zwei seiner Brüder kehren aus dem Land der Pikten zurück,** *undatiert.*

sich in der Frage, wie man sie erlangt. Jung empfahl keinen intellektuellen Ansatz, sondern eher einen verschlungenen Weg, auf dem intuitive und symbolische Erkundungen der bekannten und unbekannten Aspekte des Selbst und der archetypischen Themen, die alle Menschen teilen, stattfinden. Er schlug Möglichkeiten vor, um eine kreative Beziehung mit seinem Unbewussten zu pflegen und Selbsterkenntnis zu sammeln.

Aber was ist das Unbewusste nach Jung? Er verstand es als etwas Kreatives und Zielgerichtetes, das der menschlichen Erfahrung große Tiefe und Ausdehnung verleiht. In *Die Dynamik des Unbewußten* beschreibt Jung den Inhalt des Unbewussten als „alles, was ich weiß, an das ich aber momentan nicht denke; alles, was mir einmal bewußt war, jetzt aber vergessen ist", aber auch „alles, was von meinen Sinnen wahrgenommen, aber von meinem Bewußtsein nicht beachtet wird". Er glaubte auch, dass zum Unbewussten „alles, was ich absichts- und aufmerksamkeitslos, das heißt unbewußt fühle, denke, erinnere, will und tue; alles Zukünftige, das sich in mir vorbereitet und später erst zum Bewußtsein kommen wird; all das ist Inhalt des Unbewußten".[19]

Neben dem persönlichen Unbewussten wird der Einzelne auch vom kollektiven Un-

bewussten der Menschheit geprägt. Keiron Le Grice untersucht dies in seiner Arbeit und sagt, dass man es sich „nicht als eine Art amorphe ‚Suppe‘, sondern als ein lebendiges, strukturiertes Feld vorstellen könnte, das von den Archetypen dynamisch organisiert wird".[20] Dieses lebendige Feld verbinde nicht nur alle Menschen, sondern sei auch ein unermessliches Reservoir kollektiver Erfahrungen.

Jung geht in seinen Schriften, Vorträgen und Interviews genauer auf diese Themen ein und zeigt Wege auf, sich einfacher mit dem vollständigen Selbst zu verbinden. Er fand es wichtig zu lernen, Dinge symbolisch wahrzunehmen, statt sich nur auf wörtliche Interpretationen zu verlassen. Das bedeutete, sich alternativer Kommunikationsformen zu bedienen, denn das Unbewusste kommuniziert meistens durch symbolische, metaphorische, visuelle und andere subtile Sprachen.

Unbewusste Inhalte werden auf vielerlei Art übermittelt: etwa als Bilder, Träume, Visionen, Inspiration, Intuition, Synchronizität. Jung glaubte: „Alles, was im Unbewußten liegt, will Ereignis werden, und auch die Persönlichkeit will sich aus ihren unbewußten Bedingungen entfalten und sich als Ganzheit erleben."[21]

Eine der therapeutischen Techniken, die Jung entwickelte, die aktive Imagination, ist

Individuation ist das gewöhnliche Leben und das,
was man davon bewußt gemacht hat.

— C. G. JUNG

eine Art des bewussten Tagträumens, das die Verbindung und Kommunikation mit dem Unbewussten fördert. Sie wird von einem Therapeuten angeleitet und gilt als „eine wunderbare Möglichkeit, die Realität der Mythen zu betreten und dabei die Verbindung zur gewöhnlichen Realität aufrechtzuerhalten".[22]

EIN AUTHENTISCHES SELBST

Wie andere psychologische Ansätze, die auf Heilung und die Integration des vollständigeren Menschen abzielen, gehört auch zu Jungs Individuation die Identifizierung dessen, was man nicht ist. Für solche Erkundungen bietet sich Jungs Konzept der Archetypen an.

Die Persönlichkeit, mit der sich die meisten Menschen identifizieren, ist das Ego. Es schützt sich selbst und besteht aus verschiedenen Einflüssen, etwa frustrierten frühen Instinkten, emotional aufgeladenen Erlebnissen, kultureller Konditionierung und dem Erbe früherer Generationen. Das Ego wirkt hinter einer öffentlichen Maske, die Jung als Archetyp betrachtete und *Persona* nannte. Weder Ego noch Persona bilden nach Jung das authentische Selbst. Das wahre Selbst ist ein Zentrum des Bewusstseins und setzt sich aus bewussten und unbewussten Dimensionen zusammen.

Das Selbst an sich ist bereits vollständig, bleibt aber meistens unsichtbar. Die zum Drama neigende Persönlichkeit des Egos zieht die Aufmerksamkeit auf sich, bis sie im Verlauf der Individuation demontiert und das wahre Wesen des Selbst vollständiger bewohnt wird.

„Die Reise zum Selbst" lässt sich nicht vom Individuationsprozess unterscheiden. Auf ihr werden die Zwänge durchbrochen, die alte Konditionierungen und die Ziele des Egos auferlegen. Aspekte des eigenen authentischen Wesens werden unweigerlich beschnitten und an die Erwartungen von Familie, Bildung, Kultur und ähnlichen Strukturen angepasst. Die Individuation entdeckt diese versteckten Einschränkungen und entwickelt eine Beziehung zu den „verlorenen" Teilen des wahren Wesens, statt unbewusst weiter Angst vor ihnen zu haben und sie zu meiden.

Diese unbekannten, unterdrückten und abgelehnten Aspekte des vollständigeren Selbst werden stattdessen bewusst gemacht, um sie anzuerkennen, zu akzeptieren und in Prozesse der bewussten Auseinandersetzung mit ihnen zu integrieren. Je besser man diese Elemente kennt, desto weniger Einfluss nehmen sie unerkannt auf anderes. So findet die vollständigere, wahrere Natur allmählich Ausdruck in größerer emotionaler, mentaler und

Was für mehr Ganzheit erforderlich ist, unterscheidet sich von einer Person zur anderen und verändert sich von Moment zu Moment. Daher muss man sich jeden Tag, jede Stunde und in jedem Augenblick neu ausrichten.

— ROBERT A. JOHNSON

spiritueller Authentizität. Jung fasste im Archetyp „der Schatten" die aufgegebenen, vergessenen und unterdrückten Aspekte des wahren Selbst zusammen, die alle zur authentischen Natur eines Menschen gehören. Um mit sich Frieden zu schließen, müssen diese Aspekte bekannt sein und akzeptiert werden. Das ist die Integration des Schattens und der Kern der Jung'schen Individuation.

Robert A. Johnson befasst sich in seiner Arbeit mit vielen Perspektiven des Individuationsprozesses. In *Owning Your Own Shadow* schlägt er die Unterscheidung dreier der verbreitetsten Archetypen vor, die im Individuationsprozess eine Rolle spielen. Die Persona beschreibt er als das, „was wir gerne wären und wie uns die Welt sehen soll ... Das Ego ist, was wir sind und bewusst über uns wissen. Der Schatten ist der Teil von uns, den wir nicht sehen oder kennen."[23]

Gewässer werden als Symbol für das Unbewusste verwendet, das in einer farbenfrohen Sprache aus Bildern, Symbolen, Metaphern, Paradoxa, Dichtung, Träumen, Synchronizität und vielem mehr kommuniziert. Die weibliche Figur auf diesem Bild zeigt metaphorisch, wie man das Unbewusste erreicht; sie ist entspannt und aufmerksam zugleich. *František Kupka,* **Wasser,** *1906/07.*

Der Schatten

SCHATTENPROJEKTIONEN

SPANNUNG DER GEGENSÄTZE

ARCHETYPEN DES UNBEWUSSTEN

IMAGO DEI

Der Schatten ist der zentrale Archetyp, mit dem man sich im Individuationsprozess befasst. Symbolisch gesehen, ist er ein Behältnis für unbekannte Aspekte von einem selbst, die ins Bewusstsein gebracht werden wollen. Da sie verborgen sind, kann mit dem Schatten ein unsicherer Status verbunden sein.

Es ist nur natürlich, dass man eine gewisse Scheu davor hat, unbekannte Aspekte des eigenen Selbst zu erforschen, aber es gibt einen guten Grund dafür: die persönliche Freiheit, die es mit sich bringt, sein authentisches Selbst zu sein. Wenn Schattenanteile immer wieder gemieden werden, gewinnen sie an Stärke und beeinflussen schließlich unbemerkt wichtige Entscheidungen des Lebens. Die bewusste Entdeckung der verschiedenen Aspekte des Schattens unterstützt das Wachstum des inneren Friedens.

*Wenn ein innerer Tatbestand nicht bewußtgemacht
wird, dann ereignet er sich als Schicksal außen.*

— C. G. JUNG

Manche Menschen gehen von selbst auf den Inhalt ihres Schattens zu, aber meistens kommt es zum Kontakt, wenn sich etwas Unerwartetes ereignet und ein Thema ans Licht gezwungen wird. Das mag wie ein unglücklicher Moment wirken, aber es kann genauso gut sein, dass ein Element des Schattens Aufmerksamkeit fordert. Es wird Zeit, dass es aus der Kälte des Ausgeschlossenseins hereinkommt und zu einem akzeptierten Teil des Selbst wird. Das ganze Leben über macht der Schatten auf sich aufmerksam, um die Notwendigkeit dieser Auseinandersetzung zu signalisieren. Wird er wiederholt ignoriert, neigt er dazu, laut und unbequem zu werden. Irgendwann bricht er hervor, trotz aller Bemühungen, ihn zu unterdrücken.

Johnson spricht von dem faszinierenden Mechanismus, der dabei mitspielt: „Die Psyche hält sich ebenso genau im Gleichgewicht wie der Körper seine Temperatur, sein Säure-Basen-Verhältnis und die vielen anderen kleinen Gegensatzpaare. Wir nehmen das im Körper als gegeben hin, erkennen aber nur selten die psychologischen Parallelen."[24] Aus der Jung'schen Perspektive steckt der Schatten voll von kreativem Potenzial, Wundern und Belohnungen. Es ist der geheimnisvolle, tiefe und weise Bereich des Menschen. Zwar können die Entdeckungen, die bei der Integration von Schattenaspekten gemacht werden, unangenehme Erkenntnisse und Emotionen mit sich bringen, doch finden sich dort auch unerwartete Schätze. Der Jungianer Erich Neumann nennt den Schatten einen Begleiter und Freund im Leben und sieht ihn als Türhüter zu einem vollständigen Selbst.[25]

Der Inhalt des Schattens möchte sehr gern assimiliert werden, und diese Integration kann auch die Erkenntnis unserer Menschlichkeit bewirken: „Wie kann ich wesenhaft sein, ohne einen Schatten zu werfen?", fragte Jung. „Auch das Dunkle gehört zu meiner Ganzheit, und indem ich mir meines Schattens bewußt werde,

---

(SEITE 296) Jung verwendete das Wort „Schatten" als Oberbegriff, um die ignorierten, unterentwickelten und abgelehnten Aspekte im Menschen zu beschreiben. Um durch Individuation Ganzheit zu erlangen, müssen diese Schatten ins Bewusstsein gelangen. *René Magritte,* **Das Reich der Lichter,** *1954.* (SEITE 299) Ereignisse im Leben und Beziehungen bieten Gelegenheiten, sich mit den unerforschten Schattenaspekten der eigenen Natur zu befassen. Meidet man sie stattdessen, werden sie nach außen projiziert, und Menschen, Orte und Dinge werden zu Bildflächen dieser Projektion. *Émile Friant,* **Schattenspiel,** *1891.*

Die Kenntnis der eigenen dunkeln Seite ist die beste Vorbereitung, um mit den Dunkelheiten der anderen umzugehen.

— C. G. JUNG

erlange ich auch die Erinnerung wieder, daß ich ein Mensch bin wie alle anderen."[26]

Die Individuation legt die Stärken und Schwächen eines Menschen offen und integriert sie. Ähnlich findet und benennt die Inventur im Vierten Schritt Charakterfehler und -vorzüge, die dann im Fünften bis Zehnten Schritt integriert werden. Zugleich werden auch mehr Verantwortlichkeit, Authentizität und Demut geübt.

SCHATTENPROJEKTIONEN

Laut Jung führt die „Einsicht in den Schatten [...] zu jener Bescheidenheit, die zur Anerkennung der Unvollkommenheit notwendig ist".[27] Wie im Zwölften Schritt der Genesung wächst die Demut auch im Individuationsprozess mit wachsender Selbsterkenntnis. Jung fand sogar Schattenprojektionen im Zusammenhang mit der Selbsterkenntnis sehr nützlich: „Alles, was mich am Anderen irritiert, kann mir so zur Erkenntnis meiner selbst werden."[28]

Der Inhalt des persönlichen Schattens ist seinem Besitzer weitgehend unbekannt, erscheint seinem Gegenüber aber offensichtlich. Menschen erkennen Schwachpunkte in anderen. Meistens macht sich der Schatten seinem Besitzer durch die Projektion unbewusster Inhalte in die Welt bemerkbar, wobei Ereignisse, Menschen und Dinge als Flächen für positive und negative Projektionen dienen.

Allen Berger beschreibt eine negative Schattenprojektion als „Akt, in dem wir anderen genau diejenigen unserer Charaktereigenschaften zuschreiben, die wir am wenigsten akzeptabel finden".[29] Diese Art von Schattenprojektion lässt sich daran erkennen, dass sie unverhältnismäßig stark emotional und mental aufgeladen ist und oft mit rechthaberischen und voreingenommenen Beschreibungen der betreffenden Leute oder Situationen einhergeht. Ob schwarz oder weiß, Projektionen sind ausgezeichnete Informationsquellen für jeden, der seine Selbsterkenntnis erweitern möchte.

Doch Schattenprojektionen lassen sich an sich selbst manchmal schwer erkennen, und es braucht Bereitschaft und Einsatz, um sie zu bemerken, zu erforschen und Verantwortung für sie zu übernehmen. Die Belohnung dafür

---

Der Inhalt des Schattens anderer ist leicht zu erkennen. Er zeigt sich in Schwachstellen, Masken und in dem, was die Personen meiden, zwanghaft wiederholen, machen oder vorlügen. Diese Dinge in sich selbst zu sehen, erfordert jedoch eine bewusste Anstrengung. *Juliette Roche*, **Masken**, *1912–1914.*

Das Problem ist unsere Unfähigkeit, eine verborge-ne Einigkeit zu erkennen.

— ROBERT A. JOHNSON

kann aber eine immense Befreiung sein, denn Stresskonstellationen werden aufgehoben, wenn starke Schattenprojektionen aufgegeben werden. Johnson weist darauf hin, dass der Schatten, wird er erst einmal bewusst ange-sprochen, milder wird, „weicher, nachgiebi-ger und freundlicher".[30]

Manche Schattenprojektionen zeigen sich auch als Faszination und Verehrung für ande-re und reflektieren Fähigkeiten und Talente, die der Einzelne noch nicht selbst nutzt. John-son erwähnt ein Paradoxon bei diesen Pro-jektionen: „Kurioserweise verweigern sich die Menschen den edlen Aspekten ihres Schat-tens viel energischer, als sie ihre dunklen Sei-ten verstecken. Die Leichen aus dem Keller zu holen, ist relativ einfach, aber das Gold im Schatten zu besitzen, ist furchterregend."[31]

Nicht nur der Einzelne projiziert seine Schatteninhalte auf die Außenwelt, auch das kollektive Unbewusste der Menschheit tut das. Menschen projizieren ihren kollektiven Schat-ten nach außen, ebenso wie Staaten, Kultu-ren, Gemeinschaften, Ethnien und andere.

Wenn die Gesellschaft Schuld, Schande, Angst, Hass, Neid oder Gier auf andere Kultu-ren überträgt, beschreibt das vor allem die nicht akzeptierten, unterdrückten Aspekte des eigenen Schattens. Die Konsequenz daraus ist, dass wir es „im Augenblick mit der Akkumula-tion einer ganzen Gesellschaft zu tun haben, die ihre helle Seite angebetet und die dunkle abgelehnt hat. Das äußert sich als Krieg, wirt-schaftliches Chaos, Streiks und ethnische In-toleranz. Die Titelseite jeder Zeitung schleu-dert uns den kollektiven Schatten entgegen", schreibt Johnson.[32]

Der kollektive Schatten der Menschheit kann sich in Massenerweckungen entwickeln, wenn etwas die Bevölkerung weltweit fesselt, etwa die erste Mondlandung oder der drama-tische Tod einer charismatischen bekannten Figur. Das kollektive Bewusstsein konzentriert sich in solchen Momenten, wird regelrecht er-weckt und entwickelt sich dann in die ent-sprechende Richtung. Doch solche kollektiven Erweckungen sind keine alltäglichen Ereignis-se, und normalerweise findet die Entwicklung des kollektiven Bewusstseins durch den Ein-zelnen statt.

Jung glaubte, dass die Evolution des kol-lektiven Bewusstseins unweigerlich in den

---

Die menschliche Existenz besteht aus verschiedenen, sogar gegensätzlichen Teilen, deren Versöhnung gelingt, wenn sie akzeptiert und freundlich behandelt werden. **Januskopf,** *Rom, um 50 n. Chr.*

Ein, aus.

Tief, langsam.

Ruhig, leicht.

Lächeln, loslassen.

Dieser Moment,

wunderbarer Moment.

— THICH NHAT HANH

Händen des Einzelnen liege, der Verantwortung für den eigenen Schatteninhalt und seine Projektionen übernehme. Er war überzeugt, dass, „wenn der Einzelne einheitlich bleibt und sich seines inneren Gegensatzes nicht bewußt wird, so muß wohl die Welt den Konflikt darstellen und in zwei Hälften zerteilt werden".[33] Diese Art der Schattenprojektion von persönlichen Problemen auf die Außenwelt wurde in der gesamten Geschichte durch verheerende Kriege, Konflikte und Gewalt sehr eindringlich demonstriert.

Bis eine Bevölkerung kollektiv in einer gemeinsamen Anstrengung ihre Projektion vereinen und zurückziehen kann, liegt es an jedem Einzelnen, das kollektive Unbewusste der Menschheit durch eigene Bemühungen um die Schattenintegration zu entwickeln. In *Der Mensch und seine Symbole* schrieb Jung: „Da jede Veränderung irgendwo beginnen muss, wird es der Einzelmensch sein, der sie erfährt und durchführt. Die Veränderung muss beim einzelnen beginnen, jeder von uns kann dieser einzelne sein."[34] Wenn also das kollek-

tive Denken sich darauf konzentriert, Schuldzuweisungen, Hass und Intoleranz auf „den anderen" zu projizieren, so hat der Einzelne immer die Wahl, anders zu entscheiden und seine Projektionen zurückzunehmen.

SPANNUNG DER GEGENSÄTZE

Es ist im Leben normal, auf Gegensätze zu stoßen, aber es ist nicht offensichtlich, dass in ihnen auch ein verborgener Zweck steckt, der sich erst nach und nach offenbart.

Bewusst mit inneren und äußeren Polaritäten zusammenzuarbeiten, fördert die Fähigkeit, mit den Spannungen zwischen ihnen umzugehen. Gegensätze erzeugen ähnliche Empfindungen wie unangenehme Gefühle. Es erfordert einige Übung, um nicht vor dieser Art von Missempfinden zu fliehen und sich ihm stattdessen zuzuwenden und es zu akzeptieren und zu tolerieren.

Es hat etwas überraschend Stärkendes, so mit der Spannung zwischen Gegensätzen umzugehen. Die Polaritäten lösen sich schneller

---

Polaritäten schaffen Spannungen, für den Einzelnen wie für die Menschheit. Sie führen zu unangenehmen Empfindungen, die schwierigen Gefühlen ähneln, doch wendet man sich ihnen zu – statt sie abzulehnen –, mildert sich ihr Effekt ab. Das hilft, Vertrauen für zukünftige Begegnungen aufzubauen. *Hilma af Klint,* **Standpunkt Buddhas auf der Erde, Serie II, Nr. 3a,** *1920.*

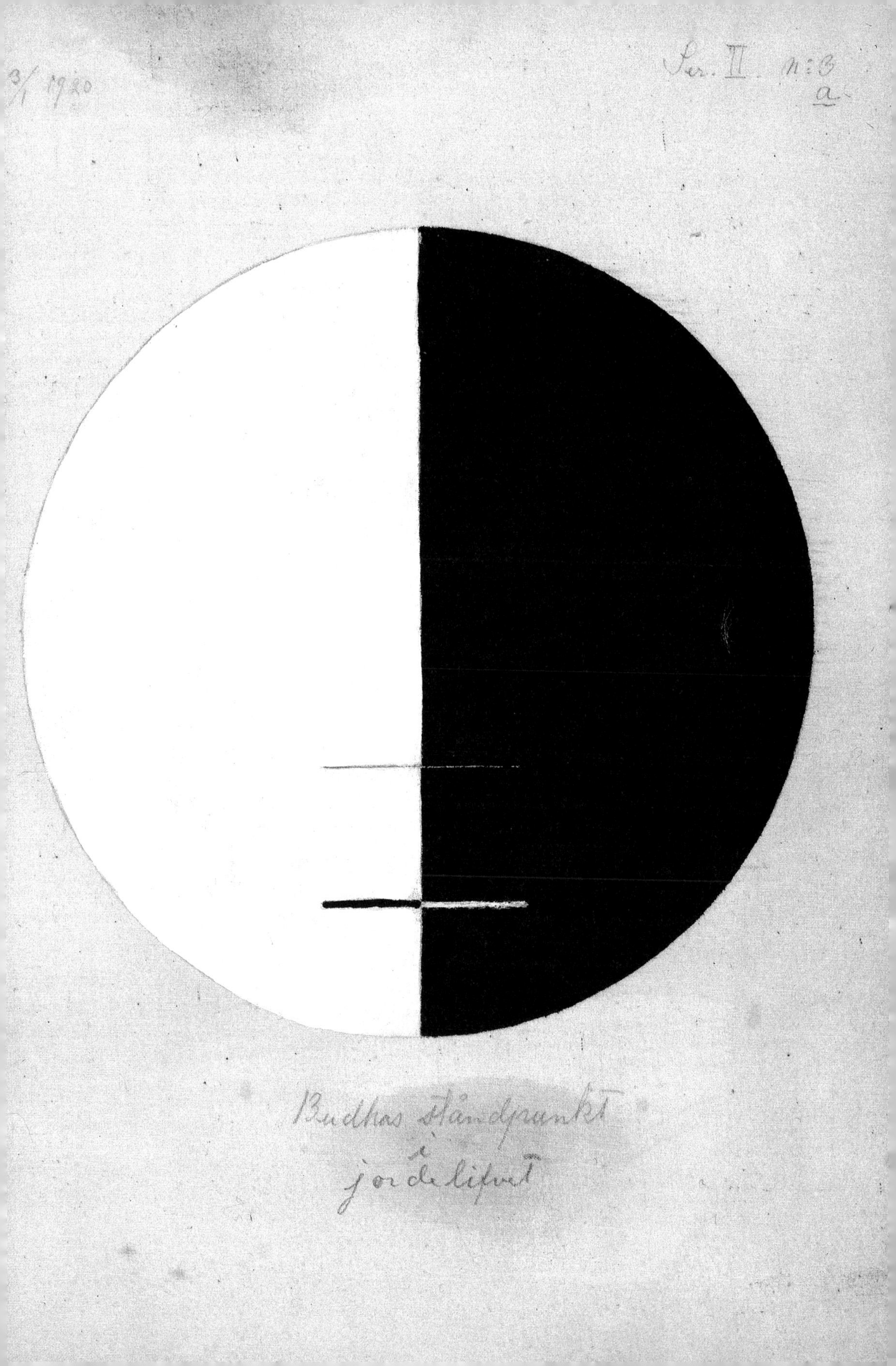

Buddhas ståndpunkt
i
jordelifvet

Wer es erfahren hat, daß „von Natur aus" durch das Symbol Gegensätze sich so einen können, daß sie nicht mehr auseinanderstreben und sich bekämpfen, sondern sich gegenseitig ergänzen und das Leben sinnvoll gestalten, dem wird die Ambivalenz im Bild eines Natur- und Schöpfergottes keine Schwierigkeiten verursachen.

— C. G. JUNG

auf und sind leichter zu vereinbaren. Daryl Sharp schreibt: „Werden die Spannungen zwischen Gegensätzen im Bewusstsein gehalten, passiert etwas im Innern, um den Konflikt zu lösen. Die Lösung, die eigentlich irrational und unvorhersehbar ist, erscheint gewöhnlich in Form einer neuen Einstellung sich selbst und der Außensituation gegenüber, gemeinsam mit einem Gefühl von Frieden."[35]

Jung war der Ansicht, die Seele kenne, anders als der Verstand, immer den Zweck der Polaritäten, und nannte die Versöhnung von Gegensätzen „transzendente Funktion".

Jung empfahl die Verwendung von Symbolen, um die durch Polaritäten entstehenden Spannungen zu bewältigen, denn Symbole können auf natürliche Weise unzählige Interpretationen, Bedeutungen und Gegensätze auf einmal verarbeiten. Er glaubte, dass die Bewegung zwischen Polaritäten nicht nur Bewusstsein entwickle, sondern dem Leben auch Tiefe und Sinn gebe. In einem Brief schrieb er: „Ein Leben ohne inneren Widerspruch ist [...] das halbe Leben."[36]

In dieser Hinsicht nahm Jung die menschliche Psyche als einen facettenreichen Prozess des steten Wandels wahr. Sie entwickelt sich immer weiter und muss zwangsläufig gegensätzliche Einflüsse integrieren, ähnlich wie das Yin-und-Yang-Symbol es veranschaulicht. Es liegt eine inhärente Weisheit darin zu lernen, das Unbehagen instinktiver, emotionaler und psychischer Spannungen in sich zu tolerieren. Das spiegelt sich auch in Johnsons Worten wider: „Jede einzelne Tugend dieser Welt wird durch ihr Gegenteil bestätigt. Licht hätte keine Bedeutung ohne Dunkelheit, das Männliche ohne das Weibliche, Fürsorge ohne Vernachlässigung. Wahrheiten kommen immer paarweise, und man muss das ertragen, um mit der Realität zurechtzukommen ... Wann immer man das *eine* macht, macht irgendetwas sofort das *andere*."[37]

Diejenigen, die lernen, diese Spannung der Gegensätze in sich selbst auszuhalten – statt sie zu vermeiden, zu verändern oder zu manipulieren –, verbessern aus Jungs Sicht nicht nur ihre psychische Gesundheit, sondern

---

Jung verstand die menschliche Psyche als facettenreichen Prozess, der im Lauf des Lebens unermüdlich einen Gegensatz nach dem anderen ausgleicht. Diese überlappenden Kreise beschreiben eine Phase, in der sie sich in Einklang bringen. Das Yin-und-Yang-Symbol illustriert ebenfalls, wie Polaritäten innerhalb eines einheitlichen Ganzen koexistieren können. *Nic Taylor,* **Vesica Piscis,** *2023.*

[Die] Archetypen sind gewissermaßen die in der Tiefe
verborgenen Fundamente der bewußten Seele ... Die
Archetypen sind Bereitschaftssysteme, die zugleich
Bild und Emotion sind.

— C. G. JUNG

treiben auch die Evolution des kollektiven Bewusstseins der Menschheit voran. „Solch ein Mensch weiß, daß, was immer in der Welt verkehrt ist, auch in ihm selber ist, und wenn er nur lernt, mit seinem eigenen Schatten fertigzuwerden, dann hat er etwas Wirkliches für die Welt getan."[38]

Sich zu den verleugneten, projizierten Teilen seines Schattens zu bekennen, integriert sie. Das Leben wird dann vermutlich lebendiger, energiegeladener und sinnvoller erscheinen, egal worauf sich die Gemeinschaft der Menschen konzentriert.

Viele gestörte innere und äußere Verbindungen können durch diese Art von innerer Arbeit geheilt werden. Johnson weist darauf hin, dass hinter dieser Aufforderung nach Engagement ein seelischer Zweck stehe: „Das höhere Selbst drängt uns zu essenziellen Lebenserfahrungen und der Verbindung zu tieferen und größeren Bereichen ... zur Suche nach mehr Integration, Organisation, Beziehung und kreativem Ausdruck."[39]

Marion Woodman betrachtete es als spirituelle Übung, die Fähigkeit zur Akzeptanz gegensätzlicher Spannungen zu entwickeln. Sie benutzt eine Wendeltreppe als Symbol für das Innere des Menschen. Ihre zentrale Struktur hält den zahlreichen Spannungen, die durch das Auf und Ab auf den Treppenstufen entstehen, stand. Sie ermutigte ihre Leser, „diesen Ort zu halten, diesen Ruhepunkt zwischen den Spannungen, die aus Gegensätzen entstehen. Es ist dieser zentrale Kern, der die spirituelle Kraft enthält."[40]

ARCHETYPEN DES UNBEWUSSTEN

Jung sah das persönliche und das kollektive Unbewusste der Menschheit als lebendigen Prozess aus Mustern und Dynamiken, die er Archetypen nannte. Sich auf sie zu beziehen, ist hilfreich, denn sie wirken als Personifikationen unbewusster Einflüsse.

Die Archetypen ähneln zeitlosen Konstanten der menschlichen Psyche und dienen als

Archetypen sind hilfreich, wenn es um die Auseinandersetzung mit den mächtigen Einflüssen des kollektiven Unbewussten geht. Ein Archetyp verkörpert persönliche und kollektive Qualitäten zugleich. Der Archetyp der Mutter wird allgemein mit bedingungsloser Liebe, Fürsorge und Schutz verbunden, aber die persönlichen Assoziationen mit der „Mutter" werden individuell durch die Erfahrungen des Einzelnen mit seiner Mutter geschaffen. *Pierre-Auguste Renoir,* **Gabrielle und Jean,** *1895/96.*

Jeder Mensch hat sein eigenes inneres Archetypenteam, das Einfluss auf sein Leben nimmt. Archetypen spiegeln auch die kollektiven Denkweisen einer Zeit wider. Der Archetyp des Süchtigen ist heute oft anzutreffen, ebenso wie andere Archetypen, die ebenfalls mit Sucht in Verbindung gebracht werden. *Hugo Simberg,* **Am Scheideweg,** *1896.*

Die Große Mutter ist die Quelle, der Schoß, die Matrix, aus der wir kommen. In der Kindheit wird die archetypische Mutter unbewusst auf die biologische Mutter projiziert, die für das Kind die gesamte Welt repräsentiert.

— KEIRON LE GRICE

Vorlagen oder Prototypen der kollektiven menschlichen Erfahrung. Sie verleihen diesen Einflüssen Form, Beschreibung und Persönlichkeit wie Charaktere, denen ein Mensch im Lauf seines Lebens begegnen könnte – in seinem Innern ebenso wie in der Welt. Manche sind herausragend, andere nicht.

Die Mutter ist ein gutes Beispiel für die universelle und doch persönliche Natur eines Archetyps. Der Archetyp Mutter ist allen Menschen gemeinsam, beinhaltet aber dennoch eine persönliche Erfahrung. Die gelebte Realität der eigenen Mutter ist einzigartig und von Umständen, Ereignissen, Eigenschaften, Überzeugungen, Emotionen, Erinnerungen, Konditionierung und anderem geprägt.

Der Archetyp der Mutter wird universell mit bedingungsloser Liebe, Schutz und Fürsorge verbunden, wobei persönliche Assoziationen die Erfahrung widerspiegeln, wie es ist, bemuttert zu werden – in welcher Weise auch immer –, und das alles manifestiert sich unbewusst in Denkmustern, Gefühlen und im Verhalten, bis sein Einfluss ans Licht gebracht wird.

Kommen einflussreiche Archetypen *nicht* ins Bewusstsein, wirken sie unabhängig von unseren bewussten Absichten und Wünschen. Ihre Eigenschaften können sich intensivieren und sogar aggressiver werden. Aber selbst die furchterregendsten und schwierigsten Archetypen werden sanfter, verändern und integrieren sich, wenn sie beachtet, benannt, akzeptiert werden und man sich mit ihnen befasst. Wenn sie etwas Konstruktives beitragen können, zeigen sie sich von ihrer besten Seite.

Archetypen beleben und formen das Leben des Menschen und seine Entwicklung und verleihen ihm Farbe. Jeder hat seine eigene Konstellation aus inneren Schlüsselarchetypen. Gemeinsam beeinflussen sie, wie der Einzelne sich selbst und seine Umgebung sieht. Jeder Archetyp steht für Motivationen, Ziele und Beziehungsarten, und ihre Unterschiede drücken sich auf alle möglichen Weisen aus. Manche sind erfreulich, andere dagegen sorgen für Ärger.

Archetypen können auch mit der kollektiven Mentalität einer Epoche in Verbindung gebracht werden. Einige herausfordernde Archetypen, die heute weit verbreitet sind, stellen der Narzisst, das Opfer, der Perfektionist, der Diktator, der Saboteur, der Lügner, der Feind und der Mobber dar. Und dazu zählt auch der Süchtige.

Jung wies darauf hin, dass beim Umgang mit Archetypen Urteilsvermögen gefragt ist. Er erklärte den Unterschied zwischen konstruktiver Zusammenarbeit mit einem Archetyp und der Beschlagnahme durch diesen. Sich zu intensiv mit einem Archetyp zu befassen, kann unerwünschte Konsequenzen haben, etwa dass man immer unbewusster lebt und sich verloren und dominiert fühlt. Diese Warnung erweist sich heute als relevant, denn immer mehr Menschen sind in einer Sucht gefangen und verfallen in eine Massentrance, in der Ängste aufrechterhalten werden.

Zwar befasste sich Jung selbst nicht mit Archetypen, die bei einer Sucht oder Genesung aktiv sein könnten, aber andere Jungianer haben das getan. Linda Schierse Leonard nennt in ihrem Buch *Witness to the Fire* die Sucht selbst den dämonischen Liebhaber, eine betörende, bezaubernde und verführerische Energie, die verspricht, „die Spannung verschwinden zu lassen". Mit der Zeit versklavt und verschlingt er den Süchtigen, der, „wenn unangenehme Gefühle aufkommen, nach einem Getränk, Drogen, Essen, Liebe oder Macht greift oder einkauft – was auch immer die Spannung lindert, statt sie zu durchleben, die unangenehmen Gefühle zu suchen, zu benennen, aufzuzeichnen und die Erkenntnisse daraus mit anderen zu teilen, wie es ein kreativer Mensch tut".[41]

Dieser dämonische Liebhaber verspricht immer wieder eine Flucht aus der Komplexität des Lebens, doch sobald er jemanden in den Fängen hält, wird dessen Leben immer eingeschränkter. Wenn man von seinen eigenen Begierden beherrscht wird, ist es sehr schwierig, einen Beitrag in der Welt zu leisten. Es kann zu einer Identifikation mit dem Archetyp des Süchtigen gekommen sein.

Der Gauner ist in Bezug auf Leugnung und Selbstbetrug eine weitere verführerische archetypische Energie.[42] Der Zwang zur Wiederholung wird durch die Geisel dargestellt, die für das Gefangensein in Teufelskreisen steht, ohne sich das einzugestehen.

Leonard weist auch darauf hin, dass der Archetyp des Geldverleihers in einer Sucht aktiv sein kann. Er macht es leicht, alle Kosten – jetzige und zukünftige – zu rechtfertigen, die für die sofortige Bedürfnisbefriedigung gezahlt werden müssen. Der Spieler, dem es um Aufregung und Wagemut geht, riskiert stattdessen alles, während der Romantiker hinreißend ist und einen Ausweg aus allen praktischen Belangen des Lebens sucht.[43]

Die Autorin befasst sich auch mit dem zynischen Tiefenwanderer, der sich in seinem Groll absolut nicht mit den „wütenden Paradoxien menschlicher Existenz" abfinden kann.[44] Ein weiterer Archetyp ist der Richter, der „eine Antwort auf alles hat; sein Trick ist

Warum fühlen wir uns so leer, warum brauchen wir so dringend ständige Belohnung und die unentwegte sofortige Befriedigung unserer Wünsche? Und wonach verlangt es uns denn letzten Endes so sehr? Und warum verlangt es uns danach? Und wenn man ganz genau hinschaut: Wer hat dieses Verlangen?

— JON KABAT-ZINN

die Selbstrechtfertigung, seine Ziele sind Kontrolle und Macht". Er ist bestimmend: „Du kannst das nicht tun" oder: „Es darf nur so getan werden."[45] Den Killerarchetyp sieht Leonard als stolz und selbstgerecht, denn er spielt an der Grenze von Leben und Tod und glaubt, er stehe „über allen Gesetzen, jenseits aller Einschränkungen und sei von den Bedingungen des Menschseins befreit".[46] All diese „Suchtarchetypen" machen den Menschen eher unbewusst als bewusst. Der Individuationsprozess dagegen weckt den Menschen immer mehr auf, er wird bewusst, präsent und fähig, mit dem Leben in seinen vielen Ausdrucksformen zurechtzukommen.

Andere Archetypen personifizieren Gesundheit, Integration und Transformation, die oft während der Genesung auftauchen, etwa Wiedergeburt, Erwachen, innere Führung, liebendes Elternteil, inneres Kind und Heiler.

Marion Woodman befasste sich bei ihrer Arbeit als Therapeutin auch mit Sucht und ermutigte die Genesenden, die symbolische Bedeutung ihrer persönlichen Beziehung zu ihrem Suchtmittel, ihrem Zwang oder nicht kontrollierbarem Problem zu erkunden. Was könnte das Verlangen nach Zucker für einen kämpfenden Esssüchtigen symbolisieren? Nach welcher Süße sehnt man sich wirklich?

Wie könnte die Sehnsucht auch ohne eine zwanghafte Zuckerorgie erfüllt werden?[47]

IMAGO DEI

C. G. Jung lieferte den AA ein zentrales Konzept, und zwar, dass ein chronisch Alkoholkranker sich mithilfe spiritueller Ressourcen erholen kann. Jungs Archetypenkonzept kann auch dazu dienen, das strittige Thema der Spiritualität bei der Zwölf-Schritte-Genesung zu klären. Ein Großteil der klassischen und modernen Genesungsliteratur nutzt Begriffe wie Gott, und das kann für manche, die Genesung erstreben, ein Problem sein.

Jung wies auf eine versöhnende Perspektive in der Debatte über die Existenz oder Nichtexistenz Gottes hin. Er sah „Gott" als ein uraltes archetypisches Muster der menschlichen Psyche, das weder seine Leuchtkraft noch seine individuelle Interpretation verlieren kann. Er nannte diesen Archetyp des kollektiven Unbewussten Imago Dei.

Das archetypische Muster der Imago Dei wird durch die persönliche Interpretation des Einzelnen gefärbt, sodass ein einzigartiges inneres Bild von „Gott" erschaffen wird. Die Vorlage selbst ist zeitlos, sie existiert immer, bewusst oder nicht. Egal wie diese Imago Dei

Wer hat den Wind gesehen?
Weder du noch ich
Doch wenn die Bäume ihre Häupter neigen,
dann geht der Wind vorbei.

— CHRISTINA ROSSETTI

symbolisch, visuell oder im Wortsinn wahrgenommen wird, sie reflektiert immer diese Konstellation persönlicher Assoziationen, die auf die transpersonale Dimension der Existenz projiziert wird.

In Jungs Sicht kann das Wesen der Imago Dei nur erfahrungsbezogen sein. Konzeptuelle Vorstellungen von ihr können nie stimmen. Die Beziehung eines Menschen zu seiner Imago Dei kann inaktiv, ruhend, zeitweilig oder beständig sein. Sie kann aber auch absichtlich ignoriert, abgelehnt, verurteilt, gefürchtet, verehrt oder gefeiert werden. Eine Beziehung zu ihr ist unvermeidlich, denn diese besteht nicht nur bewusst, sondern auch unbewusst. Jung hielt es für das Beste, dem Mysterium keine menschliche Vernunft aufzuzwängen und einfach nur für eine Beziehung offen zu sein.

Auf die Frage „Was ist Gott?" antwortete der indische mystische Dichter Kabir: „Gott ist der Atem allen Atems." Das Wesen Gottes wird oft in Metaphern und Qualitäten wie Allgegenwärtigkeit, Allwissenheit und Quelle alles Seienden in Vergangenheit, Gegenwart und Zukunft beschrieben. Im Schintoismus wird es als Balance zwischen Feuer und Wasser dargestellt, während der Islam 99 Namen kennt, um das Mysterium zu benennen. Im Judentum ist es „der, dem wir keinen Namen geben".

Herb K. erläutert seinen Ansatz: „Ich weiß nicht, was *Es* ist. Ich kann *Es* nicht in angemessene Worte fassen. Ich habe nicht unbedingt positive Gefühle für *Es*. Ich suche es mir einfach aus! Meine Wahl ist: *Es* ist. Es gibt eine Macht. Das mag die Natur sein, eine Quelle, Kraft, Energie, Realität, der Schöpfer von allem, was es gibt – ich bin mir nicht sicher und kann es auch nicht sein."[48]

Der Weg der Individuation ist einer von mehreren Wegen, die in universellen Prinzipien verankert sind. Es fällt auf, wie oft die Mythen und Geschichten, die im Lauf der Zeit erzählt wurden, darauf abzielen, den Menschen zu zeigen, wie sie sich an diesen vereinenden Prinzipien ausrichten können.

Jungs intensive Erforschung des persönlichen und kollektiven Unbewussten hat unzähligen Menschen weltweit geholfen, sich

---

Die Imago Dei, ein Jung'scher Archetyp, spiegelt sowohl das kollektive als auch das persönliche Verständnis des Transpersonellen wider. Das menschliche Kollektiv steht seit Langem in Beziehung zu Mächten, größer als sie selbst, daher existiert in der Psyche aller Menschen ein verinnerlichtes, individuell erlebtes und interpretiertes „Gottesbild". *Peter Adler und Nicholas Barnard,* **God Rules All,** *undatiert.*

De la amendicte espuituelle q̃
est la poincte despent

Cy commēce lacomplaincte de
lomme a son ame et lenhorte
de demander espuituellemēt

Il poure ma malade ma char
tiere ma miserable ame.

Ich und dieses Mysterium – hier stehen wir.

— WALT WHITMAN

kreativ mit ihrem Weg zur Selbsterkenntnis, Heilung und zum Wohlbefinden zu befassen. Seine Konzepte haben sich auch in einer Zeit als relevant erwiesen, in der extreme Polarisierungen und Interessenkonflikte im menschlichen Kollektiv starke Ängste hervorrufen. Der Jung'sche Weg zur Ganzheit ergänzt die Prinzipien, die den Zwölf Schritten zugrunde liegen, und bietet Ideen, Kontexte und Methoden, die die Genesung unterstützen.

Der Archetyp des Schattens könnte zum Beispiel als übergreifendes Symbol für die Inventur im Vierten Schritt dienen, und ein Konzept wie die Schattenprojektionen kann sinnvoll sein, wenn im Achten und Neunten Schritt die Beziehungen zu anderen sowie im Zehnten Schritt das Bewusstsein im Alltag betrachtet werden.

Bezüglich der Konflikte in der Welt im Allgemeinen ist Jungs Aufforderung an den Einzelnen zu lernen, die Spannungen zwischen Gegensätzen in sich selbst auszuhalten, sehr sinnvoll. Innere Spannungen und Emotionen sind oft der eigentliche Grund, warum Menschen sich betäuben und fliehen wollen.

Die letzten beiden Schritte legen den Fokus auf Praktiken, die es viel leichter machen, den Umgang mit den inneren Spannungen zu erlernen. Gebet und Meditation im Elften Schritt sollen den „bewussten Kontakt" mit einer Macht, größer als wir selbst, unterstützen, und Jung betrachtete diese Beziehung als bestimmenden Faktor im Leben eines Menschen. Der Zwölfte Schritt rät, anderen Menschen zu dienen, die noch leiden, und das spiegelt Jungs übergreifendes Thema wider, nämlich der Gemeinschaft der Menschen zu helfen, sich über ihre egozentrischen Handlungsweisen hinaus zu entwickeln.

Die beiden letzten Schritte pflegen und stärken die innere Mitte, von der aus sich die inneren und äußeren Herausforderungen des Lebens meistern lassen.

Jungs Vorschläge sind praktisch und visionär zugleich und fördern ein konstruktives Verhältnis sowohl zur Innen- als auch zur Außenwelt. Für ihn war die Innenwelt eine große Entdeckung: „Diese innere Welt ist wahrlich unendlich und um nichts ärmer als die äußere. Der Mensch lebt in zwei Welten."[49]

In diesem illustrierten Manuskript ist ein Mann im Gespräch mit seiner Seele zu sehen, wodurch eine lebhafte Beziehung zu seiner spirituellen Natur ausgedrückt wird. *Johannes Gerson,* **Mann im Gespräch mit seiner Seele,** *französische Kopie von 1847.*

Die Menschen erschaffen immer wieder Geschichten, Symbole und Bilder der „höheren Mächte", auf die sie sich beziehen. Der Dichter Rainer Maria Rilke stellte fest, dass sich diese Symbole der Beziehung selbst ändern konnten. „Ich kreise um Gott, um den uralten Turm, und ich kreise jahrtausendelang; und ich weiß noch nicht, bin ich ein Falke, ein Sturm oder ein großer Gesang."[50] *Edward Burne-Jones und John Dearle,* **Die Errungenschaft. Der Heilige Gral erscheint als Vision vor Sir Galahad, Sir Bors und Sir Parzival,** *1895/96.*

TEIL 5

SEELENREISEN

Himmel und Erde im Gleichgewicht

Die Seele ist nicht
dafür bestimmt,
verstanden zu werden.

— THOMAS MOORE

Transformations- mythen

DIE MYTHOLOGISCHE SUCHE
DIE GESCHICHTE DER TRENNUNG
DIE REISE DES HELDEN BEI DER GENESUNG
EIN MYSTERIÖSES VERBINDUNGSNETZ

Die Zwölf Schritte und Carl Gustav Jungs Wege der Individuation sind Methoden, die den Menschen helfen, mit ihrer multidimensionalen Natur Frieden zu schließen und mit ihrer Existenz auf der Erde besser zurechtzukommen. Viele Menschen haben auf diesen Wegen sinnvolle Transformationen und gute Ergebnisse erfahren. Die Prinzipien beider Methoden beruhen auf ähnlichen vereinenden Grundlagen. In seiner Erforschung der Mythologie weltweit kam John Campbell zu dem Schluss, dass die menschliche Psyche das große Bedürfnis habe, sich an „tiefen Prinzipien" zu orientieren.[1]

In Mythen und Geschichten der Welt sind die Suche nach diesen Prinzipien und die Höhen und Tiefen in der Entwicklung des kollektiven Bewusstseins immer wieder beschrieben worden.

Wir brauchen das Abenteuer nicht alleine zu wagen.
Denn die Helden aller Zeiten sind uns vorausgegan-
gen, das Labyrinth ist durch und durch bekannt [...].
— JOSEPH CAMPBELL

DIE MYTHOLOGISCHE SUCHE

Die mythologische Suche ist ein bekanntes Thema in Kunst, Literatur, Film und anderen Medien. Sie beginnt mit der Abkehr vom gewöhnlichen Leben und einer Reise in unbekannte Gefilde, auf der der Reisende Herausforderungen und Möglichkeiten begegnet. Manche dieser Mythen beschreiben unbesiegbare männliche Charaktere mit großer körperlicher Kraft, Durchhaltevermögen und Findigkeit – Helden, die ein Hindernis nach dem anderen überwinden. Diese Mythen spiegeln die eher weltlichen Ziele der Menschen wider und das Streben nach Ansehen.

Andere Mythen betonen das menschliche Potenzial für Wandel und Veränderung. Auch sie beginnen damit, dass Bekanntes und Vertrautes verlassen werden, und stellen den Menschen vor schier unlösbare Aufgaben, die es zu bewältigen gilt. Doch diese Suchen thematisieren, welche Werte und Eigenschaften für den Menschen wirklich wichtig sind.

Auf diesen Reisen geht es darum, die Prinzipien zu entdecken, nach denen wir leben. Diese mythologischen Suchen sind kraftvolle Vehikel für das vielschichtige Potenzial der Menschen, und ihre bildhafte Sprache weckt Visionen in den Zuhörern. Immer erzählen diese Art von Suchen von der Transformation der menschlichen Natur.

Der Weg ist in diesen Geschichten häufig voller Irrungen, Wirrungen, überraschender Auflösungen und Belohnungen. Die Reise

---

(SEITE 320) „Begib dich auf eine Reise vom Selbst zum Selbst, mein Freund. Solch eine Reise macht aus der Erde eine Goldmine." – Rumi. *Katsushika Hokusai,* **Der Amida-Wasserfall in den Bergen von Kiso,** *um 1827.* (SEITE 322) Mythische Gottheiten konnten auf Erden wandeln, die menschliche Natur göttlich werden. Persephone, die Tochter der Göttin Demeter, pflückte Blumen, als ihre alles verändernde Reise in die Unterwelt begann. Der Königstochter Psyche gelang es durch ihr verbindliches Wesen und ihre Liebe, unmögliche Aufgaben zu erledigen, bevor sie zur Göttin der Seele erhoben wurde. *John William Waterhouse,* **Narziss,** *1912.* (SEITE 324) Metaphorisch beginnt die Reise der Seele mit der Aufforderung, das Bekannte und Vertraute zu verlassen, um die vor uns liegenden Transformationsmöglichkeiten zu entdecken. *Kalighat-Schule,* **Geflügelte Apsara mit Horn,** *um 1880.* (SEITE 327) In Jungs Individuationsprozess, in den Zwölf Schritten und in den Seelenreisen finden sich viele Anklänge an Themen aus Heldenmythen. *Nowgoroder Schule,* **Der heilige Georg tötet den Drachen,** *frühes 16. Jahrhundert.*

Mythen haben die einzigartige Macht, Widersprüch-
liches fassbar zu machen. Jenseits der Alltagsschwie-
rigkeiten gewähren sie uns tiefe Einblicke in Herzens-
angelegenheiten.

— LIZ GREENE UND JULIET SHARMAN-BURKE

mäandert zwischen Erfahrungen mit Dunkelheit und Licht, Illusion und Wahrheit, Isolation und Begegnung sowie spirituellen Erweckungen. Die archetypischen Themen Tod, Wiedergeburt und Erneuerung kommen ebenso vor wie im wahren Leben. Die Reise offenbart Konflikte, Potenziale und Lösungen im inneren und äußeren Leben des Reisenden.

Viele Transformationsmythen erzählen in symbolischen Geschichten, wie innere und äußere Herausforderungen auf indirektem Weg statt in Kämpfen überwunden werden. Oft scheinen sie sich im Kreis zu drehen, und der Held oder die Heldin verirrt sich, wird überfallen, gefangen genommen oder vergiftet, kommt nicht weiter oder schläft ein. Der Grund dafür wird später immer offengelegt. Heldenthemen spielen sich in einem intimeren Rahmen ab. Vielleicht wird ein gebrochenes Herz geheilt oder ein Leben gerettet. Die Belohnung liegt oft in der Entfaltung menschlicher Qualitäten wie Geduld, Toleranz, Demut, Großzügigkeit und mehr. Der Lauf des Abenteuers dient einem höheren Zweck.

Die verschlungene Route dieser Suche lässt unerwartete Freundschaften entstehen, und die unwahrscheinlichsten Figuren gewähren Hilfe. Tiere, Elemente, übernatürliche Kräfte und andere Charaktere geben gute Ratschläge und werden zu Symbolen einer inspirierten, intuitiven Stimme, die jenseits der konventionellen Vorstellung der Ereignisse lebt.

Die Reisenden, die anhalten und anderen helfen, bekommen vielleicht bescheidene Geschenke, die sich aber als genau das herausstellen, was sie später brauchen. Himmlische Interventionen scheinen sich immer dann zu manifestieren, wenn sich die Probleme nicht allein lösen lassen. Bei Helden oder Heldinnen, die durchhalten, finden bemerkenswerte Transformationen statt.

Das Thema des indirekten Wegs lässt sich gut anhand der Heimreise des griechischen Helden Odysseus nach dem Fall Trojas veranschaulichen. Zehn Jahre erlebte er unerwartete Prüfungen und Strapazen, bevor er wieder mit seiner geliebten Frau Penelope vereint war. Er verirrte sich trotz seiner heldenhaften

---

Auf der Heldenreise müssen Hindernisse überwunden werden, aber für einige Helden ist das erst der Beginn einer ganz anderen Reise, die zu Demut führt. Odysseus war ein Held im klassischen Sinn, aber auf dem Rückweg von Troja geriet er auf eine Irrfahrt und musste sich dabei mit einigen Eigenschaften seines Charakters auseinandersetzen. *Jean-Auguste-Dominique Ingres,* **Odysseus,** *1827.*

Ich kann nur in tiefster Bewunderung und Ehrfurcht anschauend stille stehen vor den Abgründen und Höhen seelischer Natur.

— C. G. JUNG

Entschlossenheit und Kraft auf dem Meer – einem Symbol des Unbewussten.

Wenn die männlichen Helden in diesen Geschichten ihre Macht verlieren, können ihre emotionalen Wunden heilen. Metaphorisch gesehen, bot Odysseus' mäandernde Route ihm die Möglichkeit zur Transformation. Er konnte ein wahrhaft liebender und demütiger Mann werden, bevor er als Gatte und König nach Ithaka zurückkehrte.

Heldinnen unternehmen andere Transformationsreisen. Ein häufiges Motiv ist die Heldin, die all ihren Mut aufbringen muss, um in die Tiefen der Unterwelt hinabzusteigen, und oft steht sie vor schier unlösbaren Aufgaben.

Zur Reise ins Dunkle gehören schwierige Herausforderungen, die symbolisch für den Tod alter, regressiver Daseinsformen sowie für Wiedergeburt, Erneuerung und Ausdehnung des authentischen Selbst stehen. Persephone, Psyche und Inanna/Ištar zählen zu den mythischen Heldinnen, die solche Reisen in Legenden, Oden und Geschichten unternehmen. Sie machen sich auf ins Unbekannte und kehren verändert und gestärkt zurück.

Aus einer Jung'schen Perspektive illustrieren die Suchen in Transformationsmythen Phasen auf der Reise zur Ganzwerdung, die Heimkehr zur eigenen wahren Natur, dem Selbst. Es sind das Ego und seine Maske, die Persona, die sich zunächst unwissentlich auf eine Transformationsreise begeben. Aber das Ego ist einfach zu begrenzt, um langfristig die Führung übernehmen zu können, und allein deshalb muss der Mensch im Lauf seines Lebens sein Bewusstsein weiterentwickeln.

Die egozentrische Persönlichkeit setzt sich in der Regel aus Konditionierungen, Verwundungen und Selbstschutzzielen zusammen und weiß nicht, wie es das entstehende, authentische, multidimensionale Selbst unterstützen kann. Je weiter das Leben voranschreitet, desto dringlicher wird der Ruf, sich von dem leiten zu lassen, was das Bewusstsein erweitert, statt von dem, was es einschränkt, limitiert, kontrolliert und zurückhält.

Mythen und Geschichten bieten eine Fülle von metaphorischen Wegen zur Authentizität und Ganzheit. Sie zeigen mögliche Freunde und Feinde, denen man unterwegs begegnet,

---

Zur Beschreibung von Seelenreisen werden gern Metaphern verwendet, und es tauchen dabei ungewöhnliche Wesen auf wie der sprechende Baum, der mit einer schockierenden Vorhersage die Aufmerksamkeit Alexanders des Großen erweckte. *Nasr al-Soltani,* **Iskandar und der sprechende Baum,** *um 1430.*

> *Um vom Widerstand (immer eine Auseinanderset-*
> *zung) zum Paradoxon (immer heilig) voranzukom-*
> *men, muss man einen Bewusstseinssprung wagen.*
>
> — ROBERT A. JOHNSON

und sie reflektieren archetypische Einflüsse im eigenen Leben. Die Ereignisse, die sich abspielen, könnten Gleichnisse für jene emotionalen Herausforderungen, Dynamiken und Beziehungsprobleme sein, die einen Wandel erforderlich machen.

Metaphorisch gesehen, kann jedes Mal ein Schatz gewonnen werden, wenn man sich einer alten, regressiven Angst stellt und sie entmachtet oder ein freundlicher Umgang mit einem Problem gefunden wird – statt es wie einen Feuer speienden Drachen, der getötet werden muss, zu attackieren. Bei diesen Abenteuern, das Selbst zu verkörpern, beginnen die großspurigen Kontrollillusionen des Egos zu schwinden, und das authentische Selbst wird zunehmend bewohnt. Der wahre Sinn des Heldentums offenbart sich: Es geht darum, die Hindernisse zu überwinden, die den Weg zum eigenen Selbst blockieren.

DIE GESCHICHTE DER TRENNUNG

Ein zentraler Mythos kann eine ganze Zivilisation zum Guten oder zum Schlechten leiten. Der Mythos, der einen Großteil der Menschheit in den letzten Jahrtausenden dominiert hat, ist in der Moderne und Postmoderne immer destruktiver geworden. Im Kern wird eine Geschichte der Trennung erzählt. Das Patriarchat hat Werte verkündet, die trennen, isolieren und in den Menschen Angst hervorrufen. Es hat Ideale hervorgebracht, die Wettbewerb, Zerstörung, Kampf, Konflikte und Knappheit aufrechterhalten.

Diese spezielle Geschichte verlangt die Trennung der Menschheit vom großen Ganzen des Lebens. Um sich selbst zu schützen, muss sie Mutter Natur, ihre Ressourcen und andere Arten, die auf dem Planeten leben, kontrollieren. Es folgt Krise auf Krise, die nicht nur die Menschen in Gefahr bringen, sondern auch die Umwelt und unzählige Arten. Eine ängstliche, traumatisierte und selbstsüchtige Gemeinschaft billigt einen zentralen Mythos mit wahrhaft selbstzerstörerischen Ausmaßen. Das ist Ausdruck einer narzisstischen Mentalität, die in der Sucht nach Macht, Kontrolle und grenzenlosem Wachstum endet.

Es ist kein Wunder, dass eine solche Kultur „bei ihrem maßlosen Vorwärtsdrängen nur dadurch nicht fällt, daß sie immer hektischer weiterläuft", wie Luigi Zoja sagt. „Noch nie hat eine Kultur an eine lineare, ununterbrochene Entwicklung geglaubt, wie wir es tun."[2] Sie hat eine postmoderne Gesellschaft geschaffen, die „Denken und Tun, Fortschritt und Erfolg über alles" schätzt, so Robert A. Johnson. „Wir

Oft kennen die Helden oder Heldinnen das Ziel der mythischen Reise, auf die sie sich begeben, aber der Weg dorthin und wie die Reise ausgeht, ist immer unbekannt. Wer das unsichere Abenteuer wagt, wird Entdeckungen, Erweckungen und Schätze finden. **Kleiner Kelch aus Bubastis,** *Ägypten, 19. Dynastie.* (SEITE 334/335) Seelenreisen lassen sich nicht linear erfassen, rein rational betrachtet, ergeben sie keinen Sinn. Sie folgen gern mäandernden Pfaden, auf denen es überraschende Herausforderungen, Chancen und Belohnungen gibt. Ihre Themen können erstaunlich sein, es kann etwa um die Entdeckung des Glaubens an unsichtbare Kräfte gehen oder um überraschende Begegnungen oder um die wachsende Bereitschaft zum Wandel. *Piri Reis,* **Karte der andalusischen Küste mit der Stadt Grenada,** *1513.*

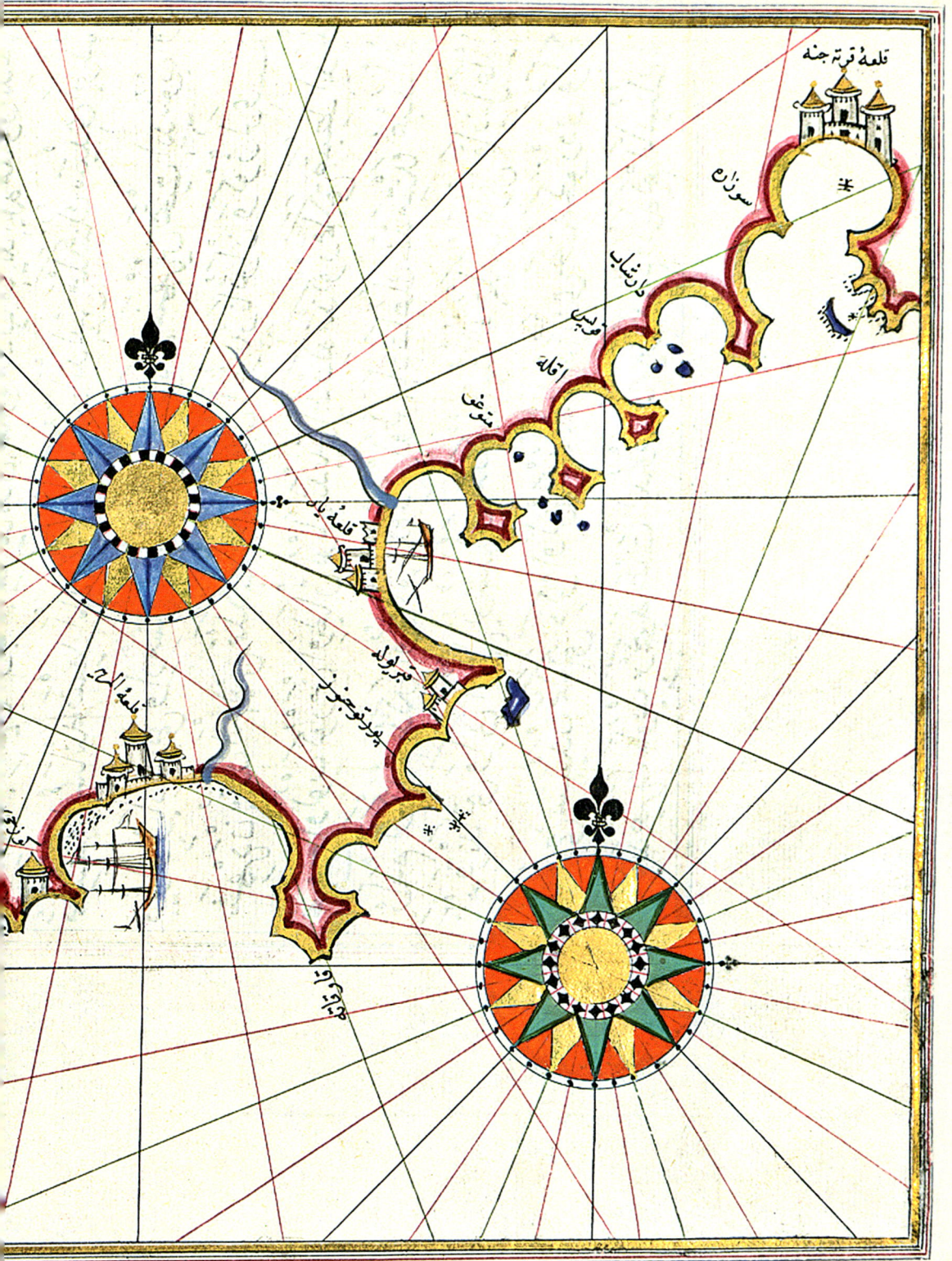

قلعه قرية جنه

سوزان

كارشناب

ضبط

اقاله

شنغ

قلعة باب

قلعة الس

هبرولو

بودرتوضنز

ضغط

قلعه غازن

*Worauf es vor allem ankommt, ist die Unterschei-
dung zwischen dem Bewußtsein und den Inhalten
des Unbewußten. Diese muß man sozusagen isolieren, und das geschieht am leichtesten, indem man
sie personifiziert und dann vom Bewußtsein her einen Kontakt mit ihnen herstellt.*

— C. G. JUNG

neigen dazu, die Dinge zu mögen, die wir kontrollieren können, und lehnen ab, was sich unserer Kontrolle oder unserem Verständnis entzieht. Dies sind die Werte unserer patriarchalischen Gesellschaft ... mit ihrer Betonung von Macht und Erwerb."[3] Dieser gefährliche zentrale Mythos löst sich nun vor aller Augen auf.

DIE REISE DES HELDEN BEI DER GENESUNG

Joseph Campbell machte die Heldenreise zu einem bekannten Begriff. Seine Arbeit zeigt, dass archetypische Themen in der Mythologie weltweit Transformationsreisen beschreiben. Sie werden von Einzelnen unternommen, aber ihr Wert vervielfacht sich, wenn sich herausstellt, dass sie auch der Gemeinschaft dienen. Die Heldenreise illustriert viel mehr als nur persönliche Wachstumschancen; sie zeigt auch die Fallstricke, die immer wieder davon ablenken können, dem Gemeinwohl zu dienen.

Symbolisch betrachtet, finden sich mehrere Stadien der Heldenreise in den Zwölf Schritten wieder.

Das erste Thema der Heldenreise ist der *Ruf*. Das ist ein Ruf zum Abenteuer jenseits des Bekannten, aber der Held oder die Heldin könnten ihn ohne Weiteres ignorieren. Denn wer von Drogen oder Zwangshandlungen abhängt, hört diesen Ruf zum Aufbruch viele Male, hat aber vielleicht keine Kraft mehr, ihm zu folgen.

Wenn Menschen dann wirklich Genesung suchen, ist das der Ruf, dem sie heldenhaft folgen. Er könnte sie an einem absoluten Tief- oder einem Höhepunkt, an dem noch alles zu funktionieren scheint, erreicht haben oder irgendwo dazwischen.

Das nächste Thema auf der Heldenreise ist der *Aufbruch*, und dazu wird die Schwelle zum Unbekannten überschritten. Es gab eine bewusste oder unbewusste Verpflichtung, und nun beginnt die Genesungsreise. Der Genesende bewegt sich in einer unbekannten Landschaft, aber der Erste, Zweite und Dritte

---

Diese Zeichen und Symbole auf Wischnus Fußsohlen erinnern die Menschen daran, dass sie ihre spirituelle Reise antreten sollen. Manche weisen auf Aspekte eines falschen Selbst hin, die aufgegeben werden müssen, während andere Qualitäten beschreiben, die es wert sind, gepflegt zu werden, weil sie das wahre Selbst repräsentieren. *Francesca Galloway,* **Wischnus Füße als Objekte der Anbetung,** *um 1810–1820.*

Alle Dinge sind unbeständig, außer dem Vertrauen auf die Seele, die alle Dinge ändert und deren Unbeständigkeit mit Licht erfüllt.

— JAMES JOYCE

Schritt helfen ihm, die Umgebung zu erkunden und Hilfe zu finden.

Unterstützung findet sich in der Gemeinschaft mit anderen Menschen, die dasselbe Problem haben, aber vielleicht aus ganz anderen Lebensbereichen kommen. Wie Reisegefährten, die einander unterwegs die Hand reichen, werden unterschiedlich geartete Menschen auf der Reise zur Genesung zu Verbündeten. Das spiegelt das Motto der Heldenreise wider: *Finde Verbündete, die anders sind als du.*

Der Prozess vom Vierten bis zum Zehnten Schritt beleuchtet die Themen *Gegner bekämpfen* und *Hindernisse überwinden*. Wo sind die Hindernisse und Gegner im Leben des Genesenden? Wie könnten sich Stolpersteine zeigen oder Leugnung äußern? Diese Herausforderungen werden ausfindig gemacht, anerkannt, benannt und durch die Arbeit an den Schritten integriert.

In der nächsten Phase der Heldenreise geht es darum, *den Schatz zu finden*. Das kann sich metaphorisch in den Entdeckungen, Veränderungen und den Nutzen widerspiegeln, die die Genesung dem Einzelnen schenkt. Diese Schätze müssen gut genutzt werden, und die täglichen Übungen aus dem Zehnten, Elften und Zwölften Schritt helfen dabei.

Das letzte Thema der Heldenreise ist die *Rückkehr nach Hause*. Die Reichtümer der Erfahrung, Einsichten und Weisheit, die unterwegs gesammelt wurden, werden der Gemeinschaft zur Verfügung gestellt und zum Wohl aller geteilt. Dieses Ethos spiegelt die Grundprinzipien der Zwölf Schritte wider: seine Erfahrung, Stärke und Hoffnung einsetzen, um anderen, die noch leiden, zu helfen.

Der Gemeinschaft zu dienen, könnte ein Schatz sein, den man auf der Reise zur Genesung am wenigsten erwartet hätte. Campbell sagt in seinem Buch *Die Kraft der Mythen*: „Wenn wir aufhören, zuerst an uns selbst und an unsere Selbsterhaltung zu denken, machen wir einen wahrhaft heroischen Bewußtseinswandel durch. Und ein Bewußtseinswandel der einen oder anderen Art ist es, womit alle Mythen sich auseinandersetzen müssen."[4] Im Verlauf dieser Reisen erreichen die Menschen eine Bewusstseinserweiterung.

EIN MYSTERIÖSES VERBINDUNGSNETZ

Die Mythen der Welt bieten einen enormen Reichtum an Weisheit und Bildern. Ein gemeinsames Thema sind die transpersonalen Dimensionen des Lebens. Joseph Campbell stellt fest, dass Mythen der „Schlüssel zu den geistigen Entwicklungsmöglichkeiten des menschlichen Lebens" sind.[5] Sie offenbaren nicht nur, wie riesig dieses Potenzial ist, sondern ebenso die Einschränkungen, die zum Menschsein gehören.

An entscheidenden Punkten kann nur göttliche Intervention die Helden retten. Bestimmte Grenzen können nicht überschritten werden. „Wir mögen mehr oder weniger religiös oder spirituell ausgerichtet sein, vom Willen Gottes oder der begrenzten menschlichen Natur sprechen – oder einfach ‚so ist das Leben nun mal' dazu sagen. In keinem Fall können wir beanspruchen, übermenschlich zu sein", so Liz Green und Juliet Sharman-Burke.[6]

Bei Treffen mit Wesen aus einer anderen Welt wächst bei diesen Suchen oft eine spirituelle Verbindung. Das können Gottheiten, Elemente der Natur oder magische Tiere sein, die plötzlich auftauchen und sich benehmen, als gehörten sie schon zur Geschichte.

Sie wissen immer, was gebraucht wird, was als Nächstes kommt und wie Hürden überwunden werden können. Sie scheinen eine umfassende Vision davon zu haben, was passiert, und sind mit außerordentlichen Kräften gesegnet – mit denen, die dem Helden fehlen.

Die Treffen mit diesen ungewöhnlichen Wesen deuten auf eine implizite Ordnung der Ereignisse hin. Die angebotene Hilfe reflektiert scheinbar ein geheimnisvolles Verbindungsnetz. Wenn Held oder Heldin mitspielen, geht es meist gut aus, denn es folgen hilfreiche Tipps oder Zeichen oder glückliche Zufälle. Sind sie nur an ihrem eigenen Nutzen interessiert, kommt es zu Komplikationen.

Schon immer haben Menschen eine Beziehung zum geheimnisvollen Verbindungsnetz des Lebens gehabt, das die Weisheitstraditionen als Einheitsbewusstsein bezeichnen: *Alles ist eins*. Wenn die Grundlage des Seins die Verbindung zu allem Bestehenden – das Einssein – ist, erscheint es wenig verwunderlich, dass Menschen bestrebt sind oder sich gezwungen fühlen, bewusst oder auch unbewusst danach zu suchen.

Die Suche in Transformationsmythen kann mit der Seelenreise gleichgesetzt werden. In diesem Narrativ ist es die Seele, die den Menschen dazu aufruft, jenseits des Gewohnten Abenteuer im Unbekannten zu erleben. Sie ist eine unsichtbare Begleiterin auf dem gewundenen Weg durch neue Landschaften, die ihre Absichten durch Ereignisse, Herausforderungen und Erfolge offenbart. Die leitende Stimme der Seele äußert sich bekanntermaßen als Intuition, Inspiration oder Synchronizität und durch Bilder und Träume.

Symbolisch führen Seelenreisen an tiefe, versteckte und entlegene Orte, um den Geist zurückzurufen, der zuvor auf die eine oder andere Weise verloren gegangen ist. Es ist eine Reise, die die Ganzheit wiederherstellt und zu mehr Heiterkeit, Mitgefühl und Frieden mit sich selbst führt. *Claude Monet,* **Wasser-lilien,** *nach 1916.*

Moderne Mystiker

EINE DUNKLE NACHT DER SEELE
EINE IMPLIZITE ORDNUNG
EIN GROSSER WANDEL
EINHEITSBEWUSSTSEIN

Mythen werden im menschlichen Leben symbolisch, persönlich und kollektiv ausgedrückt. Anthropologisch können sie als der unsichtbare, aber kraftvolle Leim gelten, der eine Gemeinschaft oder Zivilisation zusammenhält. Ein zentraler Mythos vereint die Gemeinschaft auf sichtbare und unsichtbare Weise, indem er das Gefühl von Zugehörigkeit, Sinn und Richtung verstärkt. Es hat sich gezeigt, dass „eine menschliche Gesellschaft nicht lange überleben kann, wenn ihre Mitglieder psychologisch nicht in einem zentralen, lebendigen Mythos geborgen sind".[7]

Wenn ein zentraler Mythos die Menschen eines Kollektivs psychisch nicht mehr vereinen kann – und er seine Leitbildfunktion verliert –, beginnt die Dekonstruktion der bestehenden Formen und Strukturen, um Platz für einen neuen zentralen Mythos zu schaffen.

Denn in allem Chaos ist Kosmos und in aller Unordnung geheime Ordnung.

— C. G. JUNG

Der Übergang von einem alten Mythos zu einem, der die Gemeinschaft oder Zivilisation besser umfassen, prägen und einen kann, verläuft unvermeidlich chaotisch.

Auch Systemtheorien befassen sich mit diesen Phasen. Wann immer ein System zu komplex wird, beginnt ein Prozess, der es in kleinere Einheiten aufbricht und Platz für eine neue Form schafft. Die Übergänge und Prozesse zwischen den Stadien der Konstruktion, Dekonstruktion und Rekonstruktion sind sehr ausgiebig in der Natur zu beobachten, wo den Jahreszeiten und Phasen von Geburt, Wachstum, Reifung, Auflösung, Verfall und Tod immer wieder die Geburt eines neuen Zyklus folgt.

Ähnlich wie die individuelle Psyche des Einzelnen befindet sich auch die Psyche des menschlichen Kollektivs in einem fortlaufenden Entwicklungs- und Lebensprozess, der „nach Ganzheit strebt, darum bemüht ist, sich selbst zu vervollständigen und bewußter zu werden".[8] Sie durchläuft auch Phasen, die sich ausdehnen und zusammenziehen. Geht der zentrale Mythos einer Gemeinschaft in die Dekonstruktionsphase über, wird es meist unschön. Polaritäten prallen aufeinander. Robert A. Johnson spricht von der phänomenalen evolutionären Energie, die in solchen Zeiten entfesselt werden kann. Sie fegt jeden Widerstand und jedes Hindernis auf dem Weg zur Erneuerung nieder: „Um die bewusste Psyche zu einem neuen Ideal oder zu einer neuen Möglichkeit zu zwingen, wird [das kollektive Unbewusste] in der Gesellschaft das Unterste zuoberst kehren, Kreuzzüge veranstalten, neue Religionen entstehen lassen und ganze Imperien in Schutt und Asche verwandeln."[9]

Wenn eine große Zivilisation eine solche Durchgangsphase durchläuft, sind die Menschen aufgerufen, sich bereitwillig vom Alten, Bekannten und Vertrauten zu trennen und den

---

(SEITE 342) Der Physiker David Bohm sieht das Universum als „ungeteilte Ganzheit in fließender Bewegung". Als Nataraja ist der Gott Shiva die Quelle der Bewegung des Universums und tanzt den Fluss der vereinten Ganzheit durch die Zyklen von Expansion und Kontraktion. *Unbekannt,* **Shiva Nataraja, 11. Jahrhundert.** (SEITE 344) Robert A. Johnson nähert sich dieser Bewegung aus einer menschlichen Perspektive. Sie entspringt im multidimensionalen Selbst, das bewusst machen will, was unbewusst ist, und nach der Zusammenführung von immer höheren Ebenen von Erfahrungen, Verbindungen und kreativem Ausdruck strebt. *Unbekannt,* **Entwicklung des Kosmos aus einem einzigen Punkt,** *um 18. Jahrhundert.*

Die Dunkelheit der Nacht meint nichts Düsteres; sie hat eher damit zu tun, daß Befreiung im Verborgenen geschieht, ohne unser Wissen und Verstehen. Sie geschieht auf geheimnisvolle Weise, im geheimen und jenseits unserer bewußten Kontrolle.

— GERALD G. MAY

Mut aufzubringen, in den Abenteuern dieser unbekannten, unsicheren Phase konstruktiv und kokreativ zu sein. In diesem Chaos gilt es zu lernen, das Gemeinwohl vor das persönliche Wohl zu stellen. Was dem Kollektiv nicht mehr dient, wird bewusst zugunsten des Neuen losgelassen. Diese unwägbaren Phasen sind auch sehr fruchtbare Zeiten, um sich vorzustellen, wie sich das menschliche Potenzial im größeren Umfang manifestiert.

EINE DUNKLE NACHT DER SEELE

Diese Ära wird manchmal die „dunkle Nacht der Weltseele" genannt. Der zentrale Mythos, der lange größere Teile der Menschheit geprägt hat, löst sich auf, und die globale Zerstörung, die er verursacht hat, wird offensichtlich. Diese Phase der Zerstörung als natürlichen Teil eines Zyklus zu betrachten, kann es leichter machen, mit der Unzahl widersprüchlicher Einflüsse zu leben. Wie Jung sagte: „In allem Chaos ist Kosmos und in aller Unordnung geheime Ordnung."[10]

Mit dieser unsichtbaren Ordnung kann man sich auseinandersetzen. Der Begriff „dunkle Nacht der Seele" dient als Metapher für überwältigende persönliche Situationen oder existenzielle Krisen, etwa den Verlust von Glauben, Sinn oder Bedeutung oder eine spirituelle Fragestellung. In der Vergangenheit haben solche Tiefenreisen einige Menschen dazu veranlasst, sich aus der Außenwelt zurückzuziehen und dann Trost an entlegenen Orten oder in kontemplativen Gemeinschaften zu suchen.

Heutzutage passiert etwas ganz anderes. Die legendären dunklen Nächte der Seele ereignen sich mitten in der Geschäftigkeit des modernen Lebens. Unzählige Menschen sind aufgerufen, ihrem Innenleben Aufmerksamkeit zu schenken. Der Wandel von einem zerfallenden zentralen Mythos zu einem besser funktionierenden kann so chaotisch, polarisiert und zusammenhanglos sein, dass er einem alchemistischen Reinigungsprozess ähnelt. Bei diesem Prozess wird mit großer Hitze das Überflüssige beseitigt, um den essenziellsten

---

Der Dichter Theodore Roethke sagte, dass das Auge in einer dunklen Zeit beginne zu sehen. In dieser dunklen Nacht der Weltseele entsteht der Archetyp des modernen Mystikers. Er findet in Menschen seinen Ausdruck, die sowohl ihre menschliche als auch ihre spirituelle Seite annehmen und ihr inneres wie ihr äußeres Leben wertschätzen. *Mark Rothko,* **Nr. 7 (Dark over Light),** *1954.*

Das Erwachen ist das Ziel der spirituellen Reise – ein Zustand des menschlichen Bewusstseins, den manche Einheitsbewusstsein oder Einheit nennen.

— THOMAS KEATING

und grundlegendsten Bestandteil freizulegen – die *prima materia*.

Im Leben vieler Menschen kommt es dann zu Reinigungsprozessen. Dazu gehört es loszulassen, was im eigenen Leben und in der Gemeinschaft der Menschen falsch, unvertretbar und überflüssig geworden ist, und zugleich zu bewahren, was sich als essenziell, dauerhaft und wertvoll zeigt. Die dunklen Nächte der Seele entwirren alte persönliche Mythen und räumen auf, denn wie James Hollis schreibt: „Wir sind unentrinnbar mythologische Wesen. Die einzigen Fragen sind: Welche Mythen und wessen? Unsere oder die von anderen?"[11]

Ein starker Archetyp der Gemeinschaft, der moderne Mystiker, taucht als Reaktion auf die großen aktuellen Herausforderungen auf. Dieser moderne Mystiker scheint immer wach, bewusst und konzentriert sein zu wollen, trotz der chaotischen Einflüsse dieser Ära. Er bezieht sich immer stärker auf ein inneres intuitives Wissen, das als hauptsächlicher Kompass für das Leben dient. Dies sind Menschen, die, wann immer möglich, konstruktiv mit den Spannungen, Emotionen, Denkwei-

sen und Polaritäten in sich selbst arbeiten wollen und sich bewusst von Angstmacherei und Schwarzmalerei fernhalten, wie sie in unsicheren Zeiten in einer Gemeinschaft typisch sind.

Der moderne Mystiker ist an einem erweiterten Erfahrungsspielraum interessiert, was für unvorhersehbare Phasen typisch ist, denn sie bieten die Gelegenheit, sich zu engagieren, zu heilen und einen Beitrag zu leisten.

EINE IMPLIZITE ORDNUNG

Welche Art von Geschichten werden in diesen Umbruchzeiten erzählt? Geschichten der Hoffnung oder des Kummers? In ihrem Buch *Hoffnung durch Handeln* vertreten Joanna Macy und Chris Johnstone den Standpunkt, dass es in dieser Phase drei Haupterzählungen gibt: „Business as usual", „Der fortschreitende Zerfallsprozess" und „Der Große Wandel".[12] Wenn das stimmt, ist es verständlich, dass Menschen Orientierung suchen.

Es lässt sich erkennen, dass sich der alte zentrale Mythos vom Patriarchat mit seinen vielen Formen, Werten und Weltsichten auflöst. Während „Business as usual" heutzutage

Diese ägyptische Tonfigur könnte das Erwachen des Bewusstseins darstellen. **Weibliche Figur aus El Mámariya,** *Oberägypten, um 3600–3500 v. Chr.*

schwer zu realisieren ist, gibt es beim „Großen Wandel" zahlreiche vereinende und kokreative Möglichkeiten. „Wer sind wir, wenn nicht Geschichten, die wir uns über uns selbst erzählen und glauben?", fragt Gregg Braden. „Wir sind nicht, was man uns gesagt hat. Die alte Geschichte von Trennung und Konflikt ist kein Naturgesetz, das ist Kooperation. Unsere kollektive Geschichte ändern heißt die Welt ändern."[13]

Der Aspekt eines sich erweiternden oder verengenden Bewusstseins kann symbolisch illustrieren, wie sich der Einzelne angesichts der Unzahl kollektiver Herausforderungen und Veränderungen nutzbringend engagieren kann. Was sollte man in sich am dringendsten stärken? Ein sich ausdehnendes persönliches Bewusstsein oder eines, das sich vor Angst zusammenzieht?

Die typischen Denkmuster des Patriarchats haben lange Zeit die Menschen voneinander getrennt, statt sie zu vereinen. Diese Verzerrung hat zu einer einschränkenden, sogar fehlerhaften Manifestation des menschlichen Bewusstseins geführt, etwa mit einer Denkweise, die „die *Dinge* als inhärent divergent, getrennt und in jeweils kleine Bestandteile ,zerfallen'" betrachtet. „Jedes einzelne Teil wird prinzipiell als unabhängig und für

sich selbst existierend angesehen", wie der Physiker David Blohm in seinem Buch *Die implizite Ordnung* schreibt.[14]

1918 sprach Max Planck, Gewinner des Physiknobelpreises, über die Gefahren, die eine solche Fragmentierung für das menschliche Bewusstsein darstelle und wie sie mit einer fehlenden, übergreifenden Weltsicht zusammenhänge. Man brauche einen zentralen „Mythos, durch den eine Kultur und die Menschen in der Welt erfolgreich arbeiten können".[15]

Max Planck war einer der Wissenschaftler des frühen 20. Jahrhunderts, die entdeckten, dass das Bewusstsein eine fundamentale Kraft des Universums ist – tatsächlich einer seiner grundlegenden Bestandteile – und nicht, wie zumeist angenommen, ein Phänomen des menschlichen Gehirns.

Seine Forschungen führten Planck zu der Einsicht: „Ich betrachte das Bewusstsein als grundlegend. Ich betrachte Materie als ein Derivat des Bewusstseins. Wir können nicht über das Bewusstsein hinausgelangen."[16] Ein Paradigmenwechsel wie dieser musste mit der reduktionistischen Wissenschaftstradition kollidieren, bei der die Grundvoraussetzung gilt, dass Materie aus immer kleineren Partikeln besteht, die unabhängig voneinander existieren. Aber die Forschungen in Physik,

Wir müssen hinter den Schleier der Form auf die Erkenntnis der Einheit blicken, die in dir, in mir, im Universum und allem steckt. Wer das versteht, wird an der Schwelle zu dem stehen, was wahr ist und wo sein Platz in der Realität ist. Realität ist Ganzheit, ungeteilte Ganzheit, und diese Tatsache muss erst noch Milliarden von Menschen klar werden.

— JAN WALLECZEK

Mathematik und Biologie bestätigen, dass diese „separaten Teile" in Beziehung zueinander existieren, in einem Feld der Verbindungen. Sie sind miteinander verschränkt, selbst über große Entfernungen hinweg. Trennung kommt nur auf eine Art zustande: „Individualität ist nur dann möglich, wenn sie sich aus der Ganzheit heraus entfaltet."[17] Diese Aspekte spiegeln sich in verschiedenen Forschungsbereichen wider. Der Biologe Dr. Rupert Sheldrake will in rund 5000 Fällen bewiesen haben, dass es ein morphogenetisches Feld zwischen den Mitgliedern einer Tierart gibt.

Forschungen im Bereich der interpersonellen Neurobiologie zeigen, dass ein System aus Spiegelneuronen im Gehirn den „anderen" in uns selbst simuliert. Sie erstellen neurale Karten unseres „von anderen abhängigen Selbstgefühls. So können wir sowohl ‚Ich' als auch ein Teil des ‚Wir' sein", so Dr. Daniel Siegels Entdeckung.[18]

Der Amateurphysiker Nassim Haramein erforschte die Struktur der Raumzeit, um dem schwer fassbaren Phänomen eines einheitlichen physikalischen Felds näher zu kommen. Er kam zu dem Schluss, dass die Vernetzung eine Eigenschaft der Raumzeit ist und das Bewusstsein dabei eine grundlegende Rolle spielt.

Die Erkenntnis, dass das Universum vernetzt ist, hat enorme Folgen für die Menschheit, die lange Zeit mit unzutreffenden Informationen über das Wesen der Realität gelebt hat. Die praktischen Auswirkungen sind unendlich groß und umfassen auch die Arbeit an so bahnbrechenden Lösungen wie das Generieren von unbegrenzten Quellen ungefährlicher Energie.

EIN GROSSER WANDEL

Diese umwälzenden Entdeckungen und die Vereinheitlichung einiger Aspekte in der Physik spiegeln das Wesen des zentralen Mythos wider, der hier entsteht und die fundamentale Einheitlichkeit im Herzen unserer Existenz erhellt. Ein derartiger Leitmythos dient nicht nur dazu, die Menschheit zu einen, sondern unterstützt auch eine positive kollektive Evolution, die im Einklang mit dem Rest der Schöpfung steht. Die Menschheit kann als vernetzter Teil im großen Ganzen wieder ihren rechtmäßigen Platz finden.

In dieser Zeit des Großen Wandels zerbrechen die alten Paradigmen und machen Platz für ein einheitliches Modell der Realität, das die intrinsisch vernetzte, verbundene sowie voneinander abhängige Natur des Lebens

Die Erde gehört nicht den Menschen, der Mensch gehört zur Erde. Alles ist miteinander verbunden, wie das Blut, das eine Familie vereint. Alles ist verbunden. Was die Erde befällt, befällt auch die Söhne der Erde. Der Mensch schuf nicht das Gewebe des Lebens, er ist darin nur eine Faser. Was immer ihr dem Gewebe antut, das tut ihr euch selbst an.

— CHIEF SEATTLE

beschreibt, in dem der Mensch nicht abseits, abgekoppelt und isoliert vom Rest der Schöpfung ist. Es bestätigt, was die indigenen Kulturen und die, die eine einheitliche Realität unmittelbar erlebt haben, von jeher bekunden.

Die Erkenntnis, dass die wahre Natur der Existenz Einheit ist, nicht Trennung, kann für diejenigen zutiefst befreiend sein, die sich bewusst für die kollektiven und individuellen Veränderungen engagieren wollen, die gerade geschehen.

In einem Brief schrieb Albert Einstein 1950 über das Problem der Fragmentierung des Bewusstseins, das die Menschheit schon so lange verfolgt: „Er erlebt sich und sein Fühlen als abgegrenzt gegenüber dem Rest, eine Art optische Täuschung seines Bewusstseins."[19] Einstein war der Ansicht, es sei am besten, sich von dieser Illusion der Trennung zu lösen.

EINHEITSBEWUSSTSEIN

Die implizite Ordnung bei David Bohm, die Rede, die Chief Seattle zugeschrieben wird, das kollektive Unbewusste bei Carl Gustav Jung oder die Denkschule des Daoismus - sie alle teilen eine wesentliche Wahrheit über die Natur der Realität: Der Einzelne existiert in einer Beziehung zum großen Ganzen.

Der Friedensnobelpreisträger Desmond Tutu schreibt in *An African Prayer Book*, dass „wir dazu bestimmt sind, in einem filigranen Netzwerk gegenseitiger Abhängigkeiten mit Gott und dem Rest von Gottes Schöpfung zu leben [...] Ein einzelner Mensch ist ein Widerspruch in sich. Ein vollständig eigenständiger Mensch ist letztlich unmenschlich. Wir sind für Komplementarität geschaffen."[20]

Zu entdecken, dass jedes Lebewesen in Abhängigkeit von allem anderen existiert, kann lebensverändernd sein. Dass Verbindung und gegenseitige Abhängigkeit auch auf den grundlegendsten Ebenen des Lebens bestehen, ganz zu schweigen von der eigenen Existenz, ist eine tiefgreifende Erkenntnis. Wie wirkt sich diese Einsicht auf das eigene Leben aus? Wie geht man am besten mit dieser Vernetzung um und verleiht ihr Ausdruck?

Sich der Einheit bewusst zu werden, die alles Leben durchdringt, weist auf Zustände hin, die diese Einheit reflektieren, auch bekannt als Einheitsbewusstsein. In *Balancing Heaven and Earth* schreibt Robert A. Johnson: „Die Menschheit scheint ausdrücklich dafür zu existieren, das Bewusstsein weiterzuentwickeln. Wir tun dies, indem wir eine Bewusstseinsebene aufbauen und diese dann für eine höhere Bewusstseinsebene wieder aufgeben."[21]

Dass die Realität multidimensional, vernetzt und ineinandergreifend ist, wird von den Weisheitstraditionen der Welt schon seit Langem anerkannt. Das nicht unzutreffende Paradigma, dass die Menschen abseits, getrennt und unabhängig vom großen Netz der Existenz bestehen, zerbricht nun. *James Wyper,* **All That Is,** *2012.* (SEITE 354) Ein neuer, vereinender, zentraler Mythos entsteht, um die Menschheit zu leiten, während die moderne Wissenschaft die unteilbare Einheit im Kern des Ganzen bestätigt, ebenso wie die Rolle des Bewusstseins als intrinsische und grundlegende Kraft der Schöpfung. Diese Mudra signalisiert Frieden, Sicherheit und Schutz. **Hand des Buddha in der Mudra Abhaya,** *Thailand, Ende 17./Anfang 18. Jahrhundert.*

In der früheren Vorstellung von einem Universum, das aus separaten Objekten besteht, konnten wir uns als unabhängige Betrachter sehen, doch bei der neuen Definition des Universums nimmt alles in einer gemeinsam erschaffenen Realität in jedem Augenblick an allem anderen teil.

— DUANE ELGIN

Der Große Wandel, auf den sich Joanna Macy bezieht, ist eine Phase, in der sich das kollektive Bewusstsein der Menschheit stark erweitert. Es entwickelt sich sprunghaft. Dieser Impuls fordert jeden Menschen dazu auf, sich bei der Entwicklung des eigenen Bewusstseins einzubringen, ihm Aufmerksamkeit zu schenken, es in diesen Zeiten des Aufruhrs und des Übergangs zu beobachten, zu pflegen, zu leiten, zu lenken und zu schützen.

Sich seines Bewusstseins gewahr zu werden und darauf zu achten, worauf es sich richtet, erfordert Übung. Es bedeutet, sich auf die inneren Vorgänge einzustellen und sie regelmäßig zu beobachten. Sich selbst Fragen zu stellen, kann dabei behilflich sein: „Was lenkt mich heute ab, fesselt mein Bewusstsein oder lässt es schlafen?" – „Wie lenke ich es woanders hin?" – „Worauf sollte es sich am besten konzentrieren?"

Einheitsbewusstseinszustände können mithilfe von Meditation gepflegt werden. Das übergreifende Ziel dabei ist es, in Übereinstimmung mit der vernetzten und ineinandergreifenden Art des Lebens zu denken, zu fühlen, zu glauben und zu handeln und die alten Denkmuster, Gefühle und Verhaltensweisen von Menschen, die sich als getrennt wahrnehmen, loszulassen. Heute stehen zahlreiche Möglichkeiten zur Verfügung, um sich mit diesem Thema intensiv zu beschäftigen.

Als Spezies entwickelt sich die Menschheit aus einer Phase eines fragmentierten kollektiven Bewusstseins heraus, das – als eine von mehreren Formen der Zerstörung – einen Großteil der Menschheit daran gehindert hat, gemeinsam für das Wohl aller zu arbeiten. Dennoch funktioniert der Mensch, wie andere biologische Systeme auch, durch Zusammenarbeit. Er besteht aus schätzungsweise 50 Billionen Zellen, die in jeder Sekunde des Lebens millionenfach in erstaunlich komplexen Prozessen zusammenwirken.

Die Erkenntnis der fundamentalen Einheit zwischen allem, was existiert, wird seit langer Zeit in Bildern, Schriften, mündlichen Erzählungen und anderen Formen festgehalten und weitergegeben, insbesondere im Fernen Osten. Das Einheitsbewusstsein wird auch als Erwachen, Ganzes, Nichtdualität oder Erleuchtung bezeichnet.

Wenn das Wesen der Realität vernetzt und verflochten ist, beeinflusst der Einzelne mit den Daseinszuständen, die er erschafft, immer das große Ganze. Welche emotionalen, mentalen oder spirituellen Zustände würden dem Gemeinwohl und damit auch dem eigenen Wohlbefinden dienen, wenn diese Zustände

*Das Universum ist eine Kommunion und eine Ge-
meinschaft. Wir selbst sind diese Gemeinschaft, die
sich ihrer selbst bewusst geworden ist.*

— THOMAS BERRY

zielgerichtet kultiviert werden könnten? Wie lässt sich das am einfachsten erreichen? Da der Einzelne eine Beziehung zum Ganzen hat, erscheint Zusammenarbeit sinnvoller, als allein zu handeln. Das Gemeinwohl wird mithilfe von Unvoreingenommenheit, einem liebenden Herzen und einem demütigen Geist geschaffen, und all das lässt sich leichter mit anderen entdecken, pflegen und praktizieren.

In dieser Hinsicht können AA-Gemeinschaften als Beispiele für die Zusammenarbeit am Wohl aller und des Einzelnen dienen. Diese Gruppierungen sind bereits für Millionen von Menschen lebendige Symbole eines vernetzten und ineinandergreifenden Ansatzes für die persönliche und kollektive Transformation. Das spiegelt sich praktisch in der Erkenntnis wider, dass sich die menschlichen und spirituellen Herausforderungen in der Gemeinschaft mit anderen leichter bewältigen lassen. Zusammenarbeit und Hilfe machen es viel einfacher, die Schwierigkeiten des Lebens zu überwinden – ganz wie bei der Genesung von einer Sucht.

Dass es besser ist, das Gemeinwohl an die erste Stelle zu setzen, musste man bei der Gründung der AA auf unerbittliche Weise lernen. In einer Rede, die der Mitbegründer der AA, Bill W., 1951 in Chicago hielt, erzählte er, wie dieses Prinzip entdeckt wurde. Im Rückblick auf die frühen Tage, als diese Erkenntnis wundersamerweise eine Gemeinschaft zügelloser Trinker vereinte, erzählte Bill seinem Publikum, dass selbst diese ungehobelte Truppe schließlich davon überzeugt war, dass das Prinzip der Einheit eine Frage von Leben und Tod für jeden Einzelnen von ihnen war: „Das Überleben des Ganzen war wichtiger als das Überleben eines Einzelnen oder einer Gruppe aus Einzelpersonen. Diese Sache war viel größer als jeder von uns."[22]

Dieses lebenserhaltende Prinzip hat sich schon bei anderen Arten auf dem Planeten manifestiert, und heute sehnen sich viele Menschen danach, ihr Leben auf solch einer Grundlage zu verbringen. In diesen Zeiten des Großen Erwachens verbreitet sich das Prinzip immer schneller.

Die *Konferenz der Vögel* erzählt die Geschichte von den Vögeln der Welt, die zusammenkommen, um zu Harmonie zu finden. Eine Reise voller Gefahren wird unternommen, um dem prachtvollsten aller Vögel, Simurgh, die Aufwartung zu machen, nur um dann festzustellen, dass dieses weise Wesen bereits in jedem von ihnen lebt. *Habiballah Mashhadi*, **Die Konferenz der Vögel,** *Iran, um 1600.*

Epilog

Nicht jeder, der in einer Kultur voller Sucht-prozesse lebt, wird selbst süchtig. Aber schon das Menschsein selbst kann schwer zu bewäl-tigen sein, wenn man bedenkt, dass wir „zu-gleich menschlich und göttlich, begrenzt und ewig, der Teil und das Ganze" sind, wie Chris-tina Grof einmal schrieb.[1] Wir sind empfind-sam, intuitiv, rational, irrational, körperlich, spirituell, multidimensional und noch mehr. So viele Teile von uns wetteifern um Aufmerk-samkeit und Ausdruck, und unsere Erfahrun-gen fordern uns immer wieder auf, Wege zu finden, um diese unterschiedlichen Einflüsse respektvoll zu vereinen.

Es gibt so viele außergewöhnliche Intelli-genzen, die uns auf dem Weg durch diesen Irrgarten des Lebens helfen. Wenn wir sie her-beirufen, wecken wir die in uns wohnende Fähigkeit, unsere Rolle als Mitschöpfer einer sich entfaltenden Realität zu spielen. Symbo-lische Wahrnehmung, Storytelling und Vor-stellungskraft gehören zu den uns angebore-nen Fähigkeiten, die uns bereits von Beginn an zur Verfügung stehen.

Es ist vor allem die symbolische Wahrneh-mung, deren Zeit nun gekommen ist. Sie kann auf atemberaubende Weise eine Vielzahl von Einflüssen, Widersprüchen, Gegensätzen und Komplexitäten versöhnen.

Es ist klug, kollektiven und persönlichen Problemen mit einer sinnbildlichen Perspektive zu begegnen. Die symbolische Brille lässt sich von jedem jederzeit und überall aufsetzen. Sie ermöglicht einen Blick aus der Vogelperspektive, der Blick wird weiter, und es eröffnet sich eine Landschaft der Möglichkeiten, in der uns Inspiration, Ideen und Lösungen ganz natürlich bewusst werden. Das hilft auch, sich an die Wahrheiten zu erinnern, die wirklich wichtig sind.

Auch Mythen und Geschichten sind bemerkenswerte Führer durch das menschliche Paradoxon. Storytelling dient vielen pädagogischen, soziologischen, kosmologischen und mystischen Funktionen der Menschen. „Ein guter Mythos lässt uns nicht allein auf weiter Flur", schreibt Robert A. Johnson. „Er beschreibt unsere Nöte und bietet gleichzeitig eine Lösung."[2]

Es gibt für alles einen Mythos, eine Ode oder ein Gedicht. Egal wo wir sind, die Geschichten der Welt zeigen uns, wie wir unter allen möglichen Umständen unser Leben gestalten können. Sie vereinen die ganze Bandbreite menschlicher Erfahrungen und destillieren sie zu einigen wenigen Richtlinien für das Leben, die immer gültig sind – ganz so wie die Wahrheiten, auf die Jung hingewiesen hat.

Die Magie der Mythen und Geschichten wirkt, noch lange nachdem sie erzählt wurden, nach, und die menschliche Psyche hört nie auf, sich nach ihnen zu sehnen. Selbst die Art, wie wir unsere eigene Lebensgeschichte erzählen, ist eine kreative Kraft, die Wirkung hat. Als persönlichste Metapher unseres Lebens beeinflusst, lenkt und entwickelt sie, wer wir im Innern und in der Welt sind.

Die Vorstellungskraft wurde von Dichtern und Barden zu allen Zeiten besungen, obwohl das Zeitalter der Vernunft alles daransetzte, sie kleinzuhalten. Fantasiebegabt zu sein, ist eine weitere herausragende Fähigkeit, mit der wir ausgestattet sind. Das ist das wahre Wesen des Menschseins. Dank unserer Vorstellungskraft sind wir wissentlich oder unwissentlich ständig kreativ.

Wenn wir Fantasie, Symbole und Storytelling nutzen, treten wir mit einem Raum, dem „Ort der sich entfaltenden Formen", in Kontakt.

(SEITE 358) Auf der fundamentalsten Ebene existiert der Mensch in einer Beziehung zum großen Ganzen. Auf der Erde aus Sternenstaub geboren, findet er nun wieder seinen rechtmäßigen Platz als wesentlicher Teil im Geflecht des Lebens. *Marta Moreu,* **Pacha Mama IV,** *2013.*

Wir sind nicht hier, um Gefangene zu machen
oder unsere wunderbaren Geister einzuschließen,
sondern um immer tiefer
unseren göttlichen Mut, Freiheit und Licht
zu erleben.

— HAFIZ

Dieser mythische Ort wurde als Dimension kosmischer Energien beschrieben, in der aus den geometrischen Grundformen neue Formen geschaffen werden.

Diese bemerkenswerten menschlichen Fähigkeiten können sowohl dem gemeinschaftlichen als auch dem persönlichen Wohl dienen. Es ist wirklich möglich, in beiden Welten gleichzeitig zu leben, der mythischen und der alltäglichen.

Die Menschheit kann als zutiefst traumatisierte Spezies betrachtet werden, was zum Teil die verheerende Zerstörung erklärt, die sie um sich herum angerichtet hat. Tatsächlich könnten viele Menschen auf das kollektive Überlebenstrauma von Schock, Schrecken und Angst reagiert haben. Aber was ist, wenn wir uns heute wieder an die wunderbaren kreativen Begabungen erinnern würden, mit denen wir ausgestattet sind?

Ein Trauma ist oft eine Erfahrung der Abkopplung, des Verlassen- und Alleinseins. In einer Zeit, in der die Bedeutung von Einheit erwiesen ist und viele Heilansätze für Traumata existieren, müssen wir uns aus der Kälte der Verbindungslosigkeit im Trauma lösen und die Wärme der Verbundenheit und gegenseitigen Unterstützung genießen. Wir stehen gemeinsam bereit, um „das eine Herzensfeuer zu entzünden", wie die Menschen in der Kalahari es nennen.

Das menschliche Herz erzeugt die stärksten bioelektrischen und magnetischen Felder des Körpers, und unser Herz hat eine 5000-mal stärkere magnetische Kraft als unser Gehirn. „Aus dem Herzen leben" – im Geist von Liebe, Mitgefühl, Vergebung und Dienen – erschafft eine kraftvolle, zusammenhängende Heilenergie auf der Welt. Tenzin Gyatso, der 14. Dalai-Lama, nennt Mitgefühl „die Radikalität unserer Zeit".

Für viele Menschen überall auf der Welt sind die Zwölf Schritte der AA der lebende Beweis dafür, dass die Genesung von Traumata, Missständen und Schwierigkeiten möglich ist, denn diese Schritte sind getränkt mit Liebe, Mitgefühl, Vergebung und Dienst am Nächsten. Der AA-Mitbegründer Dr. Bob glaubte, dass sich das alles auch auf zwei Worte beschränken ließe: Liebe – Dienen.

(SEITE 362/363) Der Mensch muss sein Leben lang die Saat der guten Absicht aussäen. Ist sie an universellen Prinzipien ausgerichtet, wird die Ernte für das Leben insgesamt und für unser eigenes umso reicher ausfallen. *Vincent van Gogh,* **Sämann bei untergehender Sonne,** *1888.*

DIE ZWÖLF SCHRITTE DER ANONYMEN ALKOHOLIKER

1. Wir gaben zu, dass wir dem Alkohol gegenüber machtlos sind – und unser Leben nicht mehr meistern konnten.

2. Wir kamen zu dem Glauben, dass eine Macht, größer als wir selbst, uns unsere geistige Gesundheit wiedergeben kann.

3. Wir fassten den Entschluss, unseren Willen und unser Leben der Sorge Gottes – wie wir ihn verstanden – anzuvertrauen.

4. Wir machten eine gründliche und furchtlose Inventur in unserem Inneren.

5. Wir gaben Gott, uns selbst und einem anderen Menschen gegenüber unverhüllt unsere Fehler zu.

6. Wir waren völlig bereit, all diese Charakterfehler von Gott beseitigen zu lassen.

7. Demütig baten wir ihn, unsere Mängel von uns zu nehmen.

8. Wir machten eine Liste aller Personen, denen wir Schaden zugefügt hatten – und wurden willig, ihn bei allen wiedergutzumachen.

9. Wir machten bei diesen Menschen alles wieder gut – wo immer es möglich war; es sei denn, wir hätten dadurch sie oder andere verletzt.

10. Wir setzten die Inventur bei uns fort, und wenn wir Unrecht hatten, gaben wir es sofort zu.

11. Wir suchten durch Gebet und Besinnung die bewusste Verbindung zu Gott – wie wir ihn verstanden – zu vertiefen. Wir baten ihn nur, uns seinen Willen erkennbar werden zu lassen und uns die Kraft zu geben, ihn auszuführen.

12. Nachdem wir durch diese Schritte ein spirituelles Erwachen erlebt hatten, versuchten wir, diese Botschaft an Alkoholiker weiterzugeben und unser tägliches Leben nach diesen Grundsätzen auszurichten.

© 2017 Alcoholics Anonymous World Services, Inc. Alle Rechte vorbehalten.

DIE ZWÖLF TRADITIONEN DER ANONYMEN ALKOHOLIKER

1. Unser gemeinsames Wohlergehen sollte an erster Stelle stehen; die Genesung des Einzelnen beruht auf der Einigkeit der Anonymen Alkoholiker.

2. Für den Sinn und Zweck unserer Gruppe gibt es nur eine höchste Autorität – einen liebenden Gott, wie er sich in dem Gewissen unserer Gruppe zu erkennen gibt. Unsere Vertrauensleute sind nur betraute Diener; sie herrschen nicht.

3. Die einzige Voraussetzung für die AA-Zugehörigkeit ist der Wunsch, mit dem Trinken aufzuhören.

4. Jede Gruppe sollte selbstständig sein, außer in Dingen, die andere Gruppen oder die Gemeinschaft der AA als Ganzes angehen.

5. Die Hauptaufgabe jeder Gruppe ist, unsere AA-Botschaft zu Alkoholikern zu bringen, die noch leiden.

6. Eine AA-Gruppe sollte niemals irgendein außenstehendes Unternehmen unterstützen, finanzieren oder mit dem AA-Namen decken, damit uns nicht Geld-, Besitz- und Prestigeprobleme von unserem eigentlichen Zweck ablenken.

7. Jede AA-Gruppe sollte sich selbst erhalten und von außen kommende Unterstützungen ablehnen.

8. Die Tätigkeit bei den Anonymen Alkoholikern sollte immer ehrenamtlich bleiben, jedoch dürfen unsere zentralen Dienststellen Angestellte beschäftigen.

9. Anonyme Alkoholiker sollten niemals organisiert werden. Jedoch dürfen wir Dienst-Ausschüsse und -Komitees bilden, die denjenigen verantwortlich sind, welchen sie dienen.

10. Anonyme Alkoholiker nehmen niemals Stellung zu Fragen außerhalb ihrer Gemeinschaft; deshalb sollte auch der AA-Name niemals in öffentliche Streitfragen verwickelt werden.

11. Unsere Beziehungen zur Öffentlichkeit stützen sich mehr auf Anziehung als auf Werbung. Deshalb sollten wir gegenüber Presse, Rundfunk, Film und Fernsehen stets unsere persönliche Anonymität wahren.

12. Anonymität ist die spirituelle Grundlage aller unserer Traditionen, die uns immer daran erinnern soll, Prinzipien über Personen zu stellen.

Anmerkungen

SYMBOLISCHE WAHRNEHMUNG

1. Ray Grasse, *The Waking Dream. Unlocking the Symbolic Language of Our Lives* (Wheaton: Quest Books, 1996), S. XII.
2. Edward C. Whitmont, *The Symbolic Quest. Basic Concepts of Analytical Psychology* (Princeton, NJ: Princeton University Press, 1969), S. 18.
3. Marcel Proust, *Die Gefangene* (Stuttgart: Reclam, 2015), S. 349.
4. Carl Gustav Jung, *Gesammelte Werke,* Bd. 18: *Das symbolische Leben* (Olten, Freiburg: Walter Verlag, 1981), S. 296.
5. Whitmont, *The Symbolic Quest,* S. 16.
6. Carl Gustav Jung, *Gesammelte Werke,* Bd. 18: *Das symbolische Leben,* S. 297.

DIE SUCHTFALLE

1. Robert A. Johnson, *Ekstase. Eine Psychologie der Lebenslust* (München: Kösel, 1991), S. 52.
2. Rosalind Kerven, *The Mythical Quest. In Search of Adventure, Romance and Enlightenment* (London: British Library, 1996), S. 21.
3. Gabor Maté, *Im Reich der hungrigen Geister. Auf Tuchfühlung mit der Sucht – Stimmen aus Forschung, Praxis und Gesellschaft* (Kandern: Unimedica, 2021), S. XV.
4. Jenny Svanberg, *The Psychology of Addiction* (Abingdon: Routledge, 2018), S. 11–12.
5. Duncan M. Taylor und Graeme M. Taylor, „The Requirements of a Sustainable Planetary System", in: *Social Alternatives,* 26 (2007), S. 10–16.
6. Luigi Zoja, *Sehnsucht nach Wiedergeburt. Ein neues Verständnis der Drogensucht* (Stuttgart: Verlag Kreuz, 1986), S. 92.

7. Nicholas Carr, *Surfen im Seichten. Was das Internet mit unserem Hirn anstellt* (München: Pantheon, 2013), S. 184.
8. Jeremy Naydler, *The Struggle for a Human Future. 5G, Augmented Reality and the Internet of Things* (Forest Row: Temple Lodge, 2009; Nachdr. 2020), S. 3, 9, 88.
9. Maté, *Im Reich der hungrigen Geister,* S. XV.

SCHRITTE ZUR GENESUNG

1. William L. White, *Slaying the Dragon. The History of Addiction Treatment and Recovery in America* (Bloomington, IL: Chestnut Health Systems, 1998).
2. Anonyme Alkoholiker (Hrsg.), *„Gib es weiter". Die Geschichte von Bill Wilson und wie die AA-Botschaft in die Welt gelangte* (München: Anonyme Alkoholiker Interessengemeinschaft, Gemeinsames Dienstbüro, 1999), S. 106.
3. Ebd., S. 111.
4. Ernest Kurtz, *Not-God. A History of Alcoholics Anonymous* (Center City, MN: Hazelden, 1979; Nachdr. 1991), S. 10.
5. AA, *„Gib es weiter",* S. 113.
6. Ebd., S. 115–116.
7. *AA wird mündig, ein kurzer Abriss der Geschichte der Anonymen Alkoholiker* (München: AA, 1989), S. 101.
8. Ebd., S. 107.
9. Ebd., S. 108.
10. Ebd.
11. Zit. in William H. Schaberg, *Writing the Big Book. The Creation of A.A.* (Las Vegas, NV: Central Recovery Press, 2019), S. 336.
12. A.A. World Services, *Dr. Bob and the Good Oldtimers. A Biography, with Recollections of Early A.A. in the*

Midwest (New York: Alcoholics Anonymous World Services, 1980), S. 64.

13. Jack Alexander, „Alcoholics Anonymous. Freed Slaves of Drink, Now They Free Others", in: *Saturday Evening Post*, 1.3.1941.

14. AA (Hrsg.), *Anonyme Alkoholiker. Ein Bericht über die Genesung alkoholkranker Männer und Frauen* (Dingolfing: Anonyme Alkoholiker Interessengemeinschaft e.V., 2021, Nachdr. 2022), S. 195–206.

15. A.A. World Services, *Dr. Bob and the Good Oldtimers*, S. 58.

16. *AA wird mündig*, S. 112.

17. Kurtz, *Not-God*, S. 35.

18. Ebd., S. 36.

19. Ebd., S. 29.

20. Ebd., S. 32.

21. Ebd., S. 42.

22. *AA wird mündig*, S. 125.

23. Zit. in Mel B. und Michael Fitzpatrick, *Living the Twelve Traditions in Today's World. Principles Before Personalities* (Center City, MN: Hazelden, 2012), S. 69.

24. Schaberg, *Writing the Big Book*, S. 10.

25. *AA wird mündig*, S. 122.

26. Schaberg, *Writing the Big Book*, S. 43.

27. AA, „*Gib es weiter*", S. 178.

28. Schaberg, *Writing the Big Book*, S. 35.

29. Ebd., S. 119.

30. Ebd., S. 144.

31. Ebd., S. 148.

32. Ebd., S. 176.

33. Ebd., S. 185.

34. AA, *Anonyme Alkoholiker*, S. 45.

35. Schaberg, *Writing the Big Book*, S. 194.

36. A.A. World Services, *Dr. Bob and the Good Oldtimers*, S. 117.

37. Schaberg, *Writing the Big Book*, S. 205.

38. Kurtz, *Not-God*, S. 64.

39. Zit. in Schaberg, *Writing the Big Book*, S. 307.

40. Ebd., S. 372.

41. AA, „*Gib es weiter*", S. 194.

42. *AA wird mündig*, S. 234.

43. Ebd., S. 236.

44. Ebd.

45. Schaberg, *Writing the Big Book*, S. 444.

46. Zit. in ebd., S. 444–445.

47. *AA wird mündig*, S. 243.

48. A.A. World Services, *Many Paths to Spirituality* (Alcoholics Anonymous World Services, 2014), S. 4.

49. *AA wird mündig*, S. 244.

50. Kurtz, *Not-God*, S. 73.

51. Zit. in Schaberg, *Writing the Big Book*, S. 498.

52. Ebd., S. 515.

53. Ebd., S. 539.

54. *AA wird mündig*, S. 245.

55. Anonymous, *The Book That Started It All. The Original Working Manuscript of Alcoholics Anonymous* (Center City, MN: Hazelden, 2010), S. 24–25.

56. Zit. in: B. und Fitzpatrick, *Living the Twelve Traditions in Today's World*, S. XII.

57. Zit. in: A.A. World Services, „A.A. Tradition: How It Developed", in: *The AA Grapevine* (Januar 1958; Nachdr. 1983), S. 6.

58. Ebd., S. 10.

59. B. und Fitzpatrick, *Living the Twelve Traditions in Today's World*, S. 20.

60. Ebd., S. 3.

61. Ebd.

62. AA, *Anonyme Alkoholiker*, S. 427–428.

63. A.A. World Services, *Many Paths to Spirituality*, S. 4.

64. AA, *Anonyme Alkoholiker*, S. XIII–XIV.

65. Bill W., „The Next Frontier: Emotional Sobriety", in: *The AA Grapevine* (Januar 1958).

66. AA, „*Gib es weiter*", S. 27.

67. Kurtz, *Not-God*, S. 14.

68. Bill W., „The Next Frontier: Emotional Sobriety".

69. Ebd.

70. Ebd.

71. Ebd.

72. Zit. in R. Fitzgerald, *The Soul of Sponsorship. The Friendship of Father Ed Dowling, S. J. and Bill Wilson in Letters*, S. 40

73. Fitzgerald, *The Soul of Sponsorship*, S. 41.

74. Ebd., S. 42.

75. Allen Berger, *12 Smart Things to Do When the Booze and Drugs Are Gone. Choosing Emotional Sobriety through Self-Awareness and Right Actio*n (Center City, MN: Hazelden, 2010), S. 2.

76. Alexander, „Alcoholics Anonymous: Freed Slaves of Drink, Now They Free Others".

77. Maté, *Im Reich der hungrigen Geister*, S. 344–345.

78. John Welwood, „Principles of Inner Work: Psychological and Spiritual", in: *The Journal of Transpersonal Psychology*, 16, Nr. 1 (1984), S. 64–65.

79. Ingrid Mathieu, *Recovering Spirituality. Achieving Emotional Sobriety in Your Spiritual Practice* (Center City, MN: Hazelden, 2011), S. 2.

80. Schaberg, *Writing the Big Book*, S. 572.

81. Mathieu, *Recovering Spirituality*, S. 4.

ERSTER SCHRITT

1. Stephanie Covington, *A Woman's Way Through the Twelve Steps* (Center City, MN: Hazelden, 1994), S. 11.

2. Louis L'Amour, *Lonely on the Mountain* (New York: Bantam Books, 1980.

3. Joseph Campbell, *Die Kraft der Mythen* (Düsseldorf: Patmos, 2007), S. 49.

4. Thomas Keating, *Divine Therapy and Addiction. Centering Prayer and the Twelve Steps* (Brooklyn, NY: Lantern Books, 2009), S. 9.

5. AA (Hrsg.), *Zwölf Schritte und Zwölf Traditionen* (Dingolfing: Anonyme Alkoholiker Interessengemeinschaft e.V., 2022), S. 19.

6. Whitmont, *The Symbolic Quest*, S. 308.

ZWEITER SCHRITT

1. AA, *Zwölf Schritte und Zwölf Traditionen*, S. 24.

2. A.A. World Services, *Many Paths to Spirituality*, S. 7.

3. AA, *Anonyme Alkoholiker*, S. 69.

4. Darren Littlejohn, *The 12-Step Buddhist. Enhance Recovery from Any Addiction* (New York, NY: Simon and Schuster, 2009), S. 118.

5. Fred Davis, *Beyond Recovery. Nonduality and the Twelve Steps* (Awakening Clarity Press, 2012), S. 96.

6. John Bradshaw, *Wenn Scham krank macht. Ein Ratgeber zur Überwindung von Schamgefühlen* (München:

Droemersche Verlagsanstalt Th. Knaur Nachf., 1993), S. 250.

7. Terence T. Gorski, *Understanding the Twelve Steps. An Interpretation and Guide for Recovering People* (Upper Saddle River, NJ: Prentice Hall, 1989), S. 77.

DRITTER SCHRITT

1. Herb K., *Practicing the Here and Now. Being Intentional with Step 11 – Using Prayer and Meditation to Work All the Steps* (Center City, MN: Hazelden Publishing, 2017), S. 52.

2. Ebd., S. 66.

3. Covington, *A Woman's Way Through the Twelve Steps*, S. 56.

4. AA, *Zwölf Schritte und Zwölf Traditionen*, S. 39.

5. Carl Gustav Jung, *Erinnerungen, Träume, Gedanken* (Olten, Freiburg: Walter Verlag, 1982), S. 327.

VIERTER SCHRITT

1. Arthur Thomas Jersild, *When Teachers Face Themselves* (Ann Arbor: University of Michigan, 1955).

2. AA, *Zwölf Schritte und Zwölf Traditionen*, S. 47.

3. Ebd., S. 40.

4. Covington, *A Woman's Way Through the Twelve Steps*, S. 76.

5. Maté, *Im Reich der hungrigen Geister*, S. 344.

6. Patrick Carnes, *A Gentle Path Through the Twelve Steps. The Classic Guide for All People in the Process of Recovery* (Center City, MN: Hazelden, 1989; Nachdr. 1993), S. 120.

7. AA, *Zwölf Schritte und Zwölf Traditionen*, S. 47.

8. Carl Gustav Jung an Reverend S. C. V. Bowman, 10.12. 1953, in: Carl Gustav Jung, *Briefe*, Bd. 2 (Olten, Freiburg: Walter Verlag, 1972), S. 359.

FÜNFTER SCHRITT

1. AA, *Zwölf Schritte und Zwölf Traditionen*, S. 52.

2. Rami Shapiro, *Recovery – The Sacred Art. The Twelve Steps as Spiritual Practice* (Woodstock, VT: SkyLight Paths Publishing, 2009), S. 102.

3. Covington, *A Woman's Way Through the Twelve Steps*, S. 109.

4. Carl Gustav Jung, *Gesammelte Werke*, Bd. 16: *Praxis der Psychotherapie. Beiträge zum Problem der Psychotherapie und zur Psychologie der Übertragung* (Düsseldorf: Walter Verlag, 1995), S. 69, Abs. 132.

5. John O'Donohue, *Echo der Seele. Von der Sehnsucht nach Geborgenheit* (München: dtv, 1999), S. 16.

6. AA, *Zwölf Schritte und Zwölf Traditionen*, S. 58.

7. Elizabeth Todd, „The Value of Confession and Forgiveness According to Jung", in: *Journal of Religion and Health*, 24, Nr. 1 (Frühjahr 1985), S. 39.

8. AA, *Zwölf Schritte und Zwölf Traditionen*, S. 52.

SECHSTER SCHRITT

1. AA, *Anonyme Alkoholiker*, S. 76.

2. Ebd. S. 87.

3. Jeremy Naydler, *How Caterpillars Acquire Wings* (Oxford: Abzu Press, 1995), S. 45.

4. AA, *Zwölf Schritte und Zwölf Traditionen*, S. 62.

5. Covington, *A Woman's Way Through the Twelve Steps*, S. 95.

SIEBTER SCHRITT

1. AA, *Zwölf Schritte und Zwölf Traditionen*, S. 71.

2. Ebd., S. 68.

3. Whitmont, *The Symbolic Quest*, S. 307.

4. AA, *Anonyme Alkoholiker*, S. 87.

5. AA, *Zwölf Schritte und Zwölf Traditionen*, S. 66–72.

6. AA, *Anonyme Alkoholiker*, S. 97.

7. Fred H., *Drop the Rock … The Ripple Effect. Using Step 10 to Work Steps 6 and 7 Every Day* (Center City, MN: Hazelden, 2016), S. 5.

8. AA, *Zwölf Schritte und Zwölf Traditionen*, S. 55.

9. AA, *Wie Bill es sieht. Auszüge aus den Schriften des Mitbegründers der Anonymen Alkoholiker* (Dingolfing: Anonyme Alkoholiker Interessengemeinschaft e.V., 2010), S. 302.

10. A.A. World Services, *Dr. Bob and the Good Oldtimers*, S. 222.

ACHTER SCHRITT

1. AA, *Zwölf Schritte und Zwölf Traditionen*, S. 77.

2. Ebd., S. 76.

3. Ebd., S. 73–82.

4. Ebd., S. 75.

5. Covington, *A Woman's Way Through the Twelve Steps*, S. 193.

6. AA, *Zwölf Schritte und Zwölf Traditionen*, S. 73.

NEUNTER SCHRITT

1. AA, *Anonyme Alkoholiker*, S. 95.

2. AA, *Zwölf Schritte und Zwölf Traditionen*, S. 78.

3. Shapiro, *Recovery – The Sacred Art*, S. 188.

4. AA, *Anonyme Alkoholiker*, S. 95–96.

5. Shapiro, *Recovery – The Sacred Art*, S. 180.

6. AA, *Zwölf Schritte und Zwölf Traditionen*, S. 79.

7. Addison, *The Guardian*.

ZEHNTER SCHRITT

1. AA, *Zwölf Schritte und Zwölf Traditionen*, S. 83.

2. AA, *Anonyme Alkoholiker*, S. 99.

3. AA, *Zwölf Schritte und Zwölf Traditionen*, S. 84.

4. Shapiro, *Recovery – The Sacred Art*, S. 196.

5. Jung, *Praxis der Psychotherapie*, S. 315.

6. AA, *Zwölf Schritte und Zwölf Traditionen*, S. 84.

7. Ebd., S. 85.

8. AA, *Anonyme Alkoholiker*, S. 98.

9. AA, *Zwölf Schritte und Zwölf Traditionen*, S. 90.

10. Carl Gustav Jung, *Briefe*, Bd. 1 (Olten, Freiburg: Walter Verlag, 1972), S. 304.

11. Fred H., *Drop the Rock … The Ripple Effect*, S. 6.

12. Thich Nhat Hanh, *Der Schlüssel zum Zen. Der Weg zu einem achtsamen Leben* (Freiburg: Herder, 1996), S. 32.

13. Dschelaleddin Rumi, *Offenes Geheimnis* (München: Droemer Knaur, 1996), S. 26.

ELFTER SCHRITT

1. AA, *Zwölf Schritte und Zwölf Traditionen*, S. 91–92.

2. Ebd., S. 102.

3. Søren Kierkegaard. *Erbauliche Reden in verschiedenem Geist. 1847* (Düsseldorf/Köln: Eugen Diederichs Verlag, 1964), S. 27.

4. AA, *Zwölf Schritte und Zwölf Traditionen*, S. 92.

5. Herb K., *Practicing the Here and Now*, S. 24.

6. Elizabeth Roberts und Elias Amidon, *Life Prayers. From Around the World* (San Francisco: HarperOne, 1996), S. XX.

7. Ebd., S. 75.

8. Mahatma Gandhi, zit. in: Astrid Nolte, *Boten der Stille* (Freiburg/Schweiz: Paulusverlag, 2007), S. 8.

9. AA, *Zwölf Schritte und Zwölf Traditionen*, S. 92.

10. Covington, *A Woman's Way Through the Twelve Steps*, S. 173.

11. AA, *Zwölf Schritte und Zwölf Traditionen*, S. 100.

ZWÖLFTER SCHRITT

1. AA, *Zwölf Schritte und Zwölf Traditionen*, S. 109.

2. Ebd., S. 102.

3. Ebd., S. 101.

4. Ebd., S. 120.

5. Covington, *A Woman's Way Through the Twelve Steps*, S. 181.

6. AA, *Zwölf Schritte und Zwölf Traditionen*, S. 112.

7. Zit. in Bill P., Todd W. und Sara S., *Drop the Rock. Removing Character Defects, Steps Six and Seven* (Center City, MN: Hazelden, 2005), S. XVII.

8. AA, *Zwölf Schritte und Zwölf Traditionen*, S. 109.

9. Ebd., S. 123.

10. Christina Grof, *Sehnsucht nach Ganzheit. Der spirituelle Weg aus der Abhängigkeit* (München: Kösel, 1994), S. 130.

11. AA, *Anonyme Alkoholiker*, S. XIV.

12. Martin Luther King, Jr., „Sermon: Three Dimensions of a Complete Life", in: *Strength to Love* (New York: Harper & Row, 1963), S. 72.

13. T. S. Eliot, *Vier Quartette. Four Quartets*, übers. von Norbert Hummelt (Berlin: Suhrkamp Verlag, 2015), https://www.signaturen-magazin.de/t.s.-eliot--vier-quartette.html.

EIN WEG ZUR GANZHEIT

1. AA, *Anonyme Alkoholiker*, S. 31–34.

2. Zit. in: Ian McCabe, *Carl Jung and Alcoholics Anonymous. The Twelve Steps as a Spiritual Journey of Individuation* (London: Karnac Books, 2015), Anhang 1.

3. Ebd.

4. AA, *Anonyme Alkoholiker*, S. 32.

5. Ebd., S. 32.

6. Zit. in: McCabe, *Carl Jung and Alcoholics Anonymous*, S. 7–8.

7. Ebd., S. 1.

8. Ebd., S. 4.

9. Ebd., S. 1–2.

10. Ebd., S. 2.

11. Carl Gustav Jung, *Briefe*, Bd. 3 (Olten, Freiburg: Walter Verlag, 1973), S. 373.

12. McCabe, *Carl Jung and Alcoholics Anonymous*, Anhang 1.

13. Jung, *Erinnerungen, Träume, Gedanken*, S. 174.

14. Ebd., S. 193.

15. Ebd., S. 180.

16. Ebd., S. 196.

17. Carl Gustav Jung, *Gesammelte Werke*, Bd. 6: *Psychologische Typen* (Olten, Freiburg: Walter Verlag, 1981), S. 180, Abs. 268.

18. Carl Gustav Jung, *Individuationsprozess: Alchemie I*, Vortrag (Transkription und Übersetzung von Barbara Hannah nach Stenografie von Rivkah Schärf), 8.11.1940 bis 28.2.1941.

19. Carl Gustav Jung, *Gesammelte Werke*, Bd. 8: *Die Dynamik des Unbewussten* (Olten, Freiburg: Walter Verlag, 1995), S. 211, Abs. 382.

20. Keiron Le Grice, *Archetypal Reflections. Insights and Ideas from Jungian Psychology* (London: Muswell Hill Press, 2016), S. 151.

21. Jung, *Erinnerungen, Träume, Gedanken*, S. 10.

22. Robert A. Johnson, *Ekstase*, S. 108.

23. Robert A. Johnson, *Owning Your Own Shadow. Understanding the Dark Side of the Psyche* (New York: Harper Collins, 1991), S. 3–4.

24. Ebd., S. 12.

25. Erich Neumann, *Tiefenpsychologie und neue Ethik* (Zürich: Rascher, 1949).

26. Carl Gustav Jung, *Gesammelte Werke*, Bd. 16: *Praxis der Psychotherapie*, S. 70, Abs. 179.

27. Carl Gustav Jung, *Gesammelte Werke*, Bd. 10: *Zivilisation im Übergang* (Olten, Freiburg: Walter Verlag, 1995), S. 332.

28. Jung, *Erinnerungen, Träume, Gedanken*, S. 250.

29. Berger, *12 Smart Things to Do When the Booze and Drugs Are Gone*, S. 58.

30. Johnson, *Owning Your Own Shadow*, S. 41.

31. Ebd., S. 7–8.

32. Ebd., S. 26.

33. Carl Gustav Jung, *Gesammelte Werke*, Bd. 9 (Teil 2): *Aion. Beiträge zur Symbolik des Selbst* (Olten, Freiburg: Walter Verlag, 1976), S. 80, Abs. 126.

34. Carl Gustav Jung, *Der Mensch und seine Symbole* (Olten, Freiburg: Walter Verlag, 1984), S. 101.

35. Daryl Sharp, *C. G. Jung Lexicon. A Primer of Terms and Concepts* (Toronto, Canada: Inner City Books, 1991), S. 41.

36. Jung, *Briefe*, Bd. 1, S. 463.

37. Johnson, *Owning Your Own Shadow*, S. 82.

38. Carl Gustav Jung, *Gesammelte Werke*, Bd. 11: *Zur Psychologie westlicher und östlicher Religion* (Olten, Freiburg: Walter Verlag, 1995), S. 101, Abs. 140.

39. Robert A. Johnson und Jerry M. Ruhl, *Living Your Unlived Life* (New York: Jeremy P. Tarcher/Penguin, 2007), S. 237.

40. Patty de Llosa, „Marion Woodman and the Search for the Conscious Feminine", in: *Parabola*, 41, Nr. 1 (Frühjahr 2016).

41. Linda Schierse Leonard, *Witness to the Fire. Creativity and the Veil of Addiction* (Boston, MA: Shambhala Publications, 1989), S. 11.

42. Ebd., S. 95.

43. Ebd., S. 48.

44. Ebd., S. 79.

45. Ebd., S. 140.

46. Ebd., S. 178.

47. Marion Woodman, „Worshipping Illusions. An Interview with Marion Woodman", in: *Parabola*, 2, Nr. 2 (Sommer 1987).

48. Herb K., *Practicing the Here and Now. Being Intentional with Step 11. Using Prayer and Meditation to Work All the Steps* (Center City, MN: Hazelden Publishing, 2017), S. 63.

49. Carl Gustav Jung. *Das Rote Buch* (Düsseldorf: Patmos Verlag, 2009), S. 264.

50. Rainer Maria Rilke, „Ich lebe mein Leben in wachsenden Ringen" (1899), in: *Stunden-Buch* (Leipzig: Insel, 1905).

SEELENREISEN

1. Campbell, *Die Kraft der Mythen*, S. 10.

2. Zoja, *Drugs, Addiction, and Initiation*, S. 93.

3. Johnson, *Ekstase*, S. 44.

4. Campbell, *Die Kraft der Mythen*, S. 152.

5. Ebd., S. 17.

6. Liz Greene und Juliet Sharman-Burke, *Die mythische Reise. Die Bedeutung der Mythen als ein Führer durchs Leben* (München: Atmosphären, 2004), S. 108.

7. Edward F. Edinger, *Schöpferisches Bewusstwerden. C. G. Jungs Mythos für den modernen Menschen* (München: Kösel, 1986), S. 7.

8. Robert A. Johnson, *Traumvorstellung Liebe. Der Irrtum des Abendlands* (München: Knaur, 1987), S. 19.

9. Ebd., S. 21.

10. Carl Gustav Jung, *Gesammelte Werke*, Bd. 9 (Teil 1): *Archetypen und das kollektive Unbewusste* (Olten, Freiburg: Walter Verlag, 1981), S. 41, Abs. 66.

11. James Hollis, *On This Journey We Call Our Life. Living the Questions* (Toronto, Canada: Inner City Books, 2003), S. 56.

12. Joanna Macy und Chris Johnstone, *Hoffnung durch Handeln. Dem Chaos standhalten, ohne verrückt zu werden* (Paderborn: Junfermann Verlag, 2014), S. 18.

13. Gregg Braden, Vortrag bei der *Conscious Life Expo*, Los Angeles, 2020.

14. David Bohm, *Die implizite Ordnung. Grundlagen eines ganzheitlichen Weltbildes* (Amerang: Crotona, 2018), S. 11.

15. Planck, Interview, in: *The Observer*, 25.1.1931, S. 17, Sp. 3.

16. Ebd.

17. David Bohm im Gespräch mit Renée Weber, in: Renée Weber, *Wissenschaftler und Weise* (Reinbek bei Hamburg: Rowohlt, 1992), S. 62.

18. Patty de Llosa, „The New Science: Changing Ourselves by Changing the Brain", *Parabola*, 36, Nr. 2 (Sommer 2011), S. 73.

19. Brief an Robert Marcus, „einen verzweifelten Vater", 12.2.1950. https://www.thymindoman.com/einsteins-misquote-on-the-illusion-of-feeling-separate-from-the-whole/

20. Desmond Tutu, *An African Prayer Book* (New York: Doubleday Religion, 1995).

21. Robert A. Johnson und J. M. Ruhl, *Balancing Heaven and Earth. A Memoir of Visions, Dreams and Realizations* (New York: Harper Collins, 1998), S. 281.

22. Zit. in: B. und Fitzpatrick, *Living the Twelve Traditions*, S. 23.

EPILOG

1. Grof, *Sehnsucht nach Ganzheit*, S. 35.

2. Robert A. Johnson, *Das Gold im Schatten* (Wuppertal: Peter Hammer Verlag, 2013), S. 61.

Hilfsangebote

Für alle, die mehr über die Zwölf-Schritte-Genesung wissen möchten, findet sich hier eine ausgewählte Liste der vielen gemeinnützigen Zwölf-Schritte-Gemeinschaften, die Informationen, Unterstützung und Genesung bei einigen der heute am häufigsten vorkommenden Erkrankungen bieten. Auf den Landeswebseiten vieler Organisationen werden auch Listen mit lokalen Treffen und die Beratungstelefonnummern veröffentlicht.

AA · Anonyme Alkoholiker: *anonyme-alkoholiker.de*

AAS · Anonyme Arbeitssüchtige: *arbeitssucht.de*

ACA · Erwachsene Kinder von Alkoholikern: *erwachsenekinder.org*

Al-Anon für Freunde und Familien von Alkoholikern: *al-anon.de*

CA · Cocaine Anonymous: *ca-deutschland.com*

CoDa · Anonyme Co-Abhängige: *coda-deutschland.de*

DA · Anonyme Schuldner: *anonyme-schuldner.org*

EA · Emotions Anonymous: *ea-selbsthilfe.net*

FAA · Anonyme Esssüchtige in Genesung: *foodaddicts.org/willkommen-bei-fa*

GA · Anonyme Spieler: *anonyme-spieler.org*

NA · Narcotics Anonymous: *narcotics-anonymous.de*

Nar-Anon für Familien und Freunde von Süchtigen: *naranon.de*

NicA · Anonyme Nikotiniker: *nicotine-anonymous.org/deutsch*

OA · Overeaters Anonymous: *overeatersanonymous.de*

RCA · Anonyme Paare in Genesung: *recovering-couples.de*

SIA · Gruppe der Inzestüberlebenden: *sia-dr.org*

SLAA · Anonyme Sex- und Liebessüchtige: *slaa.de*

Danksagung

Mein herzlicher Dank gilt allen Künstlern, Autoren, Dichtern, Bibliotheken, Museen und Stiftungen, die wissentlich oder unwissentlich eine unschätzbare Inspiration, Unterstützung und Hilfe bei der Gestaltung dieses Buchs waren.

Besonders gedankt sei Ami Ronnberg, Kako Ueda und Allison Tuzo vom Archive for Research in Archetypal Symbolism; Michelle Mirza und Darlene Smith vom Alcoholics Anonymous World Services, Inc.; Sally Corbett-Turco bei der Stepping Stones Foundation sowie den Mitarbeitern des Institut national d'histoire de l'art, der Bibliothèque Centre Pompidou, der British Library und dem C. G. Jung Institute in New York. Mein Dank geht auch an Carl Gustav Jung, Robert A. Johnson, Stephanie Covington und William H. Schaberg.

Meine tiefe Wertschätzung gilt Mark Reuchlin, Merlin Massara, Charlotte Rampling, Ami Ronnberg, Sandra Hill, Cindy Plecko, John Bauer, Raphaële Kriegel, Pam Fuller, Susan Richardson, Sheila Brennan, Dylan Massara und Staffan Erstam. Das Buch ist der liebevollen Erinnerung an John und Jack Massara sowie Sven-Erik und Solveig Erstam gewidmet.

Es gäbe dieses Werk nicht ohne das fantastische TASCHEN-Team. Mein tiefer Dank geht an Florian Kobler, der dieses Buch zuerst betreute, und an Nina Wiener, die es dem Dreamteam der *Bibliothek der Esoterik*, Jessica Hundley und Nic Taylor, vorstellte. Vielen Dank auch an Katharine Oakes, Lisa Doran und Jessica Hoffman für ihre wertvolle Arbeit. Sie haben das Buchprojekt mit Hingabe in den sicheren Hafen gelenkt und wurden dabei intern von Kathrin Murr sowie David Kenzler unterstützt. Mein Dank geht zudem an Frank Goerhardt und Ute Wachendorf von TASCHEN sowie an Veronica Weller, Mallory Testa, Creed Poulson und Charlotte Broomfield.

Geleitet wird dieses fantastische Team von Benedikt Taschen und Marlene Taschen, Verleger einzigartiger, inspirierender und wunderschöner Bücher, denen ich zutiefst dankbar bin für die Gelegenheit, in Zeiten großer Veränderungen immerwährende Weisheit teilen zu dürfen.

— KIKAN MASSARA · PARIS · 2023

Bibliografie

A.A. World Services. „A.A. Tradition: How It Developed",
in: *The AA Grapevine* (Januar 1958, Neuaufl.
1983).

———. *Came to Believe … The Spiritual Adventure of A.A.
as Experienced by Individual Members*, New York:
Alcoholics Anonymous World Services, 1973,
Neuaufl. 2005.

———. *Dr. Bob and the Good Oldtimers. A Biography, with
Recollections of Early A.A. in the Midwest*, New
York: Alcoholics Anonymous World Services, 1980.

Aanavi, Michael. *The Trusting Heart. Addiction, Recovery,
and Intergenerational Trauma*, Wilmette, IL: Chiron Publications, 2012.

Addison, Joseph. In: *The Guardian*, 15.8.1713.

Alexander, Jack. „Alcoholics Anonymous: Freed Slaves of
Drink – Now They Free Others", in: *Saturday Evening Post*, 1.3.1941.

Alexander, William. *Ordinary Recovery. Mindfulness, Addiction, and the Path of Lifelong Sobriety*, Boston, MA:
Shambhala Publications, 2010.

Anonym, *The Book That Started It All. The Original Working
Manuscript of Alcoholics Anonymous*, Center City,
MN: Hazelden, 2010.

Anonyme Alkoholiker (Hrsg.). *AA wird mündig, ein kurzer
Abriss der Geschichte der Anonymen Alkoholiker*,
München: AA, 1990; engl. Ausg.: *Alcoholics Anonymous comes of age. A brief history of A.A.*, New
York: Alcoholics Anonymous World Services,
1957.

———. *Anonyme Alkoholiker. Ein Bericht über die Genesung
alkoholkranker Männer und Frauen*, Dingolfing:
Anonyme Alkoholiker Interessengemeinschaft
e. V., 2021, Neuaufl. 2022 (*Das Blaue Buch*); engl.
Ausg.: *Alcoholics Anonymous: The Story of How
More Than One Hundred Men Have Recovered from
Alcoholism*, New York: Alcoholics Anonymous
World Services, 1939, Neuaufl. 2005 (*The Big Book*).

———. *„Gib es weiter". Die Geschichte von Bill Wilson und
wie die AA-Botschaft in die Welt gelangte*, München: Anonyme Alkoholiker-Interessengemeinschaft, Gemeinsames Dienstbüro, 1999; engl.
Ausg.: *Pass It On. The Story of Bill Wilson and How
the A.A. Message Reached the World*, New York:
Alcoholics Anonymous World Services, 1984,
Neuaufl. 2009.

———. *Trocken bleiben – Nüchtern leben*, Gottfrieding:
Anonyme Alkoholiker, 2022; engl. Ausg.: *Living
Sober: Some Methods A.A. Members Have Used for
Not Drinking*, New York: Alcoholics Anonymous
World Services, 1975, Neuaufl. 2005.

———. *Viele Wege zur Spiritualität*, Dingolfing: Anonyme Alkoholiker Interessengemeinschaft e. V.,
2016; engl. Ausg.: *Many Paths to Spirituality*,
Pamphlet, Alcoholics Anonymous World Services, 2014.

———. *Wie Bill es sieht. AA – Ein Lebensweg*, Dingolfing:
Anonyme Alkoholiker Interessengemeinschaft
e. V., 2010; engl. Ausg.: *As Bill Sees it. The A.A. Way*

of Life, New York: Alcoholics Anonymous World Services, 1967.

———. *Zwölf Schritte und Zwölf Traditionen*, Dingolfing: Anonyme Alkoholiker Interessengemeinschaft e. V., 2022; engl. Ausg.: *Twelve Steps and Twelve Traditions*, New York: Alcoholics Anonymous World Services, 1953.

B., Mel, und Michael Fitzpatrick. *Living the Twelve Traditions in Today's World. Principles Before Personalities*, Center City, MN: Hazelden, 2012.

Berger, Allen. *12 Smart Things to Do When the Booze and Drugs Are Gone. Choosing Emotional Sobriety through Self-Awareness and Right Action*, Center City, MN: Hazelden, 2010.

Bohm, David. *Die implizite Ordnung. Grundlagen eines ganzheitlichen Weltbildes*, Amerang: Crotona, 2018.

Braden, Gregg. Vortrag auf der Conscious Life Expo, Los Angeles, 2020.

Bradshaw, John. *Wenn Scham krank macht. Ein Ratgeber zur Überwindung von Schamgefühlen*, München: Knaur, 1993.

Burleson, Blake W. *A Contemplative Approach to Understanding World Religions. C. G. Jung as Phenomenologist of the Soul*, New Orleans: Spring Journal, 2014.

Campbell, Joseph. *Der Heros in tausend Gestalten*, Berlin: Insel Verlag, 2011.

———. *Die Kraft der Mythen*, Düsseldorf: Patmos, 2007.

Carnes, Patrick. *A Gentle Path Through the Twelve Steps. The Classic Guide for All People in the Process of Recovery*, Center City, MN: Hazelden, 1989, Neuaufl. 1993.

Carr, Nicholas. *Surfen im Seichten. Was das Internet mit unserem Hirn anstellt*, München: Pantheon, 2013.

Childre, Doc, und Howard Martin. *Die Herz-Intelligenz-Methode. Gesundheit stärken, Probleme meistern – mit der Kraft des Herzens*, Kirchzarten bei Freiburg: VAK-Verl.-GmbH, 2010.

Chödrön, Pema. *Die Weisheit der Ausweglosigkeit*, Freiamt im Schwarzwald: Arbor-Verl., 2004.

———. *Wenn alles zusammenbricht. Hilfestellung für schwierige Zeiten*, München: Arkana, 2010.

Claxton, Guy. *Noises for the Darkroom. The Science and Mystery of the Mind*, London: Harper Collins, 1994.

Covington, Stephanie. *A Woman's Way Through the Twelve Steps*, Center City, MN: Hazelden, 1994.

Dass, Ram, und Paul Gorman. *Wie kann ich helfen? Segen und Prüfung mitmenschlicher Zuwendung*, Berlin: Sadhana-Verl., 1994.

Davis, Fred. *Beyond Recovery. Nonduality and the Twelve Steps*, Awakening Clarity Press, 2012.

de Llosa, Patty. „The New Science: Changing Ourselves by Changing the Brain", in: *Parabola*, 36, Nr. 2 (Winter 2015).

———. „Marion Woodman and the Search for the Conscious Feminine", in: *Parabola*, 41, Nr. 1 (Frühjahr 2016).

Deshpande, M. S. *Light of India or Message of Mahatmaji*, Najivan Trust, 2002.

Dickson, Elinor, und Marion Woodman. *Dancing in the Flames. The Dark Goddess in the Transformation of Consciousness*, Boston, MA: Shambhala Publications, 1996.

Edinger, Edward F. *Schöpferisches Bewusstwerden. C. G. Jungs Mythos für den modernen Menschen*, München: Kösel, 1986.

———. *Ego and Archetype. A Fascinating Synthesis of C. G. Jung's Fundamental Psychological Concepts*, New York: Viking Penguin, 1972.

Einstein, Albert. *Mein Weltbild*, München: Europa Verlag, 2021.

Eisler, Riane. *Kelch & Schwert*, Freiamt im Schwarzwald: Arbor-Verl., 2005.

Eliot, T. S. *Vier Quartette. Four Quartets*, übers. von Norbert Hummelt, Berlin: Suhrkamp Verlag, 2015.

Epstein, Mark. *Going to Pieces Without Falling Apart. A Buddhist Perspective on Wholeness*, London: Harper Collins, 1998.

Feinstein, David, Donna Eden und Gary Craig. *The Healing Power of EFT and Energy Psychology. Tap into Your Body's Energy to Change Your Life for the Better*, London: Piatkus Books, 2005.

Fitzgerald, Robert. *The Soul of Sponsorship. The Friendship of Father Ed Dowling, S. J. and Bill Wilson in Letters*, Center City, MN: Hazelden, 1995.

Franz, Marie-Louise von. *Erlösungsmotive im Märchen*, München: Droemer Knaur, 1991.

Gorski, Terence T. *Understanding the Twelve Steps. An Interpretation and Guide for Recovering People*, Upper Saddle River, NJ: Prentice Hall, 1989.

Grasse, Ray. *The Waking Dream. Unlocking the Symbolic Language of Our Lives*, Wheaton: Quest Books, 1996.

Greene, Liz, und Juliet Sharman-Burke. *Die mythische Reise. Die Bedeutung der Mythen als ein Führer durchs Leben*, München: Atmosphären, 2004.

Gregson, David, und Jay. S. Efran. *The Tao of Sobriety. Helping You to Recover from Alcohol and Drug Addiction*, New York: St. Martin's Press, 2002.

Grof, Christina. *Sehnsucht nach Ganzheit. Der spirituelle Weg aus der Abhängigkeit*, München: Kösel, 1994.

H., Fred. *Drop the Rock … The Ripple Effect. Using Step 10 to Work Steps 6 and 7 Every Day*, Center City, MN, USA: Hazelden Publishing, 2016.

Hannah, Barbara. *Encounters with the Soul. Active Imagination as Developed by C. G. Jung*, Boston, MA: Sigo Press, 1981.

Hillman, James. *Charakter und Bestimmung. Eine Entdeckungsreise zum individuellen Sinn des Lebens*, München: Goldmann, 2002.

Hollis, James. *On This Journey We Call Our Life. Living the Questions*, Toronto, Canada: Inner City Books, 2003.

Houston, Jean. *The Search for the Beloved. Journeys in Mythology and Sacred Psychology*, Los Angeles, CA: Jeremy P. Tarcher, 1987.

———. *Das Gold im Schatten*, Wuppertal: Peter Hammer Verlag, 2013.

———. *Transformation. Understanding the Three Levels of Masculine Consciousness*, New York: Harper Collins, 1991.

———. *Traumvorstellung Liebe. Der Irrtum des Abendlands*, München: Knaur, 1987.

Jersild, Arthur. *When Teachers Face Themselves*, Ann Arbor: Univ. of Michigan, 1955.

Johnson, Robert A. *Bilder der Seele. Traumarbeit und aktive Imagination*, München: Hugendubel, 1995.

———. *Ekstase. Eine Psychologie der Lebenslust*, München: Kösel, 1991.

———. *Owning Your Own Shadow. Understanding the Dark Side of the Psyche*, New York: Harper Collins, 1991.

Johnson, Robert. A., und Jerry M. Ruhl. *Balancing Heaven and Earth. A Memoir of Visions, Dreams and Realizations*, New York: Harper Collins, 1998.

———. *Contentment. A Way to True Happiness*, New York: Harper Collins, 1999, Neuaufl. 2000.

———. *Living Your Unlived Life*, New York: Jeremy P. Tarcher/Penguin, 2007.

Jung, Carl Gustav. *Briefe*, Bd. 1, Olten, Freiburg: Walter Verlag, 1972.

———. *Briefe*, Bd. 2, Olten, Freiburg: Walter Verlag, 1972.

———. *Briefe*, Bd. 3, Olten, Freiburg: Walter Verlag, 1972.

———. *Das Rote Buch*, Düsseldorf: Patmos Verlag, 2009.

———. *Der Mensch und seine Symbole*, Olten, Freiburg: Walter Verlag, 1984.

———. *Erinnerungen, Träume, Gedanken*, Olten, Freiburg: Walter Verlag, 1982.

———. *Four Archetypes: Mother, Rebirth, Spirit, Trickster*, übers. von R. F. C. Hull, Princeton, NJ: Princeton University Press, 1973.

———. *Gegenwart und Zukunft*, Zürich: Rascher, 1958.

———. *Gesammelte Werke*, Bd. 1: *Psychiatrische Studien*, Düsseldorf: Walter Verlag, 1995.

———. *Gesammelte Werke*, Bd. 6: *Psychologische Typen*, Olten, Freiburg: Walter Verlag, 1981.

———. *Gesammelte Werke*, Bd. 8: *Die Dynamik des Unbewussten*, Olten, Freiburg: Walter Verlag, 1995.

———. *Gesammelte Werke*, Bd. 9 (Teil 1): *Archetypen und das kollektive Unbewusste*, Olten, Freiburg: Walter Verlag, 1981.

———. *Gesammelte Werke*, Bd. 9 (Teil 2): *Aion. Beiträge zur Symbolik des Selbst*, Olten, Freiburg: Walter Verlag, 1976.

———. *Gesammelte Werke*, Bd. 10: *Zivilisation im Übergang*, Olten, Freiburg: Walter Verlag, 1995.

———. *Gesammelte Werke*, Bd. 11: *Zur Psychologie westlicher und östlicher Religion*, Olten, Freiburg: Walter Verlag, 1995.

———. *Gesammelte Werke*, Bd. 12: *Psychologie und Alchemie*, Düsseldorf: Walter Verlag: Princeton University Press, 1995.

———. *Gesammelte Werke*, Bd. 13: *Studien über alchemistische Forschungen*, Olten, Freiburg: Walter Verlag, 1978.

———. *Gesammelte Werke*, Bd. 16: *Praxis der Psychotherapie. Beiträge zum Problem der Psychotherapie und zur Psychologie der Übertragung*, Düsseldorf: Walter Verlag, 1995.

———. *Gesammelte Werke*, Bd. 18: *Das symbolische Leben*, Olten, Freiburg: Walter Verlag, 1981.

———. *Individuationsprozess: Alchemie I*, Vortrag (transkr. und übers. von Barbara Hannah nach Stenografie von Rivkah Schärf), 8.11.1940 bis 28.2.1941.

———. *Introduction to Jungian Psychology. Notes of the Seminar Given in 1925*, hrsg. von William McGuire, Princeton, NJ: Princeton Univ. Press, 2012.

———. *Seelenprobleme der Gegenwart*, Düsseldorf: Walter Verlag, 1995.

K., Herb. *Practicing the Here and Now. Being Intentional with Step 11. Using Prayer and Meditation to Work All the Steps*, Center City, MN: Hazelden Publishing, 2017.

Keating, Thomas. *Divine Therapy and Addiction. Centering Prayer and the Twelve Steps*, Brooklyn, NY: Lantern Books, 2009.

Kerven, Rosalind. *The Mythical Quest. In Search of Adventure, Romance and Enlightenment*, London: British Library, 1996.

Kierkegaard, Søren. *Erbauliche Reden in verschiedenem Geist. 1847*, Düsseldorf/Köln: Eugen Diederichs Verlag, 1964.

King, Martin Luther, Jr. „Sermon: Three Dimensions of a Complete Life", in: *Strength to Love*, New York: Harper & Row, 1963.

Kurtz, Ernest. *Not-God: A History of Alcoholics Anonymous*, Center City, MN: Hazelden, 1979, Neuaufl. 1991.

Laozi. *Dao de jing*, Leipzig: Leipziger Literaturverlag, 2022.

Le Grice, Keiron. *Archetypal Reflections. Insights and Ideas from Jungian Psychology*, London: Muswell Hill Press, 2016.

Leonard, Linda Schierse. *Witness to the Fire. Creativity and the Veil of Addiction*, Boston, MA: Shambhala Publications, 1989.

Liquorman, Wayne. *The Way of Powerlessness. Advaita and the 12 Steps of Recovery*, Redondo Beach, CA: Advaita Press, 2012.

Littlejohn, Darren. *The 12-Step Buddhist. Enhance Recovery from Any Addiction*, New York, NY: Simon and Schuster, 2009.

Maclagan, David. *Schöpfungsmythen*, München: Kösel, 1985.

Macy, Joanna, und Chris Johnstone. *Hoffnung durch Handeln. Dem Chaos standhalten, ohne verrückt zu werden*, Paderborn: Junfermann Verlag, 2014.

Markman, Roberta, und Peter Markman. *Masks of the Spirit. Image and Metaphor in Mesoamerica*, Berkeley, Los Angeles: University of California Press, 1989.

Maté, Gabor. *Im Reich der hungrigen Geister. Auf Tuchfühlung mit der Sucht – Stimmen aus Forschung, Praxis und Gesellschaft*, Kandern: Unimedica, 2021.

———. *Wenn der Körper nein sagt. Wie chronischer Stress krank macht – und was Sie dagegen tun können*, Kandern: Unimedica, 2020.

Mathieu, Ingrid. *Recovering Spirituality. Achieving Emotional Sobriety in Your Spiritual Practice*, Center City, MN: Hazelden, 2011.

McCabe, Ian. *Carl Jung and Alcoholics Anonymous. The Twelve Steps as a Spiritual Journey of Individuation*, London: Karnac Books, 2015.

Meckel, Daniel J., und Robert L. Moore. *Self and Liberation. The Jung-Buddhism Dialogue*, Mahwah, NJ: The Paulist Press, 1992.

Miller, Alice. *Das Drama des begabten Kindes und die Suche nach dem wahren Selbst*, Berlin: Suhrkamp, 2013.

Mookerjee, Ajit. *Tantra-Asana. Ein Weg zur Selbstverwirklichung*, Wien, München: Schroll, 1971.

———. *Tantra-Kunst. Ihre Philosophie und Naturwissenschaft*, Basel: Basilius Presse, 1968.

———. *Yoga Art*, London: Thames and Hudson, 1975.

Moss, Richard. *Words that Shine Both Ways*, Oakhurst, CA: Enneas Publications, 1997, Neuaufl. 1998.

Narcotics Anonymous. *Living Clean. The Journey Continues*, USA: Narcotics Anonymous World Services, 2012.

Naydler, Jeremy. *How Caterpillars Acquire Wings*, Oxford: Abzu Press, 1995.

———. *The Struggle for a Human Future. 5G, Augmented Reality and the Internet of Things,* Forest Row: Temple Lodge, 2009, Neuaufl. 2020.

Neumann, Erich. *Tiefenpsychologie und neue Ethik*, Zürich: Rascher, 1949.

Noll, Douglas E. *Die elegante Art, Hitzköpfe zu beruhigen. Wie Sie in 90 Sekunden Ärger in Luft auflösen*, München: Scorpio, 2021.

Nolte, Astrid. *Boten der Stille*, Freiburg/Schweiz: Paulus Verlag, 2007.

O'Donohue, John. *Anam Ċara. Das Buch der keltischen Weisheit*, München: dtv, 1999.

———. *Benedictus: das Buch der irischen Segenswünsche*, München: Pattloch, 2009.

———. *Echo der Seele. Von der Sehnsucht nach Geborgenheit*, München: dtv, 1999.

Ornstein, Robert. *Die Psychologie des Bewusstseins*, Frankfurt a. M.: Fischer Taschenbuch Verlag, 1976.

P., Bill, Todd W. und Sara S. *Drop the Rock. Removing Character Defects, Steps Six and Seven*, Center City, MN: Hazelden, 2005.

Planck, Max. Interview, in: *The Observer*, 25.1.1931, 17, Sp. 3.

Proust, Marcel. *Die Gefangene*, Stuttgart: Reclam, 2015.

Purce, Jill. *Die Spirale – Symbol der Seelenreise*, München: Kösel, 1993.

Rilke, Rainer Maria. *Stunden-Buch*, Leipzig: Insel Verlag, 1905.

Rinpoche, Sogyal, *Das tibetische Buch vom Leben und vom Sterben. Ein Schlüssel zum tieferen Verständnis von Leben und Tod*, vollst. und überarb. Taschenbuchausg., München: Knaur, 2020.

Roberts, Elisabeth, und Elias Amidon. *Life Prayers. From Around the World*, San Francisco: HarperOne, 1996.

Ronnberg, Ami (Hrsg.). *Das Buch der Symbole*, Köln: TASCHEN, 2011.

Rosenberg, Marshall. *Gewaltfreie Kommunikation. Eine Sprache des Lebens*, 7. überarb. und erw. Neuaufl., Paderborn: Junfermann, 2007.

Rumi. *Unseen Rain. Quatrains of Rumi*, übers. von Coleman Barks, Aptos Hills, CA: Threshold Books, 1986.

Sanford, John, A. *Healing and Wholeness*, New York: The Missionary Society of St. Paul the Apostle, 1977.

Schaberg, William H. *Writing the Big Book. The Creation of A.A.* Las Vegas, NV: Central Recovery Press, 2019.

Shapiro, Rami. *Recovery – The Sacred Art. The Twelve Steps as Spiritual Practice*, Woodstock, VT: SkyLight Paths Publishing, 2009.

Sharp, Daryl. *C. G. Jung Lexicon. A Primer of Terms and Concepts*, Toronto: Inner City Books, 1991.

Svanberg, Jenny. *The Psychology of Addiction*, Abingdon, UK: Routledge, 2018.

Tart, Charles T. *Transpersonale Psychologie*, Olten, Freiburg im Breisgau: Walter, 1978.

Taylor, Duncan M., und Graeme M. Taylor. „The Requirements of a Sustainable Planetary System", in: *Social Alternatives*, 26 (2007), S. 10–16.

Thich Nhat Hanh, *Der Schlüssel zum Zen. Der Weg zu einem achtsamen Leben*, Freiburg: Herder, 1996.

———. *Wahren Frieden schaffen*, München: Goldmann, 2008.

Todd, Elizabeth. „The Value of Confession and Forgiveness According to Jung", in: *Journal of Religion and Health*, 24, Nr. 1 (Frühjahr 1985), S. 39–48.

Trungpa, Chögyam. *Spirituellen Materialismus durchschneiden*, Bielefeld: Theseus Verlag, 2015.

Tutu, Desmond. *An African Prayer Book*, New York: Doubleday Religion, 1995.

Vaughan, Frances. *The Inward Arc. Healing and Wholeness in Psychotherapy and Spirituality*, Boston, MA: Shambhala, 1994.

———. *Shadows of the Sacred. Seeing through Spiritual Illusions*, Lincoln, NE: iUniverse, 1995, Neuaufl. 2005.

W., Bill. *Our Great Responsibility. A Selection of Bill W.'s General Service Conference Talks, 1951–1970*, New York: Alcoholics Anonymous World Services, 2019.

W., Bill. „The Next Frontier: Emotional Sobriety", in: *The AA Grapevine* (Januar 1958).

Weber, Renée. *Wissenschaftler und Weise*, Reinbek bei Hamburg: Rowohlt, 1992.

Welwood, John. „Principles of Inner Work: Psychological and Spiritual", in: *The Journal of Transpersonal Psychology*, 16, Nr. 1 (1984), S. 64–65.

White, William L. *Slaying the Dragon. The History of Addiction Treatment and Recovery in America*, Bloomington, IL: Chestnut Health Systems, 1998.

Whitmont, Edward C. *The Symbolic Quest. Basic Concepts of Analytical Psychology*, Princeton, NJ: Princeton University Press, 1969.

Wickes, Frances G. *Analyse der Kindesseele. Die Auswirkung elterlicher Probleme auf das Unbewusste des Kindes.* Mit einer Einführung von C. G. Jung, Zürich, Stuttgart: Rascher, 1969.

Wilhelm, Richard. *Das Geheimnis der Goldenen Blüte. Ein chinesisches Lebensbuch*, Zürich: Rascher, 1929.

Wilson, Bill. *The Language of the Heart. Bill W.'s Grapevine Writings*, New York: AA Grapevine, 1988.

Woodman, Marion. *Heilung und Erfüllung durch die Große Mutter. Eine psychologische Studie über den Zwang zur Perfektion und andere Suchtprobleme als Folgen ungelebter Weiblichkeit*, Interlaken: Ansata Verlag Zemp, 1987.

———. In: „Worshipping Illusions. An Interview with Marion Woodman", in: *Parabola*, 12, Nr. 2 (Sommer 1987).

Young, Arthur M. *The Reflexive Universe. Evolution of Consciousness*, New York: Delacorte Press, 1976.

Zoja, Luigi. *Sehnsucht nach Wiedergeburt. Ein neues Verständnis der Drogensucht*, Stuttgart: Verlag Kreuz, 1986.

Zweig, Connie, und Jeremiah Abrams. *Die Schattenseite der Seele. Wie man die dunklen Bereiche unserer Psyche ans Licht holt und in die Persönlichkeit integriert; zum Begriff des Schattens in der modernen Psychologie*, Bern, München, Wien: Scherz, 1993.

Zitatnachweis

SEITE

13. Erich Fromm, *Märchen, Mythen, Träume*, 1981

16/287. Carl Gustav Jung, *Das Rote Buch*, 2009

23. W. B. Yeats, „Die Philosophie in den Dichtungen Shelleys", in: ders., *Erzählungen und Essays*, 1900

24. Alice Walker, *The Same River Twice. Honoring the Difficult*, 1996

32/329. Liz Greene & Juliet Sharman-Burke, *Die mythische Reise*, 2004

37. Roberta H. Markman & Peter T. Markman, *Masks of the Spirit. Image and Metaphor in Mesoamerica*, 1989

39. David Abram, *The Spell of the Sensuous*, 1996

40/44. Robert A. Johnson, *Ekstase*, 1991

43. Albert Einstein, *Mein Weltbild*, 2021

53. Miriam Greenspan, *Healing Through the Dark Emotions*, 2003

56. Alice Miller, *Abbruch der Schweigemauer*, 1996

59. Gregory Bateson in John S. Tamerin & Charles P. Neumann, „Psychological Aspects of Treating Alcoholism", *Alcohol Health & Research World, Exp Issue*, 1974

63/67. Gabor Maté, *Im Reich der hungrigen Geister*, 2021

68. Johann Hari, *Der Welt nicht mehr verbunden*, 2019

71. Joseph Campbell, *Die Kraft der Mythen*, 1988

72/99. Dr. Allen Berger, *12 Stupid Things that Mess Up Recovery*, 2008

81. Carl Gustav Jung, *Gesammelte Werke*, Bd. 11, 1995

82. Rami Shapiro, *Recovery –The Sacred Art*, 2012

86/235. Marion Woodman, „Worshipping Illusions", in: *Parabola*, 12, Nr. 2, 1987

91. Bill W.s Brief, nachdem er Dr. Bob kennengelernt hatte, Stepping Stones Foundation Archive, 1934

92. Henrik Ibsen, *Nora oder ein Puppenheim*, 1880

95. Jack Alexander, „Alcoholics Anonymous", in: *Saturday Evening Post*, 1941

105/108. William H. Schaberg, *Writing the Big Book*, 2019

110/143. Ernest Kurtz & Katherine Ketcham, *Die Spiritualität der Unvollkommenheit*, 1998

115. A.A. World Services, „A.A. Tradition: How It Developed", in: *The AA Grapevine* (Januar 1958, Nachdr. 1983)

123. Jean Houston, *The Search for the Beloved*, 1987

125/139. Thomas Keating, *Divine Therapy and Addiction. Centering Prayer and the Twelve Steps*, 2009

129. Mel B. & Michael Fitzpatrick, *Living the Twelve Traditions in Today's World*, 2012

140. Edward C. Whitmont, „Die Evolution des Schattens", in: Connie Zweig & Jeremiah Abrams, *Die Schattenseite der Seele*, 1993

155. Wayne Liquorman, *The Way of Powerlessness*, 2012

165/208/215/265. Stephanie Covington, *A Woman's Way Through the Twelve Steps*, 1994

177. Richard Moss, *Words That Shine Both Ways*, 1998

186. Carl Gustav Jung, *Gesammelte Werke*, Bd. 13, 1978

189. Rainer Maria Rilke, „Ich liebe meines Wesens Dunkelstunden" (1988), in: *Stunden-Buch*, 1905

199. Alla Renée Bozarth, *Pillar of Salt, Accidental Wisdom*, 2003

225. Henri Frédéric Amiel, *Tag für Tag*, 2003

Draußen, jenseits der Vorstellungen von richtig und falsch, liegt ein klingendes Feld. Dort werden wir uns treffen.
Wenn die Seele sich im Gras niederlässt, ist die Welt so erfüllt, und niemand vermag mehr zu reden.
Vorstellungen, Sprache, selbst der Ausdruck „der andere" – das alles ist dann sinnlos geworden.

— NACH RUMI

245. Ted Loder, *Wrestling the Light*, 1991

255. Nanna Aida Svendsen, *Of Water Lilies and Warm Hearts. Poems to Soothe the Soul*, 2008

267. Fjodor Dostojewski, *Die Brüder Karamasow*, 1924

268. Carl Gustav Jung, *Briefe*, Bd. 2, 1976

273. John O'Donohue, Workshopflyer, 1990er-Jahre

276/284. Carl Gustav Jung: *Gesammelte Werke*, Bd. 12, 1995

278. Ian McCabe, *Carl Jung and Alcoholics Anonymous*, 2015

281. Edward C. Whitmont, *The Symbolic Quest*, 1969

288. Carl Gustav Jung, *Introduction to Jungian Psychology. Notes of the Seminar Given in 1925*, 2012

291. Martin Buber, *Die Legende des Baalschem*, 1908

293. Carl Gustav Jung, *Briefe*, Bd. 2, 1972

294. Robert A. Johnson & Jerry M. Ruhl, *Balancing Heaven and Earth*, 1998

298. Carl Gustav, Jung. *Gesammelte Werke*, Bd. 9 (Teil 2), 1976

300. Carl Gustav Jung, *Briefe*, Bd. 1, 1972

303. Robert A. Johnson & Jerry M. Ruhl, *Contentment*, 1999

304. Thich Nhat Hanh, Vortrag, Phap Van Temple in Ho Chi Mihn City, 2007

307/336. Carl Gustav Jung, *Erinnerungen, Träume, Gedanken*, 1995

308. Carl Gustav Jung, *Gesammelte Werke*, Bd. 10, 1995

311. Keiron Le Grice, *Archetypal Reflections*, 2016

313. Jon Kabat-Zinn, in: Judson Brewer, *Das gierige Hirn*, 2017

314. Christina Rossetti, *The Golden Book of Poetry*, 1947

317. Walt Whitman, „Gesang von mir selbst", in: ders., *Grashalme*, 1892

323. Thomas Moore, *Die Seele lieben*, 1995

326. Joseph Campbell, *Der Heros in tausend Gestalten*, 2011

331. Carl Gustav Jung, *Freud und die Psychoanalyse*, 1995

332. Robert A. Johnson, *Owning Your Own Shadow*, 1993

338. James Joyce, Brief an Augusta Gregory, 1902

345. Carl Gustav Jung, *Gesammelte Werke*, Bd. 9 (Teil 1), 1981

346. Gerald G. May, *Die Nacht der Seele*, 2008

349. Thomas Keating, *A World Without End*, 2017

351. Jan Walleczek, *Infinite Potential*, 2020

352. Chief Seattle (Rede), 1854

355. Duane Elgin, *Das Lebende Universum*, 2010

356. Thomas Berry, *Riverdale Papers VII*, 1980

361. Hafiz, *The Gift*, 1999

381. Rumi, „Jenseits der Vorstellung", um 13. Jahrhundert

Wir danken den Autoren der Ausgaben von *Alcoholics Anonymous* und *Twelve Steps and Twelve Traditions* 1939 und 1953 und der deutschen Ausgaben *Anonyme Alkoholiker* und *Zwölf Schritte und Zwölf Traditionen*, die auf den folgenden Seiten zitiert werden: *Anonyme Alkoholiker* 85/150/162/ 167/172/182/185/194/204/212/220/230/240/250/260; *Zwölf Schritte und Zwölf Traditionen* 102/120/133/134/136/153/174/ 197/207/217/223/233/243/253/263.

Bildnachweis

Reproduziert mit freundlicher Genehmigung von akg-images: *33*; /Erich Lessing: *213*; /Pietro Baguzzi: *302*; /Science Photo Library: *34–35*; /© Sotheby's: *322*. Alamy/Artokoloro: *354*; /funkyfood London, Paul Williams: *38*; /The Picture Art Collection: *142*. Copyright © The AA Grapevine, Inc. (February, 2022). Reproduziert mit freundlicher Genehmigung von The AA Grapevine, Inc.; das urheberrechtlich geschützte Material (in dieser Publikation) ist weder Ausdruck einer Zugehörigkeit zu noch Unterstützung durch Alcoholics Anonymous oder The AA Grapevine, Inc.: *128*. The Art Institute of Chicago: *248*; /Joseph Winterbotham Collection: *76*. Art Resource/American Folk Art Museum © Michel Nedjar: *52*; /Copyright Foto © The Metropolitan Museum of Art: *282–283, 357*. Aydin Aghdashloo Foundation: *286*. Bauman Rare Books: *279*. Bibliothèque nationale de France, Paris: *316*. The Bodleian Libraries, University of Oxford, MS Ouseley Add 176, fol. 311b, 632: *330*. bpk/Ägyptisches Museum und Papyrussammlung, SMB/Sandra Steiß: *Umschlagvorderseite*. Bridgeman Images: *88–89, 130–131, 135, 160, 206, 309, 318–319*; /© Archives Charmet: *42*; /© British Library Board. All rights reserved: *70, 214, 290*; /© Brooklyn Museum of Art: *28, 242*; /© Brooklyn Museum of Art/Charles Edwin Wilbour Fund: *348*; /© Christie's Images: *80, 173, 232, 262–263, 320*; /G. Dagli Orti © NPL – DeA Picture Library: *210*; /Godong: *231*; /© Isabella Stewart Gardner Museum: *222*; /Luisa Ricciarini: *164*; /Mondadori Portfolio, Electa, Vincenzo Pirozzi: *30*; /© NPL – DeA Picture Library: *2*; /© Oriental Museum, Durham University: *258*; /Foto © Peter Willi © The estate of the artist, Copyright: Sibylle Pieyre de Mandiargues (Tochter): *184*; /© Ronny Behnert. All rights reserved 2023: *269, Umschlagrückseite*; /© Sandro Vannini: *333*; /SuperStock: *221*.

© The Trustees of the British Museum. All rights reserved: *58*. Camera Press London (Foto Yousuf Karsh): *274*. Centre national des arts plastiques (CNAP), Foto © Ville de Grenoble, Musée de Grenoble, J.L. Lacroix: *151*. Centre Pompidou © Paris, Fondation Albert Gleizes: *300*. © Cinta Vidal: *100–101*. Courtesy The Cleveland Museum of Art: *144–145*; /Leonard C. Hanna, Jr. Fund: *54–55*; /Gift of Roberta Holden Bole: *228*. Clyfford Still Museum, Denver, CO © City and County of Denver, ARS, NY: *200–201*. © Cristiane Mohallem, Foto Andre Conti: *285*. DACS Artimage 2022 © Richard Long. All rights reserved. © VG Bild-Kunst, Bonn 2024: *103*. Dallas Museum of Art: *342*. David Lyons Photography: *45*. Elisabeth Deane: *10*. Finnish National Gallery, Hannu Aaltonen: *310*. Privatsammlung, Foto Courtesy Francesca Galloway, London, UK: *337*. Francesco Clemente Studio: *48*. Frédéric Soltan: *241*. G.S.O. of Alcoholics Anonymous/mit freundlicher Genehmigung von General Service Office Archives of Alcoholics Anonymous World Services, Inc., für folgende Bilder aus ihrer Sammlung: *96, 97, 117*. Galerie Arcturus, Foto © Raphaële Kriegel © Marta Moreu: *272, 358*. Galerie Claude Bernard, Paris, Foto © Jean-Louis Losi, Paris © Gao Xingjian: *205*. Galerie DX, © VG Bild-Kunst, Bonn 2024: Luc Detot, *138*. Getty Images/Joe & Clair Carnegie, Libyan Soup: *146*; /Foto Josse, Leemage, Corbis Historical: *266*; /Werner Forman, Universal Images Group: *261*; /The J. Paul Getty Museum Collection. Gift of Barbara and Lawrence Fleischman, 96.AG.302/© VG Bild-Kunst, Bonn 2024: Igor Mitoraj, *195*. © James Wyper: *353*. Courtesy Karen Arm and P·P·O·W, New York: *202*. Kröller-Müller Museum, Otterlo: *362–363*. Labyrinthos Photo Library, Plan by Jeff Saward: *270*. © Lena Cronqvist: *69*. Library of Congress: *79*. Copyright des Künstlers, Courtesy Marlborough Fine Art: *57*. © Michelle Gregor, www.michellegregor.com: *196*. Miles McEnery Gallery, Courtesy Enrique Martínez Celaya: *25*. Mitsuru Nagata: *238, Umschlagrückseite*. © Musée d'arts de Nantes – Photographie Cécile Clos: *340–341*. © Musée Pierre André Benoit: *94*. Courtesy Museu Coleção Berardo, Foto David Rato: *112*. © Museu Nacional d'Art de Catalunya, Barcelona (2023), purchased by the Junta de Museus in the 1919–1923 campaign: *175*. Collectie Museum Dhondt-Dhaenens, Deurle, Belgien: *137*. Nasjonalmuseet, Norwegen, Foto: Børre Høstland, Lathion, Jacques: *60–61*. Chester Dale Collection, National Gallery of Art, Washington, D.C.: *328*. Nationalmuseum, Schweden: *26–27*; /Foto Bodil Beckman: *178–179*; /Foto Bodil Karlsson: *246–247, Umschlagrückseite*; /Foto Cecilia Heisser: *8–9*; /Foto Per-Åke Persson: *46–47*. © The Trustees of the Natural History Museum, London: *74, Umschlagrückseite*. New Britain Museum of American Art, Harriet Russell Stanley Fund, 1944.21: *168–169*. Nic Taylor: *306*. Ordrupgaard, Kopenhagen, Foto Anders Sune Berg: *14*. Pace Gallery, Bild Courtesy Universal Limited Art Editions © Kiki Smith and Universal Limited Art Editions: *159*. Peggy Guggenheim Collection, Venedig, Solomon R. Guggenheim Foundation, New York, 76.2553 PG 102: *296*. Peter Adler: *315*. Raptis Rare Books: *122*. Courtesy Rhode Island Historical Society: *97*. © RMN – Grand Palais (Musée d'Orsay), Foto © Centre Pompidou, MNAM-CCI, © VG Bild-Kunst, Bonn 2024: František Kupka, *294–295*; /Hervé Lewandowski: *163*; /Foto © Beaux-Arts de Paris, Dist.: *183*. © Safet Zec, Foto Francesco Allegretto: *148*. Scala, Florenz: *190–191*; /Photothèque R. Magritte, Adagp Images, Paris: *12*; /Courtesy Ministero Beni e Att. Culturali e del Turismo: *20–21*; /Museo Nacional del Prado © Foto MNP: *51*. Smithsonian American Art Museum, Gift of H. Lyman Sayen to his nation, 1970.124: *141*. Sotheby's, Foto © Digital Art Studio: *192*. Courtesy Stan Hywet Hall & Gardens, Akron, OH: *96*. Bild Courtesy Stepping Stones Archive, Stepping Stones – Historic Home of Bill & Lois Wilson, Katonah, NY, steppingstones.org. Für eine weitere Verwendung, Ausstellung oder Vervielfältigung ist eine Genehmigung erforderlich. /Bill W.s handschriftliche Notiz in Bleistift mit Transkription in Tinte, Risse und Klebebandreparatur von Lois W., S. 1 von 4, Stepping Stones Archive: *84*; /Bill W.s Entlassungsschein nach seiner letzten Behandlung, 11.–18.12.1934, im Charles B. Towns Hospital, 293 Central Park West, NY, Stepping Stones Archive: *93*; /Lois Burnham Wilson, Foto vom Schlafzimmer in Stepping Stones, von Lois betitelt mit „taken in British Columbia 1948", Foto von R.H. Marlow, Stepping Stones Archive: *96*; /Hank P.s handschriftliche Notizen für *Alcoholics Anonymous* („Big Book", 1939), 1938, Stepping Stones Archive: *109*; /Entwurf für die erste Seite des Ersten Schritts für *Twelve Steps and Twelve Traditions* von Bill W., Stepping Stones Archive: *119*; /Entwurf für den Schutzumschlag von *Alcoholics Anonymous* von Ray C., Farbe & Bleistift, 1939, Stepping Stones Archive: *121*; /Copyright: Paul & Peter Fritz AG, Literary Agency/Brief an Bill W. von Carl Gustav Jung, 30. Januar 1961, Stepping Stones Archive/© 2007 Stiftung der Werke von C.G. Jung: *280*. Schwedische Botschaft in Paris, Copyright Elizabeth B. Katz: *187*. Courtesy TASCHEN: *36, 156–157, 170, 252, 289*; /Bildarchiv Preußischer Kulturbesitz, Berlin: *256–257*; /C & M Arts, New York: *347*; /Hamburger Kunsthalle © 2016 Christie's Images, London, Scala, Florenz: *62*; /Luciano Romano: *41*; /Ravi Kumar, Neu-Delhi: *344*; /© Foto RMN – C. Jean: *170*; /© Foto Thomas Laird und Clint Clemens: *188*; /Wien, Grafische Sammlung Albertina: *251*. Tasmanian Museum and Art Gallery, AG502 © Lou Klepac for Nora Heysen: *218*. Tate Images: *156–157*. Thaddaeus Ropac, Museum Haus Konstruktiv, Foto © 2018, ProLitteris, Zürich © Imi Knoebel: *180*. © Victoria and Albert Museum, London: *4–5*. Van Gogh Museum, Amsterdam: *73*; /Purchased with support from the Vrienden Loterij: *106*. © VG Bild-Kunst, Bonn 2024: *12, 160, 180, 232, 294–295, 296*; /© City & County of Denver, Courtesy Clyfford Still Museum: *200–201*; /© Kate Rothko-Prizel & Christopher Rothko: Mark Rothko, *347*; /© Succession H. Matisse/© VG Bild-Kunst, Bonn 2024: Henri Matisse, *289*; /© Succession Picasso: *221*; /© Foto Augustin de Valence/Ainu: Juliette Roche, *301*; /© Estate of Roy Lichtenstein: *62*; /The Walters Art Museum, Baltimore: *334–335*. Wellcome Collection: *324, Umschlagrückseite*. Wilhelm Lehmbruck Museum, Duisburg: *83*. Yale Center for British Art, Paul Mellon Collection: *19*.

Die Zwölf Schritte und Zwölf Traditionen werden mit Genehmigung der Anonymen Alkoholiker (Alcoholics Anonymous World Services, Inc., A.A.W.S.) abgedruckt. Die Genehmigung zum Druck dieses Materials bedeutet nicht, dass A.A.W.S. die Inhalte dieser Publikation überprüft und genehmigt hat oder mit den hier vertretenen Ansichten übereinstimmt. Das AA-Programm ist nur für die Genesung vom Alkoholismus bestimmt. Für die Nutzung dieses Materials in Verbindung mit Programmen und Aktivitäten, die nach dem Beispiel der AA gestaltet sind, sich aber mit anderen Problemen befassen oder in einem anderen, nicht mit den AA zusammenhängenden Kontext stehen, gilt dasselbe.

Alle Materialien in dieser Publikation, die aus dem Stepping Stones Archive stammen, wurden mit Genehmigung von Stepping Stones – Historic Home of Bill & Lois Wilson, 62 Oak Rd., Katonah, NY 10536, steppingstones.org, genutzt. Die weitere Nutzung, Verbreitung (online und auf anderem Weg) sowie Reproduktion bedürfen einer Genehmigung. E-Mail: archive@steppingstones.org.

Der Zugang zum Stepping Stones Archive und die Nutzung seiner Materialien bedeuten nicht, dass die Meinung oder Schlussfolgerungen der Autorin in dieser Publikation von Stepping Stones geprüft oder bestätigt wurden. Die Schlussfolgerungen in diesem Werk und die Forschungen, auf denen sie beruhen, liegen in der alleinigen Verantwortung der Autorin.

Texte von Kikan Massara, Paris
Herausgegeben von Jessica Hundley, Los Angeles
Design von Thunderwing, Los Angeles
Übersetzung von Petra Frese, Dortmund

Das © Copyright für alle Bilder und Zitate liegt bei den Urhebern. Sollte es unbeabsichtigte Auslassungen geben, bitten wir, diese dem Verlag mitzuteilen. Die im Buch verwendeten Zitate aus anderen Publikationen wurden mitunter leicht verändert oder gekürzt, um das Verständnis dieser Textauszüge zu erleichtern.

Umschlagvorderseite: **Echnaton**, *Ägypten, 1351–1334 v.Chr.*
Umschlagrückseite: *Ronny Behnert*, **Rakotzbrücke (Tranquility)**, *Deutschland, 2015*; *Mitsuru Nagata*, **Ensō**, *2022*; *Kalighat-Schule*, **Geflügelte Apsara mit Horn**, *Indien, um 1880.* Karl Nordström, **Sonnenglut**, *1909*; **Nautilus pompilius**

ISBN 978-3-8365-7698-7
Printed in Bosnia-Herzegovina

TASCHEN ARBEITET KLIMANEUTRAL.
Unseren jährlichen Ausstoß an Kohlenstoffdioxid kompensieren wir mit Emissionszertifikaten des Instituto Terra, einem Regenwaldaufforstungsprogramm im brasilianischen Minas Gerais, gegründet von Lélia und Sebastião Salgado. Mehr über diese ökologische Partnerschaft erfahren Sie unter: www.taschen.com/zerocarbon
Inspiration: grenzenlos. CO$_2$-Bilanz: null.

Stets gut informiert sein: Fordern Sie bitte unser Magazin an unter www.taschen.com/magazine, folgen Sie uns auf Instagram und Facebook oder schreiben Sie an contact@taschen.com.

© 2024 TASCHEN GmbH
Hohenzollernring 53, D-50672 Köln
www.taschen.com